CongLing KaiShi DuDong
LingDaoXue

培养一批有能力肯担当的人，
而不是自己去解决所有问题

从零开始读懂
领导学

| 鲁克德◎编著 |

立信会计出版社
LIXIN ACCOUNTING PUBLISHING HOUSE

图书在版编目（CIP）数据

从零开始读懂领导学 / 鲁克德编著. —上海：立
信会计出版社，2014.6

（去梯言）

ISBN 978-7-5429-4191-6

Ⅰ.①从… Ⅱ.①鲁… Ⅲ.①领导学–通俗读物
Ⅳ.①C933–49

中国版本图书馆CIP数据核字（2014）第058218号

策划编辑 蔡伟莉
责任编辑 蔡伟莉 张 寻
封面设计 久品轩

从零开始读懂领导学

出版发行 立信会计出版社
地　　址 上海市中山西路2230号　　　邮政编码　200235
电　　话 (021) 64411389　　　传　　真　(021) 64411325
网　　址 www.lixinaph.com　　　电子邮箱　lxaph@sh163.net
网上书店 www.shlx.net　　　电　　话　(021) 64411071
经　　销 各地新华书店

印　　刷 固安县保利达印务有限公司
开　　本 720毫米×1000毫米　　　1/16
印　　张 19　　　插　　页　1
字　　数 260千字
版　　次 2014年6月第1版
印　　次 2016年1月第3次
书　　号 ISBN 978-7-5429-4191-6/C
定　　价 36.00元

如有印订差错，请与本社联系调换

前 言

　　"劳心者治人，劳力者治于人"。这劳心者当指领导者，劳力者就是指被管理者了。很多人都想当领导，每天有那么多的私人公司注册就是明证；领导不是想当就能当的，每天有那么多的企业倒闭也是明证。

　　成为一个领导真的不容易，成功领导的关键是成功管理他人的能力。"遇横逆之来而不怒，遭变故之起而不惊，当非常之谤而不辩"，可以做领导；有胆识，有立场，有广泛的交际能力，能独当一面，可以做中级领导；识人不爽，用人不刻，加上上面所有的特质，才能做一个高级领导；如果各种能力运用自如，做一个顶级领导就没有问题了。

　　内在素质越高，成为领导者的级别也越高。这有点像金庸笔下的武侠人物，练内家功夫的人总比练外家功夫的人稍胜一筹。作为领导者也必需内修外炼，内修是主，外炼是辅。这也正是本书的出发点。

　　本书以《从零开始读懂领导学》为名，扣题在领导，具体落实到识人、用人、管理这几个细节上。这几个细节是成为一位成功领导者不可或缺又层层递进的关键点。

　　识人是内功，也是成为领导必修的基础课。千军易得，一将难求，组织的成功得力于20％的人的努力，成功的领导都具有一双识人慧眼。用人是内功的体现。一匹狼领导的羊群能够打败一只羊领导的狼群。没有无用的人，只有错误的位置。把正确的人放在正确的位置，这是高明的用人方法。

　　能识人，会用人，再具有领导素质，就可以考虑做领导了。什么是领导素质？一个便利店，第一个老板经营了半年，生意冷冷清清。换了一个老板后，人气增加不少，连旁边社区的居民也到这家商店消费，这第二个老板就是有领导气质。什么是领导气质呢？领导气质就是叫人做一件原本不想做的事，但事后都会喜欢它。领导不只是一个"职位"，更是一种影响的过程。

未来的领导者不论层级，也不论拥有哪些特质，都将扮演四种角色：远景领导者、变革领导者、灌能领导者及价值创造者。扮演好这些角色若没有过人的魄力、宽大的胸襟、绝对的公正、非凡的德性和创新的思路是办不到的。

领导才能是开发的，不是发现的。只要愿意，只要用心修为，潜心参悟，谁都可以成为领导者。

本书中谈的话题都是领导的智慧，这其中既涉及理论也涉及技巧。一个人不仅要懂得道理，还要知晓如何做好一件具体的事情。本书的意图以及全部内容都是为了达成此目的。

人不喜欢被严厉管理，人更希望被有效领导。你要管理什么人，先管好你自己。管好自己，你才会停止管理，开始领导。

愿本书成为你的第一位追随者。

目 录

第3章 能人如何不吓人——领导者的用人艺术

第4章 你凭什么说了算——领导者运用制度的艺术

第1章　问天下谁能当领导

——领导者的人格魅力

人生三不朽，立德、立功、立言。人生的最高标准不是以地位而是以道德，也就是人格魅力来衡量。地位是外在的，道德是内在的。地位是人生的枝节，道德是人生的根本。领导之道自然只能重根本而轻枝节。

优秀的领导者气场

哈佛商学院管理实践教授比尔·乔治在采访了125位来自世界各地的成功领导者后，向我们揭示了这样一个事实：道德上的完善不仅可以帮助一个人成为合格的领导者，这同时也是一种最有效的领导方式。

政治家需要良好的品格，因为他要实现有效的领导，同样领导者也需要实现有效的领导，因此领导者同样需要良好的品格。

印度独立后的第一任总理尼赫鲁，在政治生涯开始时便追随圣雄甘地，支持甘地所领导的运动。甘地本人对他十分欣赏，寄予厚望。甘地经常和尼赫鲁在各种问题上交换意见，主动提拔他担任领导职务，由于甘地的作用，尼赫鲁在国大党的地位迅速提高。尼赫鲁虽然9次被捕入狱，但是他从未放弃他的政治抱负和理想。更加可贵的是，尼赫鲁并不盲目地追随甘地，他不怕困难，对欧洲进行了考察，在很多问题上的看法早已超过甘地。他始终走在印度民族解放运动的最前列，提出了印度"完全独立"的政治目标，得到了印度人民的广泛拥护。他所具有的良好品格以及对独立事业的坚定信仰和远大的目标，深受印度人民的崇敬和信赖。

也有人对品格不屑一顾，如美国前总统尼克松在他的《领导者》一书中对道德表示轻视。他说："美德不是伟人领袖高于其他人的因素。"这种认识从根本上来说是错误的，它将权力等同于权术。权术往往是不择手段的，在不够民主和透明的权力机制下，它有可能发挥作用，但是在民主化和透明度很高的机制下它往往会让领导者寸步难行。尼克松最终因为"水门事件"而下台，正说明了这点。因此只有道德被认可，才能实现有效的领导，否则一切都是空谈。

品德就像一艘船的舵，而能力就是它的马达，马达决定船行的快慢，舵却控制着船行方向。你只有开足马力，并沿着正确的航线前行，才能更好更快地到达目的地。如果方向错了，船开得越快，偏离的方向就会越远。缺乏好品德，一个人的人生航程随时都有走入歧路的危险，而更多的能力也随时都有可能成为更大的祸源。

曾国藩曾经发表自己的看法说："自古圣贤豪杰，文人才士，其治事不同，而其豁达光明之胸，大略相同。吾辈既办军务，系处功利场中，宜刻刻勤劳。如农之力穑；如贾之趋利；如篙工之上滩；早作夜思，以求有济。而治事之外，却须有冲融气象，两者并进，则勤劳而以恬淡出之，最有意味。"

一直以来，对品德的考核始终是人事考核因素中的首要内容。一些资深的人力资源管理者认为，在创业时期，只求其才，不顾其德，只能是权宜之

计；守业阶段，要靠德来巩固业绩，拢住人才，则必需德才兼备才行。

良好的品格造就优秀的领导者，恶劣的品行则是成功的羁绊。一个领导者能使人感念的，往往不是威势，而是他的德行与恩泽。只会发号施令的领导者，自以为很权威，实际上并没有得到下级的认可，反而会扼杀下级的创造性和进取心。

领导者必需通过自己的道德品质来吸引员工。员工往往对领导者的能力表示钦佩，进而服从，但是更多的时候是为领导者的道德品质所感动，进而产生无条件地服从和信赖。因此领导者要注重自身道德品质的培养，虽然不能做一个伟大的人，但是一定能做个崇高的人。

"四自"领导力：自尊、自爱、自律、自信

领导者应以身作则，自尊、自爱、自律、自信，以人格的力量赢得下属的尊重。他们给自己提出的要求是："付出的应该比下属多，获得的应该比下属少"，"自尊、自爱、自律、自信"，以期获得下属的敬重，树立领导的权威。

古希腊哲人毕达哥拉斯在《金言》中指出："最要紧的是自尊。"黑格尔在《小逻辑》中认为："人应该尊敬他自己，并应自视能配得上最高尚的东西。"

简单地说，自尊就是自觉做一个高尚的人。这有两方面的内容：对人与物而言，人是主人，物是从属；对操纵和支配物而言，人高贵于物，而不是相反。

自尊意味着对自己的思想、行为负责，所以首先要有自主意识和独立人格，前者是内在的自尊心，后者是外在的尊严。自主意识是自我依据对真理的认识，对社会生活中的是非善恶等进行独立的判断。自主意识要求的是独

立思考，追求真理，不能人云亦云、随声附和，更不能屈从于权威或多数人的意见，违心地放弃自己的主见。在原则性的争论中，那些左右逢源的骑墙派、社会风云突变中朝三暮四的风派人物，都是失去了最为宝贵的自主意识的。当然，自主意识也绝不意味着自以为是、固执己见，这恰恰是自主意识差的表现。因为人是社会的人，人的意识离不开社会空间。实际上，自主意识是对社会，包括自己所从属的社会群体的价值观念、道德原则、行为规范的自我抉择、自我认定和自我坚持。这些社会和群体意识，如党性、民族气节等，存在于人的自主意识中，也只有通过人的自主意识，才能得到现实而生动的表现。如果人的自主意识只反映个人私欲，不反映社会要求，绝谈不到自尊心和人的尊严。

自爱自律体现在自主意识上，自主意识直接决定着人的独立人格。人如果丧失自主意识，或者有意趋炎附势，依附于他人，受他人的摆布，也就失去了独立的人格。如妄自菲薄、阿谀谄媚、卑躬屈膝、丧失国格等，这也就没有尊严可谈了。有的领导者在上下级面前有两副面孔，召开群众大会时不是面对台下的群众讲话，而是一味侧身面向上级的领导讲话；还有的领导者对上级的批评即刻快速反应，或虚表同意，或沉痛检讨，显得轻率，这都有失自尊。有自尊的人对上级的批评起码慢半拍表态，经过理智的思考，再做出实事求是的回答。总之，自尊具有社会的标准性，人的行为只有符合社会标准、受到社会的褒奖，才会有自尊。自尊实质上是指人以社会的价值观念、道德标准，来约束自我、控制自我、指导自我和评价自我。

领导者做工作，一靠制度的力量，二靠人格的力量。人格的力量要靠真理的力量陶冶、锻炼，真理的力量则要靠人格的力量去支撑。领导者人格的力量，也就是领导者在群众心目中的形象和威信。

领导者的形象和威信，是领导者以自己的言行，长期塑造和培植起来的，绝非一朝一夕之功。但要损害和破坏其形象、威信，降低人格的力量，由于领导者所处的特殊地位，只需一个有失检点的行为即足矣，这恰似"千里之堤，溃于蚁穴"。培根说："美德有如名香，经燃烧或压榨而其香愈烈，盖幸运最能显露恶德而厄运最能显露美德也。"如果说担任领导职务是一种幸运而不是厄运的话，领导者更要加强修养，加强自律自爱精神，谨慎处之。

对领导者来说，自信心肯定是最重要的必备素质。如果一个总裁对于走哪条道路拿不定主意，这会对公司上上下下的所有人都产生影响。世界第三大家电公司——飞利浦公司的总裁对股东们谈到公司正在努力把科研成果转化为畅销产品时，他以坚定的语气说："还有不少障碍。但我们一定能够克服它们。"

在人际沟通中，自信是一个领导人保持威信的首要条件，无论在什么情况下，在什么地方，同什么人打交道，如果自己没有信心的话，你同这些人的沟通肯定是失败的，因为如果你自己没有信心，任何人都无法相信你。

在领导工作的日常事务中，自信心仍是摆在第一位的心理因素。一个高效率的经理没有自信心，那是不可能的。经理部门在很大程度上像一个代表团。所谓领导，当然要能够鼓舞和激励人们取得出色的成绩，这就需要自信。如果你自己都没有信心，就难以使别人有信心。当领导面对下属时，自信心是领导权威的保障，当面对困境时，一个组织领导的自信心则是整个组织的自信心。充满自信的总裁知道，缺乏自信的人比无知、懒惰或傲慢会给自己和公司造成更多的问题。

如果可以进行准确的衡量的话，领导的自信心一定要比大多数其他工作人员要大。但这并不是说，他们始终保持自信。事实上，自信心可能来自他们的成功，而这种成功的取得则是由于他们克服了犹豫不定的心态。害怕失败是一种巨大的压力。领导对明天和下一周的事情往往考虑很多，想得非常具体。既要考虑他们可能取得的成就，也要考虑如何避免失败。因此自信心来源于对自己心理状态的准确把握和控制。

胸怀有多宽舞台有多大

曾国藩说："盛世建功立业的英雄，以襟怀豁达为第一义；乱世扶危救难的英雄，以劳心劳力为第一义。"不襟怀豁达难以成就大事，不心力劳苦难以建立功绩。吕新吾说："男儿创建事业，经纬天下，见识要高远，规模要庞大，气度要恢宏。"能够完善见识与规模之人，必然有气度。所以做领导的人要以气度恢宏为第一要义。

宽宏大量，豁达大度，善于容人，通达事理，这是领导者应具备的气度，也是一种美德。领导者有了宽阔的胸襟，大事讲原则，小事不计较，善于念人之功，谅人之短，扬人之长，就能创造一个和谐、融洽的工作环境和心理气氛。

作为领导要有领导者的胸怀和气度。胸怀是一个人的气量和抱负。领导者必需胸怀宽广，才能有所作为。有了博大的胸怀，恢宏的气度，才能成大事。领导者与众多的人在一起工作，既要正确地看待别人，又要正确地看待自己。金无足赤，人无完人。领导者要严格要求自己，要有自知之明，要知道并敢于承认自己的短处，要敢于用能人，敢于用在某些方面，甚至全面超过自己的能人，更不能嫉贤妒能。一个人有长处，必有短处，优点和缺点是相生相伴的，用己之短比人之长，可以比出奋斗目标和前进动力；用己之长比人之短，就会比出骄傲、比出狂妄、比出盲目。

宽容和谐是一种文化，是一种境界，是一个人的胸怀，也是领导者必需具备的应有素养。要真诚待人，真诚不是智慧，但是它常常放射出比智慧更诱人的光泽，有许多凭智慧千方百计也得不到的东西，真诚却轻而易举地得到了。

刘邦出身农家，在秦末农民起义中揭竿而起，逐鹿中原，终于推翻了

暴虐的秦朝。在楚汉战争中，他再展雄风，击败项羽，完成了国家的统一。汉高祖刘邦在击败项羽后，建立汉朝时说："在营帐中谋划，在千里之外取得胜利，我不如张良；镇守国家，安抚百姓，筹运粮饷，我不如萧何；统率百万军队，战必胜，攻必克，我不如韩信。这三个人都是当代的人杰，而我能任用他们，这就是我取得天下的原因。"刘邦可谓是驾驭"将才"的高手！

刘邦"仁而爱人，喜施，意豁如也，常有大度"。因此刘邦在沛县便有了樊哙、灌婴、周勃、夏侯婴等志同道合的朋友。随着交往的频繁，刘邦有机会结识了担任长官的萧何、曹参等人。在萧何的极力推荐下，刘邦当上了泗水亭亭长，他的外交圈更大，他也由此飞黄腾达。后来刘邦押送一批刑徒和民夫到骊山服劳役，行至中途释放了所有刑徒，这表现了他的宽厚和大度，被人称为长者。

刘邦在用人上宽容大度，不计前嫌，不念旧恶，能够以德报怨，大胆起用反对过自己的人。刘邦的仁厚、大度、谦虚，使他周围人才济济，张良、陈平、韩信等纷纷投奔。韩信曾追随项羽，经萧何推荐，刘邦不计前嫌，委以重任。刘邦的大度在任用陈平上表现得非常突出。陈平归附刘邦后，被破格任用，诸将不服，周勃和灌婴揭发他"盗嫂、贪金"。刘邦经过调查后仍能对他宽容，并拜他为护军都尉。这一切使陈平大为感动，从此死心塌地地为刘邦出谋划策，为汉室立下了汗马功劳。

当今社会，由于受利益的驱动，上下级之间往往缺乏真诚，人际关系变得更加复杂，一些员工生活在这样的环境里心情感到十分压抑，所以一有跳槽的机会他们便溜之大吉。如果领导对下属多些关爱少些埋怨，多些真诚少些欺骗，多些宽容少些报复就有可能将更多的员工留住。

做一个合格领导者，就必需有宽大的胸怀。

首先，领导者要能听得进各种批评意见。一个人的认识能力总是有限的，"智者千虑，必有一失"，再高明的领导者也难免有失误之处。诸葛亮一生谨慎却也有错用马谡失街亭之遗憾。允许下级讲话，可"兼听则明"，有利于总结经验，吸取教训，改进工作方法，扩大工作效果。同时也能了解下属，发现人才，选拔人才，使用人才。认真听取不同意见，正确解决各种矛盾，协调各种关系的过程也是不断提高领导艺术，改进领导方法的进程，对增强领导者本身的判断能力、分析能力和协调能力大有裨益。

其次，领导者必需具有高度的民主意识和平等待人的作风。现代领导活动中，独任制领导很少，多数是由若干领导个体组成的具有多功能的领导整体，即领导集团的形式。这就要求领导集团的一把手必需善于运筹帷幄，协调上下左右的关系，要有超乎其他成员的威望和能力，要能使领导集团在保持表态平衡的基础上实现经常性的动态平衡，因为求同存异、容忍有反对自己意见的品格正是协调复杂关系所必需的。如果一个领导集团的一把手搞"一言堂"，主观武断，听不进别人的意见，好像真理都掌握在自己手中，那么这种集团内部成员之间肯定不可能有协调的气质结构和良好的协作关系，这样的领导集团就没有战斗力和生命力，就不可能实现成功的领导，领导绩效亦可想而知。

再次，领导者要有容事容人的雅量。胸怀宽大的领导者绝不可能是那种凡事都斤斤计较、耿耿于怀的小人，而应当是不计较细枝末节，不纠缠陈年旧账的坦荡君子，这既是一种品格，也是一种气质和风度。榜样的力量是无穷的。领导者所处的地位及其工作的影响面决定了领导者必需具有高度的自制力。这就是说，一个合格的领导者，务必以身作则，严于律己，要求部属和群众做到的，自己率先垂范，要求别人不做的事，自己带头莫为。所谓"上行下效"、"上有所好下必甚焉"亦如此理。

作为领导者，要切忌发怒。须知，盛怒之下，成事者少，败事者多。人在失去理智的情况下，作出的决定很难保证正确。同时，经常情绪紧张，不仅会影响自身的健康，而且也容易伤害对方的感情，影响组织内部的团结。作为一个领导者，为实现成功的领导，头脑应该是清醒理智的，要充分认识

易怒的危害性，加强制怒修养。当与对方发生争执时，要平心静气，淡化紧张气氛；要闭口倾听，尽量做到虚心诚恳，通情达理；要转移注意力。以免自己的情绪被激化。当然，更重要的是加强自己的修养，一旦冲动时，内心估计一下后果，充分意识自己的责任，将自己理性升华到理智、豁达的程度，就能控制自己的心境，缓解紧张。合理的让步，不仅对事情大有益处，也会赢得别人的尊重，正所谓"退一步海阔天空，让三分心平气和"。

最后，要增强理智，培养自己的耐心。领导干部做工作，涉及的都是具体人，而且常常处于矛盾的焦点。如果遇到一点事情就沉不住气，耐不住性子，稍有不顺就着急上火，那就很容易丧失理智，感情用事。这样往往会把事情办糟，甚至闹出乱子来。现实生活中，我们有些领导，往往以怒制怒，以怨报怨，结果，不仅无助于化解矛盾，反而酿酒成醋。由此可见，有耐心是一种领导才能，也是一种领导艺术，只有耐心细致，始终方寸不乱，情理结合，才能"猝然临之而不惊，无故加之而不怒"，理清"乱麻"，解开"疙瘩"，化解矛盾，减少工作失误。

用信誉树立影响力

信誉是什么？就是忠诚，不欺骗。《论语》说："吾日三省吾身，为人谋而不忠乎？与朋友交而不信乎？传不习乎？"古人特别讲究"为人谋"要忠诚，"与朋友交"要讲信誉。

对领导者来说，信誉是一种资本，是一种"金不换"的资本。有信誉就可以聚合队伍，可以取信于人。在很多时候，办企业和做人一样，实际上是一个永无止境挣信誉的过程。因此，一位知名企业家曾感叹天底下最容易挣的是钱，最难挣的是信誉。为什么这样讲？因为他认为钱是那种靠技巧和力气就可以挣到的东西，无非是挣多挣少的问题。而信誉是不能靠技巧挣到的，要靠内在的品质与自觉。因此，一个政府、企业或者个人，如果透支信誉，必定会付出惨重的代价。

普鲁士陆军元帅布吕歇尔是一位诚实守信的将军。有一次，他率领大军在崎岖的山路上急急忙忙地行军，他必需尽快去援助威灵顿。战时一刻值千金，但此时士兵已经疲惫不堪，道路泥泞，部队实在难以快速前进。布吕歇尔不停地鼓励士兵们加油："快点，孩子们，向前、再快点。"士兵们早已汗流浃背，已经尽力了，不可能再快了。布吕歇尔还是不停地鼓励他们："孩子们！我们必需全速前进，我们必需准时到达目的地。我已经答应了我的兄弟部队，你知道吗？你们千万不可让我失信！"在他的感召下，士兵们一鼓作气，终于准时到达了目的地。

虽然大家都知道守信，也明白是怎么回事，但是总有些人会由于某些特殊的原因不能遵守诺言。作为领导者，尤其应该重视这方面的问题。特别是有的领导者，当下属做了一件很令自己满意的事的时候，总会脱口而出许下一个什么诺言，并且这些许诺大多和升职、加薪有关，让下属引颈期盼。可是也许由于工作繁忙，他说过之后就忘记了，这样会极大地挫伤下属工作的积极性。

甚至，领导者不遵守自己的诺言将会使下属产生对上司的不信任感。得不到群众信任的领导者怎么可能带领自己的团队做出优秀的成绩呢？领导者的成功总是和团队基层工作人员的努力分不开的。因此不能轻视对下属的许诺，要么不许诺，如果许诺就一定要遵守。哪怕最后领导者需要一定的付出，他也要遵守诺言，否则，失去的东西将会更多。

生活中，常有些人喜欢顺口答应别人事情，而事实上却无法做到，这就叫做"空头支票"。身为领导尤其要避免这点。有些刚上任的主管，由于过分相信自己的实力，很轻易地就会答应下属："过些时候我可以指导你。"然而往往却做不到。这样很容易在下属心中留下一个"不守信用"的印象。

因此，对于一个领导而言，空头支票绝不能开，一是因为它失去章法，二是因为失信于人。

923年，唐庄宗的部下李嗣源率养子李从珂任先锋，攻入开封，唐庄宗大喜，重赏李嗣源。唐庄宗对李嗣源说："我得天下，是你父子的功劳，我要同你共有天下。"可是等到灭梁以后，他举手对功臣们说："我从这十个指头上得天下"意思是说你们都没有功劳。

他不仅背信弃义、不赏功臣，而且用并无寸功的伶人做州刺史和武将。他任用孔谦管理财政，孔谦重敛急征，民不聊生，唐庄宗却授予孔谦"来财瞻国功臣"的"荣誉称号"。而对于李嗣源之类的功臣元勋，他却非但不兑现"与你共有天下"的承诺，相反，怕他们功高盖主，处处加以压制。这令功臣、宿将及军中将士十分不满，开始与他离心离德。不久，部下李嗣源愤然率部攻入开封自立，严重动摇了唐庄宗的统治。

作为领导者、管理者，更应该讲信用，不能出尔反尔，一日三变，这样势必影响在下属心目中的形象。设想一下，一个在下属的心目中没有良好形象的领导，又如何能够管理好下属，赢得大家的支持，开展好工作呢？

 修炼自己的人格魅力

《财富》杂志的调查发现，即使不断加薪，无论商业、制造业还是咨询业，企业都面临着员工背叛的问题。即便在高薪的支撑下，高科技企业的流动率还是高得令人难以接受，这说明巨额薪金并不能帮助组织挽留知识员工。美国管理专家霍根曾经做过一项调查，他发现无论在哪里，无论是在什么时候进行调查，无论针对的是什么样的行业，60%~75%的员工会认为在他们工作中，最大的压力和最糟糕的感受来自于他们的直接上司。

领导者要获得对成员的感召力、影响力，其个人魅力是最重要的前提

之一。魅力是一种无形的力量。没有魅力的领导者也能行使领导权，但同有魅力的领导者相比，领导效果是截然不同的。领导魅力是领导者所具备的非凡的品质，在领导活动中表现为对追随者的吸引力、凝聚力和感召力，进而形成领导者和追随者之间的和谐关系，是一种对被领导者所起的一种权力难以达到的、心悦诚服地拥护和信任的影响力。领导魅力既是领导者的隐形素养，又是其为官为政受用终身的宝贵财富。

华盛顿一生的行事为人，处处让人体会到他的谦卑、真诚和执著。他功勋卓著却不贪恋权力，即使在处于权力巅峰、统率千军万马之时，他也从来没有自我膨胀，没有任何狂妄的野心。他作风平和，踏实认真，讲话不多，但他的每一次讲话都发自内心，真挚感人，能字字句句打入人的心坎。告别政坛之后，他毅然临危受命，再度应召为国服务，却断然拒绝了总统提名，他的每一次选择都证实了他纯洁无私的人格。

作为美利坚合众国的首位总统，他肩负起组建联邦政府机构的责任。他心胸宽广，把美国第一流的人物都纳入他的政府。为了确立政府的威信，他力求从人的才能和品德来判断选举人才。他对各部官员的选择有两个条件：第一要受到人们的欢迎和爱戴，第二要对人民有影响力，两者缺一不可。面对政府内阁中的党派之争，他总是冷静地用超人的智慧加以调解，对待联邦党人和共和党人的论争，他希望能不带偏见地将对美国有利的观点集中起来。他不想压制别人的意见。他对别人过人的才干，毫无卑劣的嫉妒之心，他把当代最伟大的政治家团结在自己周围，使之造福国家。他主张为人处世要襟怀坦白，光明磊落。

他虽然大权在握，却始终听从良知的召唤，谨慎谦卑地使用权力。后人可以从他身上看到，原来政治家还能是这样一种形象。也正是他，用自己的言行，告诉世人，政治和道德可以良性结合到什么程度。华盛顿犹如一座政治人格的灯塔，时刻提醒着拥有或想拥有权力的人们，不要在权力的迷宫里晕头转向。

正是他的这种伟大品格，使他赢得了众人的信任和爱戴，所以才在独立战争期间，大陆会议决定授予他相当独断的军事指挥权，最终帮助美国获取了独立。而在联邦政府成立期间，他被一致推选为第一任总统。在宪政陷入争吵的时候，也正是凭借他的伟大人格，才有效地协调了各派的利益，把各种不同派别的人团结在自己的周围。他的伟大品格促成了他的丰功伟绩。

李嘉诚在总结他多年的管理经验时说：如果你想做团队的老板，很简单，你的权力主要来自地位，这可能来自上天的缘分或凭仗你的努力和专业知识；如果你想做团队的领导，则较为复杂，你的力量源自人格的魅力和号召力。由此可见，领导者只有把自己具备的素质、品格、作风、工作方式等个性化特征与领导活动有机地结合起来，才能较好地完成领导任务，体现领导能力。没有人格魅力，领导者的领导能力难以得到完美体现，其权力再大，工作也只能是被动的。

领导者常常是一个组织的核心，这是领导工作的基本特点。但是，领导者怎样才能真正以人格魅力起到核心的作用，这就需要领导者有较高的人生境界。

对于一个人的人格魅力来讲，气质和性格是其重要部分。气质和性格是构成领导者个性心理特征的两个重要因素，它反映了一个领导者的基本精神面貌。领导者气质和性格方面的特征会给他的工作打上个性痕迹，因此作为领导者，必需注意自己的气质和性格方面的素质修养。

气质就是我们常说的脾气和秉性，主要是先天性的，但又具有可变性，是客观的自然条件、社会变化条件和自己主观努力的结果。

性格是一个人对周围客观事物的稳固态度和习惯化了的行为方式，它贯穿于人的全部言谈举止之中，决定活动的方式。人的性格虽然和气质有一定的联系，但它并不是先天性的，后天的生活环境，如社会制度、学校、家庭、工作集体等，对人的性格的形成和发展起着一定的作用。但人在接受外界影响的时候并不是被动的，他们有意识、有思想，可以通过对外界的影响进行判断、筛选，弱化或强化某种影响，形成自己特有的态度和行为方式。因此，人的主观努力也是不可忽视的，也就是说，人的性格是可以培养的。因而在某种程度上，一个人性格的塑造会比气质的塑造更容易。

要想获得众人的支持和信任，首先必需拥有伟大的人格。历史上许多伟大领导，像乔治·华盛顿、亚伯拉罕·林肯、温斯顿·丘吉尔、富兰克林·罗斯福、唐太宗李世民，尽管有着完全不同的领导风格，但每一位都是具有伟大人格的人。

一个领导者要培养人格魅力不是一朝一夕所能完成的，可以从以下四个方面努力：

首先，培养独特的个性。人往往有一些从众的心理，有时是无意识、潜意识的。领导者处在一个部门或组织的非常独特的位置上，需要有自己的独特个性。作为领导者，要培养自己的人格魅力，也必需有自己独特的个性。

其次，要有自我察觉和自我意识。自我察觉是指某种感觉刚一产生的时候你就察觉到的感觉。与人的眼睛有盲点一样，人的个性也有盲点，有时人不知道自己的感觉，这时就需要不断地反省。如果领导者连自己都不了解，就谈不上去领导别人了。这种自我察觉是情感智慧的主要部分。只有对自己的情绪了解得比较清楚的人，才能更好地驾驭自己的人生。

再次，善于驾驭心情。情绪是人对客观内容反应的一种特殊的表现，它具有独特的主观体验和外部表现。要培养自己宽容率直的性格，就必需善于驾驭自己的心情。

最后，找出缺点，骄傲使人落后。找出缺点并加以改正可以使领导者更富于人格魅力，也更趋于成熟和完善。这需要领导者不断地自我反思和与别人比较。

领导者不能躺在光环下生活，他需要实事求是地剖析自己，摒弃不真实的感受。虚幻的感受往往会变成"真实"的感受。高高在上的领导者很容易对自己的评价有所偏差。

第2章　借来慧眼看莲花

——领导者的识人艺术

　　领导者要成就大业，必需拥有一批有真才实学的人才，拥有一批有所作为的人才，拥有一批能与自己同甘共苦的人才。身边人才济济，事业如日中天。得人才者得天下。但是，什么样的人拥有什么的才能，就需要领导者具备一双识才的慧眼了。

不识人就用不好一个人

　　不了解一个人，就不能用好一个人。这句话对任何一个企业领导而言，都是真理！唯其如此，才能力戒盲目用人。因此，现代企业中流行"识人才能用人"的口号。

　　人才犹如冰山，浮于水面者仅30%，沉于水底者达70%。怎样才能识人？其先决条件在于能公正无私，一视同仁；老板必需具备如此胸襟，方能发掘真正人才。

归纳知人之难原因，首先是客观障碍：

（1）人不能以科学方法分析试验。所谓"知人知面不知心"。外有所感于物虽同，内有所触于心则异；人之表里未必如一，因人心不同，各如其面；有存诸内者，未必形诸外，愿形乎外者，未必存乎内。所以孔子曾说："以貌取人，失之子羽；以言取人，失之宰予。"

（2）人之学行，因时而易；互有长短，隐显不一；其变化因时因地而各有不同，甚至同一人在同一日情绪亦有变异，起伏难测，捉摸不定。

其次是主观障碍：

（1）好恶爱憎囿于个人心理偏见与成见，此即心理学上之晕轮效应，评价者对被评价者的两种品质具有良好印象时，对所有品质都评价高，反之亦然。因此，憎者唯见其恶，爱者唯见其善。孟子说："人莫知其子之恶，人莫知其苗之硕。"司马光也讲："心苟倾焉，则物以其类应之，故喜则不见其所可怒，怒则不见其所可喜；爱则不见其所可恶，恶则不见其所可爱。"故爱憎之间，所宜详慎。若爱而知其恶，憎而知其善，人可去邪勿疑，任贤勿贰。有时领导者本身缺乏鉴评他人之能力，或师心自用，忌真才、喜奴才，以求巩固其既得权益，亦因而埋没人才。

（2）受资历、资望、资格、现实问题等因素的限制，人才易被埋没。我们若一旦误奸为忠，误恶为善，误愚为智，则必误人误己，败事有余；反之，亦两失其平。故欲求知人善任，必先祛除上述障蔽，方能奏其功效。

个性各异，每个下属的个性都有差异，这是因为所处的环境、不同的经历、所具的学识等方面的影响形成的。具体讲，决定个人之因素甚多，包括出身、背景、环境、习惯、交友、阶层、职业、生理、动机、愿望等。故身为企业领导，要知道下属的个性，必需客观了解对方体形、容貌、身世、品德、性格、修养、智能等情况，而加以深切体察，设身处地，了解对方本质及其环境，作合乎情理的评价，万不可先入为主，臆断为事。

要成为一个有远见的领导人，必需懂得人是有个性、有特征的，只有了解人的个性特点，才能够真正做到管理好企业。古人指出：用骏马去捕老鼠，不如用猫；饿汉得到宝玉，还不如得到一碗粥。用物、用人，在于得当；使用不当，埋没了宝物、人才，还收不到应有的效果。所以，在管理中应根据人的不同情况而采取不同的办法使用。这方面有许多正面见解，现不妨从另外一个方面列举八条。

了解下属的方法：

（1）有德者不看重金钱，物质利益难以引诱他，就可以让他管理财政。

（2）勇敢者蔑视困难，艰难险阻吓不倒他，就可以让他处理紧急事务。

（3）睿智者通达礼数，明于事理，弄虚作假者难以欺骗他，可以让他负责要事。

（4）愚拙者容易被欺骗，不可从事谈判、判断工作。

（5）不忠者容易动摇，不可让其知道商机。

（6）贪图钱财者容易被引诱，不可让其管理钱财。

（7）重情者容易变换观念，不可让其做决策者。

（8）杂乱者容易把事情弄得乱七八糟，不可从事井然有序和长效性的工作。

用人难，识人更难。上述8条，可作参考。

人才须学历与能力并重

许多用人单位的领导者在招聘人才的时候动不动就非名牌大学毕业生不用。其实，学历并不是衡量一个人是否真正有才能的唯一标准。做领导的，千万不要被学历遮住了选拔人才的视野。

索尼公司的创始人盛田昭夫是一位世界闻名的企业家，他曾经写过一本总结自己领导经验的书：《让学历见鬼去吧》。他在这本世界畅销书中这样说道："我想把索尼公司所有的人事档案烧毁，以便在公司里杜绝在学历上的任何歧视。"不久之后，他就真的将这句话付诸实施了，此举使一大批人才脱颖而出。

索尼公司有这样的宗旨：信奉唯才是用，而不是唯文凭是论。尤其是对科技和管理人员的考核使用，主要是看他们的实际才能怎么样，而不是仅仅注重其学历。公司录用人员不管什么工种，无论职务高低，都要进行严格的考试。分配工作或提升职位时，主要依据是他考试成绩的好坏和在实践中所表现出来的能力。索尼公司能够做到这一点，在当今这个高度重视文凭的时代，的确是难能可贵的。

而恰恰因为索尼公司能够抛开文凭标准，坚持不拘一格地选拔人才，才使索尼公司逐步形成了一支庞大的科技和管理人员队伍。在索尼公司发展到了1．7万多名雇员的时候，科技人员就达到了3 500多人，占到职工总数的22%；管理人员则有1 000多人，约占6%。在科技人员当中，科研人员、设计人员、制造技术人员各占1／3，从而实现了人才结构的大体平衡。在总公司设有中央研究所和技术研究所的情况下，研究人员不仅负责开发研制新的产品，还要在理论上加以探讨和研究。索尼公司全力在科学技术上进行投资，每年的研究金额占到总销售额的7%，而许多公司只占3%～5%，这也难怪索尼公司能够在新产品上遥遥领先了。

此外，索尼公司还特别重视选拔具有高度创新精神的经理。在选拔高级管理人员这个问题上，盛田昭夫有自己的独特方法。他们从不雇佣仅仅胜任于某一个职位的人，而是乐于启用那些有不同的经历，喜欢标新立异的闯将。有一次，索尼公司聘用了一名高级职员，完全是因为这个人刚刚出版了一本英文诗集。索尼公司也从来不把能人固定在一个岗位上干到老，而是坚持人才的合理流动，为他们能够最大限度地发挥个人的聪明才智提供机会。正是在这样的一种人才管理制度之下，索尼公司的员工都特别乐于承担富有挑战性的工作，从积极进取到奋勇争先，整个企业始终充满了生机和活力。

"让学历见鬼去吧！"索尼公司的成功实践已证明了盛田昭夫的这句话。当然了，不能只凭学历取人，并非完全否认学历的重要性，盛田昭夫所强调的也是要以能任人，凭才任人，而不要局限于他的学历。

台湾十大企业之一——裕隆集团创始人吴舜文是台湾企业界著名的女强人，凭一介女流的柔弱肩膀挑起了规模巨大的集团的经营，她领导的裕隆集团，包含裕隆汽车、台文纺织、裕元开发等诸多大型企业。

她在用人之道中颇有过人之处，丝毫没有女性的狭隘和虚荣。她注重下属的才能，主张用人唯才。裕隆汽车中心是她的新开发项目，是集团发展的又一重大步骤，由谁来掌管这一机构成了吴舜文必需作出的重大抉择。最后她力排众议，选定了宋信。

宋信是"中央大学"工学院院长，专长在于航空领域。这一点曾被企业界人士多次拿来取笑：一个造飞机的，对汽车一窍不通，怎么来造汽车呢？而且宋信又不善言辞，看似并不具备领导者的素质。

吴舜文没有为舆论所左右，她通过多方考察，认为宋信领导有方，经验丰富，应变能力强，思维敏捷，正符合此中心负责人的条件，尽管不擅辞令，但这不影响他内在才能的发挥。

吴舜文的判断是正确的。5年时间中，宋信带领部下刻苦攻关，终于生产出"裕隆飞羚101"，被称为中国人自己生产的"世界一流水准汽车"。

学历只是一个学习经历的一种证明，并不能真实地反映出一个人的实际能力，一个人文学科的毕业生很可能还是一个电脑高手。所以，作为领导者的你一定要擦亮眼睛，给你的下属找一个合适的位置，让他尽情发挥自己的才能。

识别人才不可以貌取人

　　某些领导择才爱以貌取人，对相貌好讨人喜欢的就关怀有加，对那些相貌平平的就避而远之。这其实是一种不正常的现象。相貌的好坏是父母给的，与自己又没有关系，况且一个人的能力再强也不能使自己变美，更何来漂亮就能干事之说？

　　仔细分析一下，出现以貌取人也是事出有因。人的心里总会形成一种思维定式，如果看一个人不顺眼，很可能对这一长相的人都看不顺眼，因此一旦遇到同一长相的人来到身边，避之还来不及，怎会委以重任呢？如果遇到长得很漂亮英俊的，领导一看心里就舒服，很自然地乐意往下谈。有人说："美丽是比任何介绍信更为伟大的推荐书。"此话真是一语中的。还有一种人员相貌平平，但有一张"甜嘴"，虽语不惊人，却会迷倒不少人。他们善于迎合领导的心理，说起事来好像头头是道，与领导不谋而合。这些人是否真的有才可能姑且不管，但领导的这种择人态度是不对的。

　　事实上，其貌不扬而有才能的大有人在。他们虽相貌一般，但有一颗善良的心，是有经验之才。领导者对这些人若疏而远之，则会失去很多。齐宣王的成功正是得益于不以貌取人。当时齐国有一丑女子，名叫钟离春，以才识知名。齐宣王闻说后下令召见她，问以治国安邦之道，钟离春从容应答，纵论国事，分析利弊，高瞻远瞩，策论服人。于是，齐宣王就按钟离春之策，传令拆渐台，罢女乐，退谄谀，招直言，立太子，并拜钟为王后。这样，在钟离春的辅助下，齐国日益富强。齐宣王选人不以貌取，还把钟离春立为王后，真是难得。

　　现实中，某些领导者偏好于以貌取人，但其效果却并不佳。原因很简单，相貌并不等于能力，相貌好也不一定就能办事。许多员工相貌堂堂，却

是"白痴"一个，什么都干不了，那领导者花了钱请这些人不是白搭吗？

领导者最应注意的是那些"不可貌相"之才。他们虽然相貌一般，但才气不少。他们或许碰壁多次，也可能由于同样的原因而未被重用，若领导者对之能以诚相待，委以重任，那么他们定会一心一意地跟随你。在多次接触之后，领导者一定会发现他们的才能。如果选任得当，奇迹在不经意中也就创造出来了。固然，在某些行业选人时，不可避免地要考虑人的相貌，比如服务行业，但也不应只看外表不重能力。

识别人才时要讲究方法

这是一个进步的时代，这又是一个知识爆炸的时代。在这样的时代里，只有适者才能更好地生存，才能在社会中占据有利地位。时势给我们造就了无数的人才，他们分布在三百六十行之中，作为一个有能力有魄力的领导者，关键就是要从芸芸众生中寻出"千里马"来，让他们做各行各业的"状元"。这是领导者成功的关键一步，不识才，何谈择才、用才和御才，又何谈事业之兴旺发达，更何谈民族之振兴呢？要识才更要讲方法讲艺术，用人不易，识才更难。

这世界真是千奇百怪，有人说人才过剩，有人却说这世间人才太少了，或者有的领导干脆就说这年代根本就没有人才。福兮祸兮？一代明君李世民的一席话道出了真谛："何世无才，患人不能识之耳。"原来这世界是有很多人才的，只是缺少了发现的眼睛。一代有一代之文学，因之，一代又有一代之贤人，这人间并不是缺少人才，而是缺少发现的眼睛。

出现这种情况是有多方面原因的。一是有人没有找到自己需要的人才。其实，你找不到需要的人才不等于没有人才，如同你在某餐厅吃了一顿很糟糕的饭菜就说这个地区没有好吃的东西，这显然是荒谬的！二是找到的确实是人才，但由于种种原因却任之不当，结果收不到效果，于是就说这人才不是"人才"。

不过一行有一行之才，非此行之才不一定非彼行之才，叫导弹专家钱学森来卖茶叶蛋，虽说是大材小用，但他并不一定就能做得很好。同样，如果叫水稻专家袁隆平去造飞机，他也不一定能成功。这样的如果有很多，但你能否认钱学森不是人才、袁隆平不是人才吗？人才到处都是，重要的是领导者应去努力地发现，识别人才，用好人才。

有时候，我们会发现，朋友对我们的真心，但我们却没有体察到；父母对我们的无私关爱，我们却没有感觉到；身边的人明明很有能力，我们却没有发现他。做一个生活的有心人很难，做一个新时期的"伯乐"则更难。宋代的陆九渊对知人深有感触，他说："事之至难，莫如知人；事之至大，亦莫如知人；诚能知人，则天下无余事矣。"天下大事全都在知人上，而恰恰难的就是知人。知人不易，因为人才有许多，每个人都有自己的一套习惯，有的有鹤立鸡群之势，有的大智若愚、大巧若拙，有的沉默寡言、藏而不露，有的滔滔不绝但华而不实……种种类型中，你能凭什么找出人才来，你又如何从中选出谁是真才谁是庸才？知人难其实就是做领导难。

出色的领导一个重要的方面就在于知才、识才。他们根据自己的经验与智慧去识才，展示了自己的用人艺术，尽管风格各异，但都不由自主地遵循着一定的规则。常言道"不以规矩不成方圆"，用到这里"方圆"就是识别出来的人才，"规矩"就是识才所遵循的一定的准则。古人说中才最可贵，聪明次之，说明在识才上道德与才能兼备是最高层次的人才，有一技之长者相对来说次于前者。所以在选用人才上，识才必需从德和才两方面考虑，无德无才则不为人才。人才的选用得当有利于团体的发展、事业的发达。领导者知人任人者以一己之私而对一些人才打击报复，同时任用那些不恰当的人，如亲密友人、家中亲戚中的人，这必然会给事业造成灾难。故识才必需公心为上。

"金无足赤，人无完人"，斤斤计较，必然找不到应有的人才，故识人必需从大处着眼、长远观之，取人之所长，则天下人人得用。因此识才上应遵循上述准则，唯有如此才能识真才、识大才。

识才必需由小处见大处

水滴虽小，却能折射出太阳的光辉；蚁孔虽小，却能使黄河决堤、一溃千里。可见，小处虽小，但却能见大。一个大的灾害并不全是偶然而降的，它多是因为平时的毛病未被人知晓而一点一滴积累而来的；成功也并不是一日之功，同样是平时不懈的努力从而得到的。故要找失败的原因，应多看看自己平时的所为；要成功，就应时时注意，从生活中的点点滴滴做起。那么，要识人以促成自己事业的成功，就应从小处识人，从小的言行之中看到他大的方面。

俗话说：一叶落知天下秋，从一叶飘落这一小的方面就可以知道大的方面——秋天快到了，知人亦是如此。一个人的品性、志向和好恶都体现在乎时生活中的小事中，只要仔细观察就可发现许多有用的东西。这就如同从蛛丝马迹中发现一个大的阴谋或是知道一个宝藏的所在。

有一位母亲的话对我们应有启示，她对自己的儿子告诫说："如果有一个女孩跟你去吃西餐，点了'全餐'起初上来的开胃菜、面包、汤、沙拉，她全都吃光了，等到后面的主菜和甜点，已经吃不下去，你可别怪她。她绝不是浪费，只是不会点西餐，甚至可能没吃过'全餐'。但你要是哪天遇见一位小姐点了全餐，而且从头到尾，每道菜只吃一点点，可就应小心了。那真是太浪费，只怕你将来养不起。"这位母亲的话可谓真有见地。

人生的经验使她学会了从小处识人，而小伙子们生性豁达又被罩于情网之中，哪能想得那么深那么远呢？这一点又不得使人联想起"当局者迷，旁观者清"这句名言来。

西方一位著名银行家的经历应该对我们识才有所认识。他早年工作极不顺利，好几次都没有应聘成功，当他带着一颗受伤的心走进一家银行，不幸的是，他又被拒绝。默默地，他走向了大厅的出口，不经意间，他发现地上有一枚闪亮的图钉，就蹲下身去把他拾了起来。这时银行的董事长恰巧从这儿经过引看到了这细小而又平常的一幕，但董事长却别具慧眼，认为这种人正是银行职员所需的，任用他一定会把银行的事办好。第二天，他就接到了银行的聘任书。此后，他努力工作，并把银行管理得井井有条，董事长死后由他接任，最后成为世界著名的银行大王。

这位银行大王的产生得益于生前的董事长慧眼识人。如果董事长稍微粗心一点，或者是虽然看到这感人的一幕却没有思考一番，那么这粒闪亮的"金子"还会继续埋在沙堆里。

用人是领导成功的关键，而用人的前提是要识人。领导者能以小识人，可见其与众不同。

有情有义是人才的基本

人是有感情的动物。能爱己爱人爱国，这样的人可信；能知恩图报，勇于献身，是为"义"，这样的人更难得。要考察一个人，观其情义亦可。

1. 无爱人之心者勿用

人性本善，爱人之心本应有之，但往往有一些人总是那么薄情寡义，或是为一己之私，爱人之心尽无。没有爱人之心又何谈助人，故领导识才应注意人的品性。古时有"举孝廉"，只要是孝顺父母、品德高尚就可以被选人官，因为他们有一颗爱母之心，用这样的人当领导放心；没有爱人之心，处处为自己着想而不管别人如何，这样的人不会很好地与同事协作，不会与下

属处好关系，也不会让所在的集团勃兴。爱人之心能使下属深知他人难处，主动与他人合作。同时，他们还时时地关心集体的情况，誓与这个集体共存亡。有情才能有义，无情者无义，用有爱心之人是企业也是国家兴旺发达的关键。

领导用人最应注意，切忌用奸邪之人，即使他们做出了一定的成绩，也不应重用他们。明代英宗用人就很注意属下是否有一颗爱人之心。都指挥使马良很受英宗赏识，他的妻子死了，皇子便去安慰他，恰巧遇上他已数日不出门。旁人说："马良正在办喜事，新娶了一个妻子。"于是英宗心想："这个家伙对前妻薄情寡义，又怎会忠心于我。"于是就从此疏远马良。事实也是这样，爱人之心是人的本性，连爱妻之心都没有了又何谈爱人，又何谈爱国忠君？这样的人确实不能用。

2. 为大义舍小义者应重用

古人讲义，义一直成为指导人们行动的行为准则。即使是在现在这物欲横流的时代，义仍为人们所追求。现实中常常有疾恶如仇、伸张正义之人，有不计名利给他人以帮助之人，也有"大义灭亲"之人，这些我们都称为义。能以义待人处事，实在难得，而要为大义舍小义实是不易，这需要极大的勇气，这需要有一颗伟大的心。为大义舍小义之人能判断孰轻孰重，他也知道自己应有所补救。

3. 重情怀意志更坚

人们交友，爱交有情有义之人，用人亦是如此。用有情有义之人，他们会尽职尽责地把工作做好，同时他们为报知遇之恩，也会鞠躬尽瘁。有一大批有情义的下属，攻城不怕城不破，办事不怕事不成。这些人一旦被领导予以重任，便会死心塌地的跟随领导，成为领导的得力助手。

古之君王、贤臣爱重用有德有义之人，这些人也忠心耿耿，以报知遇之恩。"士为知己者死"由此而来。这批人为所在的国家做出了极大的贡献，国家由此而兴。君王事业的成功与其说是臣下的努力不如说是君王慧眼识人、善于用人的结果。领导能有"为自己而死"的人才在身边，是具有何等的眼光！

领导善于用重情义之人不仅在古代，在现代仍起着重要的作用。新中国成立的消息使海外的科学家们欣喜不已，他们知道报国有望了。为了民族大义、为了国家的发展，一大批科学家冲破层层阻挠回到了祖国。中央领导极其重视，把他们分配到重要的岗位上。在这百废待兴的时候，条件极其艰苦，他们还是以顽强意志克服重重困难，完成了党和国家交给他们的任务。

不为利所动者才是真才

人要活着必需吃饱穿暖，这是生活的必需，但不是最终的目的。满足基本的生存之后，人们会把眼光投向更高一层的精神和物质消费，并为之奋斗。于是有些人就铤而走险，因为"孔方兄"太诱人了、漂亮小姐又太迷人了，他们拜倒在金钱和女色面前，不成大器。难怪"有钱能使鬼推磨""英雄难过美人关"为后世所咏叹。领导者识人，可以利试之，看其是否廉洁有抱负。

（1）不为利所动，为官在廉。领导者最希望的是有一批廉洁的下属干部，腐败贪利的下属会挖空你的"墙脚"，让你几十年的基业废于一旦。故自古以来皇帝爱廉官，而如今不仅官场中如此，在企事业单位中，领导者也都希望用廉洁的下属。在政治中，官廉才会促成政治清明，可谓国家民族之福；在企事业单位中，下属干部廉洁则企事业振兴有望。可见廉洁对一个团体来说是多么的重要。与廉洁对立的是腐败。腐败如同蛀虫，它侵蚀集团的肌体，最终使这个肌体不堪重负而鸣呼哀哉。廉与腐的对立，都是基于对利的态度不同。廉者对之避而远之，而腐败者则趋之若鹜。领导者要识得廉洁之才，得以利试之。

这样的事的确有人做过，此人便是"贞观之治"的主角李世民。他历经艰辛当上皇帝之后，为稳固来之不易的大唐政权，他决心严厉打击贪官污吏。于是他派人拿着金银借故去贿赂一些部门的官员。有的官员接受了馈赠的贿赂，李世民就下令把他处死，而有的官员拒不接纳贿赂则被加以重任。这一事例近乎残酷，大有引诱人犯罪之嫌，但在皇权至上的时代，这是无可厚非的。

主动地去引诱下属以观其是否廉洁，这是万般无奈之下策，应尽量少用，而且还要尽量向外人保密，毕竟自己的形象要紧。最常用的就是自己的一双慧眼，往往利益就摆在眼前，有人唯利是图，有人视如过眼云烟，领导者只要留心观察，下属的底细一看便知。

（2）不为利所动，有更大抱负目光短浅者，贪图于眼前之利；意向远大者，不为眼前利益所动，两种人格昭然若揭，领导者识才不仅要从对利的态度中观其廉，同时还会从眼前之利中知晓人的抱负。

有人一时成功，面对突如其来的鲜花与金钱，他满足了，从此不再进取，结果再没有取得多大成绩。蒸汽机的改进者瓦特便是极好的一个例子。而少数人面对鲜花与金钱，他们没有陶醉，而是忘记这些东西，继续走自己的路，从而取得了更大的成功。

西汉霍去病曾为国家建立功业，在对抗匈的战役中屡立战功。一次，汉武帝派人为他修建了一座漂亮的房子，对霍去病说："爱卿在外征战几多年，该有个自己的家了。"霍去病恳切地回答："匈奴未灭，何以家为。"听完，汉武帝十分欢喜，把攻匈的重任全交到卫青和霍去病身上。果然他们不负众望，屡战屡胜。

不为眼前利益所动，必然有更大抱负，与鼠目寸光之人不可相提并论。领导者识人，动之以利，可知大才。

从实践中观察鉴别人才

真正的人才不在"纸上谈兵",而是要看其实干能力。时代需要的是实干家而不是空谈家,空谈有何用?如果要说空谈的用处,诙谐一点来说就是空谈可以败事可以误国。怎样判断一个人是空谈家还是实干家,方法不过是让谈话者去干实事。用一句很简单的英文谚语即可道明实干与空谈的差别:"Actions speak louder than words",这既可以译为事实胜于雄辩,也可以译为行动比语言更重要。

"路遥知马力,日久见人心",领导者往往很难一时察觉某某是否有才,但直觉上领导又不忍放弃选才的机会,于是不得不抱着一种试试看的心理,兴许试用之后贤庸必然自明。但试用是要担风险的,万一试用不成,不仅没有觅到自己需要的人才,反倒把自己的秩序给打乱了。聪明的领导便顿生一计,让人到基层去办事,通过对其"政绩"的考察来发现人才从而给予升迁,这确实是一种好方法。现代的多数企事业单位招聘人才大都有一个试用期,试用期满,领导就会对员工的成绩作一个评价,能够留下来的当然是为领导所满意的被认为是人才的员工,有时领导还会从其中的特别优秀者中选出一部分委以重任。这便是领导者以政试之,察其真才的做法。

有时,领导者没必要让所有的人都去做相类似的事情,而是在较为器重的人中让他们去做特定的事,看他们的处事技巧,从而判断其是大才还是小才。这一部分人往往是领导考察的对象,如果干得令领导满意,极有可能成为领导的接班人。而领导要选择接班人更要谨慎行事,委之以政,时时考察。往往选择接班人的结果如何,恰恰反映了一个领导的识才能力,是一个领导有无识才艺术可言的标准。

与咨以谋略比较起来,后者往往更注重识大才,但前者可适用于不同的

人群，而且操作性极强，领导者可以随心运用。

《周书·苏弹传》对以政试之有一个简易的说明："彼贤士大夫之未用也，混于凡品，竟何以异？要任之以事业，责之以成务，方与彼庸流较然不同。"它告诉我们让贤能的人去干一定的事，他们的才能就能显现出来。三国时，"卧龙"与"凤雏"两相齐名，但最初"凤雏"庞统没有得到重用，于是他带着鲁肃和诸葛亮的推荐信去投靠刘备，但去后并没有把推荐信拿出来。刘备不了解庞统的才能，就把他派到耒阳当县宰，但他到任后不理政事，终日以酒作乐。有人将情况报告刘备后，刘备就派张飞去察看。张飞去后，果如所言，就责备庞统说："你终日在醉乡，怎么会不耽误事呢？"庞统便让下面的人把所积公务都拿来，不到半日，便批断完毕，而且曲直公明，毫无差错。张飞大惊，回去向刘备具说庞统之才。这时庞统才将推荐信交上。信中鲁肃称庞统不是个只能管理小县的人才，建议刘备重用。诸葛亮这时回来也称庞统是"大贤处小任，以酒糊涂"。刘备这才认识到庞统是有杰出才能的人，便委以重任，作为诸葛亮的副手，共同参与军机大事。

刘备任委庞统，察其才能，再加上鲁肃、诸葛亮两位的推荐，终于找到了自己日日思念的贤人。

现实中，委之政事来查其真才实学为多数领导所青睐。这里有一个典型的例子。

在一次招聘会上，一位应聘者有足够的"硬件"，将自己做过学生会干部，有一定的工作经验和管理能力等说得天花乱坠，把该用来形容自己优点的词几乎都用上了。他以为在外资企业，领导者一定会喜欢这种大胆且敢于自我推销的员工，但招聘的领导并没有被他的话所迷倒，先是把他派到一个小车间管理生产，试用期3个月。结果试用期满，这位应聘者在车间的工作做得一塌糊涂，不得不灰溜溜地逃之夭夭。这位领导者是聪明的，知道现实中许多人喜欢说大话，吹捧自己，但一到实干的时候就露馅了，因此就安排一个棋局让他去走一着，这样，是否真有真才实学就反映出来了。

真金不怕火炼，真才更不怕检验。如果是人才，在领导者委以的重任中，发挥自己的才干，从而为人所识；领导者通过让下属办事，从而知晓下属才能的大小，进而判断该让他们干什么事。委以责任，既是领导者识人艺术的体现，也是领导者识人用人的关键。为避免被市场上各式人才所蒙蔽，领导者何不试试"委以责任"这把"杀手锏"？

观察其朋友就可以识人

物以类聚，人以群分。不同的东西被分配在一起是因为它们有相似之处；不同的人走在一起，是因为他们有共同的语言，有相同的志向，即"意气相投"。很难想象一个志存高远、正直无私的人会与一个无恶不作的大恶棍成为深交。"道不同不相为谋"，不同的情操，不同的追求决定了各人所走的不同的路，想到这些就不难理解为什么人以群分了。志趣不投之人走在一起如一场没有爱情的婚姻，它不会长久。要识人也就有必要观其行，观其所交之人。如果他交的是狐朋狗友，而另一个人交的是金兰之友，无须多言，孰是孰非一见便知。

人生活在一定的环境之中，不可避免地要与外界打交道，受人影响也是在所难免的。古人一语中的：近朱者赤，近墨者黑。"孟母三迁"的故事说明了环境的重要，也说明了对交往的人应有的必要重视。如果小孟珂与一帮市井之人整日混在一起，后来定不会成为"亚圣"。

要做好自己的事往往需要朋友的帮助，为此，广交朋友成为一种风气。但要交好交歹必需"择交"，而要识才也可看看人家"择交"择的是什么样的朋友。

古人有"谈笑有鸿儒，往来无白丁"之说，这是就学识而言，领导者观其所交谈之人，定知他是有学识之人；也有"布衣之交"，这既重学识又重道德，但总的来说还是贫贱两种人的志趣相投，那么知其友而知其人。交往的人的情况实际从侧面反映了本人的情况。隋末，王圭隐居于南山。一日，他的母亲李氏说："你将来可能会显贵，但不知你交往的朋友是什么样的，能否找个机会让我见见他们。"过了几天，好友房玄龄、杜如晦不邀而访，李氏一边准备酒饭让他们尽情欢饮，一边暗自观察。待房杜两人走后，李氏忙说："两位客人都是辅助帝王的人才，看来你能够显贵了。"李氏所见确实不错，后来，房杜两人果然当了太宗皇帝的左右仆从。王圭也做了侍中大臣。王母之所以能肯定地作出判断，是因为她通过观察知道房杜两人的才德，观友知子，从而更深一步地了解了自己的儿子。

领导考察人才，可试着去观察一下他所结交的朋友，从而作出自己的选择。如果领导者发现其所交之朋友尽是有才有德之人，那么就应大胆地任用，因为一方面这人多半是有才之人，另一方面"一个好汉三个帮"，自己有困难的时候，还可寻求下属的朋友的帮助，可谓"一箭数雕"何乐而不为呢？

第3章　能人如何不吓人
——领导者的用人艺术

一个杰出的领导者必需能做到："发现人才、识别人才、爱护人才，充分发挥每个人才的智能和潜能。"因为善于牧羊的人，知道羊的天性，知道它们要吃什么，住在什么环境，如此方能适时地满足他们的需求，并使它们依天性，长得又肥又大；善于养花弄草的人，知道花草的天性，让它们的需要能被充分满足，并且依天性使它们长得又美又好。

才能与职位尽量相称

古人曰："君子所审者三，一曰德不当其位，二曰功不当其禄，三曰能不当其官，此三者乃治乱之源也。"可见，能当其位是用人的重要原则，是判断领导者用人是否正确的首要标准。在用人时，领导者对人才一定要量体裁衣，既不能让统御千军的将帅之才去做伙头军，也不能让县衙之才去当宰相；既不能让温文儒雅、坐谈天下大事的文官去战场上驰骋，也不能让叱咤风云、金戈铁马的武将成天待在宫廷内议事。应该辨清各自的特长，派其到相符的地方或授予其相应的职位。不当其位，大材小用或者小材大用都是用人的失败。大材小用造成人才的极大浪费，必挫伤人才的积极性，使其远走高飞，另谋高就；小材大用只会把原来的局面越弄越糟，成为专业发展路上的绊脚石。"用人必考其终，授任必求其当"，古人已经给现代领导者们作出了榜样。

狄仁杰就是一位善于用人的官吏。有一天，武则天问狄仁杰："朕欲得一贤士，你看谁能行呢？"狄仁杰说："不知陛下欲要什么样的人才？"武则天说："朕欲用将相之才。"狄说："文学之士温藉，还有苏味道、李峤，都可以选用；如果要选用卓异奇才，荆州长史张柬之是大才，可以任用。"武则天于是擢升张柬之为洛州司马。过了几天，武则天又问贤，狄说："臣已推荐张柬之，怎么没任用？"武则天说："朕已提拔他做洛州司马。"狄仁杰说："臣向陛下推荐的是宰相之才，而非司马之才？"武则天于是又把张柬之升迁为侍郎，后来又任他为宰相。事实证明，张柬之没有辜负重任。可见狄仁杰多么懂得任人应当其位的道理。

在考虑能当其位的过程中，领导不能仅仅以人才能力的高下来衡量，还得考虑人才的性格、品行。如果此人性格懦弱、不善言辞，则不宜让他担任公关和推销方面的任务；如果他处事较随意，且常出一些小错，不拘小节，就不应任用他做财务方面的工作；如果品行不太端正，爱占小便宜，且比较自私，对这种人尤其要小心任用，最好不要委以重任或实权，还要使其处于众人的监督之下，不至于危害大局，一旦发现其恶劣行为，立即严惩不贷，绝不心慈手软，以防止"一粒老鼠屎搅坏一锅汤"。所以，作为领导，在用人时一定要从人才的能力、性格和品行等多方面综合考虑，再授予一个适当的位置。

此外，作为领导还需考虑一个重要因素，即年龄。年轻人热情奔放，充满活力，且敢拼敢闯，创造力强；中老年人沉稳、冷静，忍耐力强，且经验

丰富、老到。年轻人缺乏的是经验，中年人缺乏的是闯劲。了解到这些，领导就可以根据该项工作的特征确定合适的人选。同时，领导还不能忽视年龄层次问题，机关部门、事业单位的年龄层次可以适当偏大一些，姜毕竟还是老的辣。而企业的年龄层次宜年轻化一些。因为年轻人精力充沛，后劲十足，工作年限还很长。这样就避免公司出现人才断层，有利于公司持续快速发展。

坚持宁缺毋滥的原则

宁缺毋滥要求领导者在用人时选用精兵良将，如果在当时没有找到合适的人选，宁可让职位空缺，也不要滥竽充数。

1. "官"不必备

古人曰："官不必备，惟其才。"用人之多少，应根据工作需要而定。在确保工作质量的情况下，再合理安排职位，然后根据一人一职的原则任用人员，既不可备位，也不可备人，更不能在找不到合格人选的情况下随便以人顶替。否则，就会影响整体效率和质量。

古人对任人时宁缺毋滥的原则也早有认识。早在唐朝，吴兢就提出"官在得人，不在员多"，宋朝苏轼曾强调"省事不如省官"。西魏苏绰在其《奏行六条诏书》中极力主张裁减官吏以避免人浮于事的弊端。他说："官省，则善人易充。善不易充，则事无不理；官烦，则必杂不善之人。杂不善之人，则政必有得失。"北宋包拯坚持用"勤"，不用"冗"。他针对北宋冗员众多，"居官者，不知其职者，十常八九"的情况，向仁宗皇帝指出："欲救其弊，当治其源，在于减冗杂而节用度。"他主张"留神深察"，对于"固位无职"而又无所事事的官员坚决予以清除。可见，"官不必备，惟其才"古往今来就是用人任人的一条重要准则。这句话对今天仍有重要的借鉴价值。

2．任之以专

一个人能力再高，在短时期内都难作出重大成绩，人的聪明才智的发挥需要一定的时间，因此其能力和功绩须在较长时间内才能体现出来。领导者在任人时一定不能急功近利，急于求成，经常更换人事，这样做会适得其反，离自己所要求的目标越来越远。正确的做法应该是一旦确定了人选，就给予充足的时间，让其潜心研究，放手施为，反而能够作出显著成绩。举个例子，美国科学家的科研水平乃世界一流，但如果美国政府要求他们在短期内便将人类送上月球并在上边正常生活显然是不可能的。如果因此而将科学家们撤职查办，那岂不成了天大的笑话。可见，任人以专的效果明显地比经常更换好。

北宋王安石曾特别强调任人必需"任人以专"，"久于其任"。他主张一旦确定合适的人选，就让其多干几年，予其充分展示才华的时间，则"智能才力之士则得尽其智之赴功，而不患其事不终其功之不就也"。古人尚且如此，今天的领导更应理解其内涵。经常更换人事不仅对事情本身于事无补，而且会弄得人心惶惶，纪律涣散。

法国经济学家亨利·法约尔对人员任期问题有一段深刻的解释。他说，人员任期稳定是一个均衡问题。雇员适应新的工作和很好地完成工作任务都需要时间，即使是假设他有相应的能力，如果在他已经适应工作或在适应之前被调离，那么他将没有时间提供良好的服务。如果这种情况无休止地重复下去，那么工作就永远无法圆满完成。因此，人们常常发现，一个能力一般但留下来的管理人比一个刚来的管理人更受欢迎。这段话虽然是针对企业而发的，但同样适用于其他组织和机构。它深刻地告诉领导者任之以专的重要意义。

当然，任之以专并不是任期越长越好，它并不排斥工作人员的正常变动，只是强调要给人以充分展示才华的时间，保持人员的相对稳定，有利于事业的发展。

适时扩大下属的职责

每个人都喜欢有责任性的工作，在座谈会中，大部分人都有如此的想法："让我从事责任更大的事吧！"或者说"责任感愈重之事做起来越有价值"。

为什么人们想负这么多的责任？最大的原因在于愈有重责则表示此人愈有能力。不过给了某人责任之后，也要赋予其相当的权限。在此权限内，可以依照自己的方法做事。低层工作人员或从事单纯、辅助性工作的人员，即使能圆满完成任务，也不觉得有什么自豪感，这是因为他们不能依自己理想做事之故。

每个人都有强烈的欲望，希望别人看重他，故想多负担一些责任。因为负担了责任，自己就有责任感。换句话说，给了某人责任与权限，他就可以在此权限范围内有自主性，以自己个性从事新观念的工作，因此他就拥有了可自己处事的满足感与成就感。

1. 不要做啰唆的领导

领导若过于啰唆，无论大小细节都要说明、吩咐，只会徒增下属的烦腻，同时下属也会觉得自己根本无需负责，于是欠缺责任感，工作热情也随之降低。在啰唆的领导吩咐下的工作人员，其责任感较公司给予概括的指示，然后一切细节由工作人员自行负责者来得低。比如：

某公司里一位A股长调职，继任者是B股长。不到一年的时间，该部门生产量增加了16％，在此我们研究了A、B股长的作风。A股长一天到晚从楼梯爬上爬下，不厌其烦地指示下属；B股长作风却迥然不同，任何事仅指示大纲，一切细节则由下属自行负责，他也不限制下属的自由，完全尊重他们。下属因为依照自己的想法做事，愈做兴趣愈浓，也希望将该事做到完美的境界，因此达到了良好的效果。因二人作风不同，工作成效也大不相同。

照这个例子看来，不仅要让工作人员负责任，而且要赋予他们相当的权限，使其可依照自己的意志做事，如此才能提高工作效率。

2. 权责必需均衡

责任与权限必需均衡。我们所说的赋予工作人员权限就是让他们在自己意识下工作。很多领导对下属只强调责任，而极少赋予权限，只是一次次地指示他们，以致下属根本毫无机会依照自己的办法去工作，在此状态下，无论如何强调责任都无法收到预期的效果。

在许多企业、机关中，责任与权限无法合二而一。权限都集中于上级，下属仅负责任而已。须知无论何事，一旦欠缺权限则产生不出责任，因此责任与权限必需始终一致。

那么，责任到底是什么呢？工作人员有完成工作的义务，如果无法完成或工作成果不好时，就非要负责任不可了。但所谓的责任并非要提出辞呈，或者要等待受罚，而是将失败之处加以弥补，使其不良影响降至最低限度，而且要找出失败的原因，绝不再重犯。

另外，下属做错了事，领导也不能免除责任。当自己的下属失误时，在处罚下属之前必需自己先反省一番，看看自己的做法是否妥当，导致失败的原因何在，并且要改正缺点，这才是领导的职责所在。

在与年轻人的交谈中，大家都认为："任何一件事，上司若信任我们，可放手让我们单独去做，我们必定会更加卖力。"新来的员工在经过一段时间的锻炼之后，逐渐积累了工作经验，新鲜感再加上适当的经验，使他愈做愈有味道。反之，若积年累月做同样的工作，时间一久会觉得枯燥无味，单调无比，原先的工作热忱也渐渐消失了。故领导应依照员工工作熟练程度，由最基本的 D 级工作晋升做 C 级工作，再由 C 级工作跳到 B 级工作，如此一级级地赋予较高级的工作，使他们做起事来也不致有厌倦感。

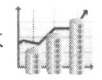

但是工作编排并不只限于纵的方面赋予高级工作，有时也可在横的方面赋予范围更广的工作，其中的道理都是一样的。

不使用任何多余的人

社会上有种情况屡见不鲜，即某个职位由一人担任便足以应付，却安排了好几人。这种现象表面上看是体制问题，实际上是领导者在任人上的严重失误。不用余人是领导者应该严格遵守的原则，否则就会造成机构臃肿，冗员繁多，效率低下。

1. 兵不在多而在精

唐太宗李世民，任人就一贯坚持"官在得人，不在员多"的原则。他多次对群臣说："选用精明能干的官员，人数虽少，效率却很高；如果任用阿谀奉承的无能之辈，数量再多，也人浮于事。"他曾命令房玄龄调整规划30个县的行政区域，减少冗员。唐太宗还亲自监督削减中央机构，把中央文武官员由两千多人削减为 6 4 3人。他还提倡让精力旺盛、精明能干的年轻官员取代体弱多病的年迈官员。通过这种方法，朝廷上下全都由能人主持，办事效率大大提高，使得政通人和，出现了繁荣昌盛的"贞观之治"。

相反，太平天国在南京建立政权以后，洪秀全滥封王位，至天京失陷前，封王竟达2700多人，造成多王并立，各自拥兵自重，争权夺利的混乱局面，从而致使天京事变的发生，促使太平天国由盛而衰，走向败亡。这成为领导者以后用人的深刻教训之一。不用余人，是保证令行禁止和高效率的重要条件。

随着市场经济的发展，"兵不在多而在精"越来越为众多领导人重视。近年来，中国上自国务院，下自县乡机构都大刀阔斧地展开了精简机构，裁减冗员的政治体制改革。企业也不甘落后，都大力实行下岗分流的改革。这样削减了大量不必要的机构和冗员，既减轻了国家和企业的负担，又大大提高了办事效率。许多企业逐渐扭亏为盈，一些国家机关、部门也由原来的一片混乱变得井然有序。可见，"能者上，庸者下"，同时把好数量关，是做到不用余人的关键之处。

2. 人多未必好办事

中国自古以来有"众人拾柴火焰高""人多力量大"以及"人多好办事"等形容人多好处大的词句，但这些并非"放之四海而皆准"的真理。领导者们应具体问题具体分析，不要盲目应用。尤其在任人问题上，人多未必好办事。

首先，人多了不利于统一管理。无论是企业还是机关部门都必需统一管理，才能有高效率的出现。而如果本该一个人办的事却安排几个人去做，就可能产生意见分歧，互不相让，甚至产生矛盾，最后分头行事或者大家都一走了之，谁也不办。人多了，各有各的看法，加上一些人可能心怀不轨，就难以统一意见，办事效率可想而知了。避免这种情况发生的最好办法就是领导者在任人时就不用余人。

其次，冗员繁多易形成懒散的作风，效率低下。古语说，"一个和尚挑水喝，两个和尚抬水喝，三个和尚没水喝"，无疑是人多未必好办事的生动写照。不难理解，由于一职多官，遇到事后相互推诿，都怕惹火烧身，都想明哲保身，做一个好好人，效率当然上不去了。中国有句很流行的话，"一个人是条龙，两个人是条蛇，三个人是只虫"，可能就是形容这类现象吧。

最后，冗员繁多不利于人才聪明才智的发挥。由于没有集中的权力，加上相互牵制，都怕对方超过自己，一些人才的想法和看法得不到尊重，策略也无法实施，导致了人才资源的浪费。一些有才之士虽有满腹经纶却无法施展，这对公司或部门的发展都非常不利。

不同性格，区别对待

所谓性格，是指人对客观现实的态度以及与之相适应的惯常的行为方式中表现出的个性心理特征。性格是一个人个性的核心，它直接影响到人的行为方式，进而影响到人际关系及工作效率。因此，在领导过程中，根据人的不同性格采用不同的领导方式是提高领导水平的重要手段。人与人之间性格差异很大。一般来说，有几类人的性格较为突出，也比较难领导，下面分别做出介绍，为领导者提供借鉴。

1. 脾气暴躁、常与人结怨者

哈维自卑感很重。他在工作中表现很认真，也很执著，但不顺利时，他总认为是其他人故意刁难他，为此经常大发雷霆，甚至到领导那里"投诉"，造成办公室火药味浓重，人际关系紧张，直接影响了其他人的工作情绪。

当这类情绪激动、怒气冲冲的员工跑到你办公室"投诉"时，你应先让他们坐下来，然后仔细聆听他们的谈话，不要发言，因为他们在激动时所说的话往往是杂乱无章的、未经组织的，你要让他们把事情的经过说完，或者在一定程度上说，是让他们宣泄完愤怒的情绪，相对冷静下来之后，再来表示你的处理方法。你不必试图改变一个脾气暴躁的人，也不要敷衍他们，更不能从中转换话题。

虽然任何一个公司的纪律都不会要求改变员工的不良性格，但你必需告诉他们，动辄发脾气的人感情上通常不够成熟，要教会他们学习控制自己的情绪，并强调公司不赞成以乱发脾气的方式来解决问题。也可以尝试着给他们安排一些多见文件少见人的工作，鼓励他们多参与同事们的活动，让他们知道他们是跟大伙儿同一阵线的，没人愿意也没有人能阻碍他的工作。

2.自尊心极重、感情脆弱者

这类人多是一些职位较低的年轻女性，她们大部分刚踏出校门，对纷繁复杂、竞争激烈的社会不太适应。领导者几句提醒她们的话，听在她们耳中，就像被老师当众责骂，心中极为不安，无形中产生了一股压力，对工作丧失信心和兴趣，甚至产生跳槽的念头和行动。

具有这类性格的员工，一般表现比较拘谨，她们总喜欢绷着脸，紧张地工作，遇到困难时诚惶诚恐，对上级说话时语调总是战战兢兢。对待此类员工，说话时措辞要小心谨慎，尽量避免从个人角度出发，多强调"我们"和"公司"。

在批评她们工作中的问题时，必需多顾及她们的自尊心。一丝温和的笑容，一句关切的问候，都会增加她们的安全感和自信心。在平时例行的工作中，不妨把握机会称赞她们的表现。再三的鼓励或许让你都感到自己唠叨，但对她们来说却是很受用的，而且有种被重视的感觉。同时，应该让她们明白，在工作中发生错误，可能是多种原因造成的，不一定与个人能力有关。因此，不必为此感到沮丧和丧失信心。

3.消极悲观、缺乏自信者

公司召开会议、讨论某项新建议时，有人提出反对是正常的。但你可能会发现，在你的公司里有这样一类人，他们不管提出的建议是什么，从不进行深入地思考，总是一味地阻挠和反对，这不仅会阻碍公司的变革，而且会破坏公司创新的氛围。因此，你必需深入分析他们反对的真正原因。有些人只是因为他们消极悲观，缺乏信心，担心失败。

如果你发现某位员工一贯努力工作，对公司忠心耿耿，而且还颇有业绩，只是有些缺乏信心，你可以给他机会，培养他的自信心。例如，你可以找他谈谈你的新计划，让他负责实施。起初，他可能犹犹豫豫，面露难色。此时，你可以请他不要对任何事都采取否定的态度，应该提出积极而且有建设性的意见。如果他怀疑该项计划的可行性时，你就鼓励他找出可行的方法，并且全力帮助他实施计划，让他体验变革的乐趣及由此获得的成就感。

当然，你不要企图使消极、悲观的人一下子变得积极、乐观。你只能让他了解你是个乐观进取、凡事采取积极态度的人，尤其是接受一项艰巨的工作时，更应以肯定且乐观的态度对待。如果他一向尊重你，多少也会被你感染而产生自信。

4.溜须拍马、阿谀奉承者

在许多地方，常可见到溜须拍马、阿谀奉承者，他们经常称赞你，且附和你所说的每一句话。如果有这种员工，就必然有爱戴高帽子的上司。尽管各位领导者都会表白自己明智、有自知之明和不介意下属批评，但人们总是喜欢听好话。有些领导者认为，只要自己不为他们的吹捧所迷惑，他们的表现也不差，就可以任由他们继续奉承下去。

但事实上，你的态度会使他们感觉你默认了这种吹捧，不仅会强化他们的这种行为，还会使他们轻视你，降低对你的尊重。对待这种下属，在与他们沟通时，无需太严肃地拒绝他们的奉承，也不要任由他们随意夸张。当他们向你卖弄奉承时，你可以说："你最好给自己留一点时间，考虑新的计划和建议，下次开会每个人都要谈自己的意见。"

5.善于表现、急功近利者

下属中，总不乏雄心万丈、积极进取之人，甚至你能感觉下属的目标直指你的职位，许多领导者因此而忌才。但是，对待这些急功近利者却不能忽视。因为这种人往往为了个人利益不择手段，影响其他员工的工作情绪和进度，造成人际关系紧张。与急于表现自己的下属沟通，切忌使用单刀直入式，免得让他产生你忌才的错觉，进而不接受你提出的任何建议。

你可以认真聆听他的建议，适当称赞他的表现，表示你对他有某种程度的赞赏。得到你的称赞，他一定会进一步表现自己，那时你可以漫不经心地告诉他："凡事都得按部就班，这样才会对其他员工比较公平，如果其他人比你更急时，你能否容忍他像你现在这样牵着别人的鼻子走呢？"你的语调要像平常说笑般轻松，既不伤害他的自尊心，也让他设身处地地为其他人想一想。

6.郁郁寡欢、以为怀才不遇者

这种下属常为自己的才华不能受到重视而终日叹息，缺乏工作热情和积极性。对待这种员工，千万别用类似的打击性语言："你有多少才能呢？像你这样的人，随便可以找到。"这种语言会使他们感到被轻视，变得更加郁郁寡欢。平日对他们要热情，这样会使他们有被尊重、重视的感觉。交代给他们的任务，事后一定要认真过问，如果做得好，别忘记称赞两句。尽管他们在公司里只不过是小员工，但也可以偶尔邀请他们参加重大会议，鼓励他们勇于发言，并经常给他们提供参与的机会。如果他们同时感觉到机会面前人人均等，他们会更加努力工作的。

总之，虽与有"问题"的下属在沟通和相处方面会有困难，但作为领导者，必需在可能的范围内，尝试了解他们的性格，并进行因人而异的管理，而且要牢记这项工作是非常需要时间和讲究方法的，不可操之过急，否则，将会适得其反。

让你的员工扬长避短

人有所长，也有所短。在比较长与短时，应更多地看到人的长处，而不能更多地看到人的短处，特别是不能过分地夸大人的短处。如果一个人的短处成为他的主要方面，那这个人就失去了存在的价值。他之所以没有被消灭，就说明他的长足可以补偿他的短，他的功足可以补偿他的过，他对社会是有益处的。

用人的决策，不在于如何减少人的缺点，而在于如何发挥人的长处。这就是说，要择人之长而用。世界上没有绝对的好人，或完全的人，只能找

到适合某一工作需要的人。因此，只能说他干得最好的是什么，而不能说，他干得最不好的是什么。因此，作为一个领导者，其基本天职，就是想人之长，说人之长，用人之长。

假若所用的人没有缺点，其结果只能是平庸之辈。干大事而惜身，见小利而忘义，更谈不上有所大为。这种人只不过是谨小慎微、小心奉上之人，其胸中并无雄才大略，更谈不上为大略而献身。现实告诉我们，才能越高的人，其缺点也就越突出。有高山，必有深谷。

如果抓住部下的缺点不放，则证明他本身就是一位弱者，因为他怕别人之长威胁他的安全。事实并不存在下级之长会威胁上级的安全。因为下级之长会使事业发展，这个功劳会记在领导者名下而被重用；下级之短会使事业受损而使领导受到免职的危险。

用人的目的，在于办事，而不是投自己之所好。人的最特殊的天才，就是尽其所能在一个领域内达到顶峰，但不可能在许多领域都能达到顶峰。在一个领域内，他可能成为一个有权威的部门专家，但不能在许多部门都成为专家。没有万能之才，只有一技之长的专才，忽视了人的这种卓越性，求其万能，就不是真正的领导者。应该知道，人的一些缺点几乎是不能改变的。

组织是一种工具，用以发挥人的长处，中和人的短处，使之变得无害。要用一个人的两只手，就要将整个人请到组织中来。

用人的原则，可以总结为下列几条：

第一，职务的内容应适合普通人的能力，不能提只有上帝才能做得到的要求；

第二，职务的内容应能刺激个人能力，即适当地高于他的能力，对他的能力形成挑战；

第三，平时就考虑某个人能干些什么；

第四，要发扬人的长处，就要容人的短处。

三个臭皮匠，抵个诸葛亮。但如果相互牵制，那三个还不如一个好，因为一个人可以发挥自己之专长。如果搞一个折中方案，结果都不是用人之所长，反而会降低效率。

用人要做到人尽其才

领导者在用人时应该坚持"用人不疑，疑人不用"的原则，既然用了，就要给予其绝对的信任，给予其广阔的空间，使其人尽其才。也只有这样，人才才会绝对信任领导者，投桃报李，为领导者尽展其才华。成功的领导者大都爱对部下说："你们放手去干好了。"这既是一种鼓励，又是一种放权，因为他们非常明白：只有让手下放手施为，尽其所能，才能创造出辉煌的成绩。

清代学者阮元在一首诗中写道："交流四水抱城斜，散作千溪遍万家。深处种菱浅种稻，不深不浅种荷花。"把种子散在最适宜生长的地方，方才喜得丰收果实。我们从这首诗中应得到一些有益的启示。如果我们把人才比作一粒种子，要想让人才在单位发挥最大能量，取得最大利益，作为管理者就要掌握单位各类人才的专业特长，根据单位岗位设置情况，科学合理地选择优秀人才配备相应岗位施展其才能。把人才放在最适宜成长的位置，做到了知人善任，不仅是一种用人观念，更是一种智慧。

某单位新来一名省财政学院的大学毕业生，其所学专业是计算机应用与维护。当时单位财务科有一空岗，领导将其安排在财务科担任会计，但他不懂会计专业，感觉到工作无所适从，整个人忙得焦头烂额。领导看他焦急忙乱的样子，找其谈话后方知虽然是财政学院毕业，该员工所学与所做专业不对口。为此领导把他调到信息科，让其负责单位网站建立和微机管理工作。自从进入信息科，该员工工作得得心应手，如鱼得水，每项工作都做得有声有色，圆满出色地完成信息科的各项工作。

在当今企业界中，更多的领导者认识到了人尽其才的重要性，并用之于实践，都取得了良好的效果。日本丰田汽车公司老板丰田喜一郎充分信赖销售专家神谷正太郎，让其不受任何约束地工作就是一个突出的典型。事实证明，丰田喜一郎是正确的，神谷正太郎无愧为一个销售天才。他为丰田汽车公司的飞速发展立下了汗马功劳，用尽了自己的聪明才智，而且他对丰田始终忠诚不贰。人尽其才的任人准则在此得到最充分的体现和证明。领导者们应该加以借鉴和应用。以减少人才资源的浪费，促进企业或事业的发展。

引入用人的竞争机制

有这样一则寓言说，猎狗追逐一只兔子没有追到，旁边有只狐狸问道："今天你跑的怎么这么慢，全没往日的威风啊？"猎狗答到："现在主人为我准备食物，我已不需要自己猎食了。你要知道，为了生存而奔跑与嬉戏时的奔跑是完全不同的。"在这则寓言里，有一个道理就是生存的竞争往往能激起人最大的能量来，使一些看似无法做到的事变成现实。

在用人方面，也应充分运用这一生存规律，做到竞争优先，优胜劣汰。在竞争方面，有人一度把它作为私有制条件下的尔虞我诈，弱肉强食的不正常现象。实际上，它作为一种社会现象和组织行为，并不为资本主义社会所特有，而是客观存在于人类社会发展的始终。社会的前进离不开竞争。用人方面不仅需要竞争，而且也无法排斥竞争。

实践证明用人必需改变那种只上不下，只进不出的封闭僵化体系，而始终保持一种有上有下，有进有出的开放式流动体系。人若是处于这样一个流动的体系中，不仅充满了进取心，而且也有到危机感，犹如逆水行舟，不进则退，不会有丝毫的大意。

一个组织中的活力，主要来自于具有开拓创新精神、永不服输的拔尖人才。过去渔民从远海捕捞沙丁鱼，在运回海港后总有很多死掉，渔民们使用了很多方法，想使沙丁鱼能活着运回去，但收效甚微。后来聪明的渔民终于想到一个好办法，那就是在运沙丁鱼的水池中放入一些生性好动的鲇鱼，鲇鱼在池中不断追逐，使沙丁鱼在运动中延长存活时间，终于安全运到了海港。有领导者从中受到启发，便在组织中安插了几位充满活力的人才，使原本死气沉沉的组织一下充满了生机和活力，并形成竞争向上的气氛。

人的才能往往是以潜能的形式存在的，没有竞争，就很难发现其潜在的能量。伯乐相马，有一个重要的方法就是让马奔跑起来，给每匹马都创造平等的表现机会，展开公平，公开的竞争，让马充分地表现自己，那时千里马自然就会脱颖而出了。用人亦是此理，如果人人都坐太平椅，吃太平饭，那么天才和庸才即使有天大的差别，也表现不出来了。

在当今和平年代，把人推到死亡的边缘然后让他们放手一搏是没有必要的，但使用这一方法，引入竞争机制，实现优胜劣汰，也可以收到陷于死地而后生的效果。

竞争可以产生忧患，忧患促使人们更加努力地工作，以期在竞争中获胜。那么为什么会有如此效果呢？这是因为它符合现代科学原理。现代科学原理认为，在生存的竞争中，人们会不遗余力地奋斗求生，充分发挥潜在的能量，爆发异乎寻常的勇气和力量，从而能做到平时难以做到的事情。例如在一次火灾中，一位妇女竟把一只大木柜子从二楼搬到了楼下，火灾过后3个强壮的男子才勉强把它搬回原来的位置。这样的事在生活中虽比较特殊，但是危机可以激发人们的潜能，都是人们所认同的。

物竞天择，适者生存，这是达尔文留给后人最重要的命题。竞争，是任何时候都避免不了的，在工作岗位中引入竞争机制，也就是顺理成章的事了。

大胆起用比自己强的人

人无论在哪个岗位上工作，都希望遇到一个心胸开阔的领导。而作为领导干部应该具有怎样的容人之量呢？俗话说："将军额上能跑马，宰相肚里能撑船。"领导干部应该从"沧海不择细流"和"有容乃大"的角度去看待个人胸怀和工作的关系。

领导不可因为下属比自己高明，就给予打击、压制，生怕人家超过自己。其实，才是压不住的，与其让贤才到别的公司脱颖而出、大显身手，不如待人以礼，使之成为公司的栋梁。

成功的领导身边总是围绕着一个人才济济的中高级管理阶层，真正成功的领导身边总是围绕着一个才华横溢的专家群体。

嫉妒人才是管理者用人的大敌。嫉妒是一种病态心理，是当别人在某方面有比自己优越的地方，产生的一种由羡慕转为恼怒忌恨的情感状态，是一种难以发觉，又不愿被人发觉，不愿表面化的情感。黑格尔曾经说过："嫉妒是平庸的情调对于卓越的才能的反感。"这种深藏于内心的感情，能使理智麻木，行为失控。现代领导者的嫉妒之心，对管理工作会产生很大的负面影响。曾经有这样一家公司，原先该公司总经理与副总经理通力配合，管理协调，员工积极性得到很好的发挥。后来，总经理去进修，来了个代理经理。这位代理经理是嫉妒心很强的人，他认为副总经理在公司里根基深，业务水平比他高，他新上任，在不少问题上等于副总经理说了算，严重影响了他的威信。于是，找借口将副总经理调至其他公司，而把一直跟他工作的秘书提为副总经理，并把一批唯命是从、不学无术的人提拔到各级管理岗位上来。结果公司里空气沉闷，不少能力强的人才被迫先后离开公司到别处工作。该公司当年总产值就下降9%，第二年又下降15%。直到总经理回来，这种局面才扭转。

一个优秀的领导者，应该是惜才如金。不仅能善用人才，还会善待人才。他们知人善用，宽谅人才，对人才那无关紧要的"瑕点"不斤斤计较，吹毛求疵，哪怕其"瑕点"不合自己的私意。而对其长处，则大加褒扬，使人才有足够施展才能的天地和自由，哪怕自己的利益受到冲突。此外，对以往那些曾经反对过自己，甚至打击侮辱与自己为敌的人，只要肯跟自己合作，只要有才华，他们也能摒弃前嫌，不记私仇，不念旧恶，用以德报怨的大度胸襟，化敌为友，壮大自己的实力。

曹操的用人有两个特点：一是不求"全才"和"完人"；二是能抛开个人恩怨，不计前嫌，以礼相待，把敌对营垒的人才争取到自己这边来。

官渡之战，曹操与袁绍的兵力对比是一比十，处境对曹操极为不利，但他采纳从袁绍处叛降的谋士许攸的建议，亲率五千精兵，偷袭袁军粮草，使袁军内部大乱，趁机击溃了袁军。

大获全胜后，清点战利品时，曹操在袁绍的图书中看到很多自己的部下写给袁绍的书信，表示愿归顺袁绍。哪料想，曹操以少胜多。面对这些书信，有人建议曹操将与袁绍通信的人斩杀，以儆效尤。曹操不仅没采纳这些人的意见，反而将所有书信付之一炬，不予追究。在场的很多将士不理解，曹操说："当绍之强，孤亦不能自保，况他人乎？"在曹操看来，此时写信人肯定后悔莫及。若斩杀之，不仅于事无补，反给人气量狭小的印象。

曹操对手下人这样，对来自敌营的人也不拘一格用人之长。许攸是袁绍的谋士。官渡之战时，许攸因袁绍固执己见深感失望遂投奔曹操。曹操对许攸待如上宾。许攸向曹操献上妙计，为曹操以后统一北方立了头功。许攸才智过人，却恃才傲物，有时使曹操很下不来台。官渡之战后，曹操的力量骤然强大，乘胜占据了袁绍的老巢——冀州。这天，曹操率文武官员来到冀州门口时，许攸纵马靠近曹操，以鞭指问曹操："阿瞒，汝不得我，安得入此门？"许攸直呼曹操乳名，加上把打败袁绍的功劳全归于自己，引起众将的不满，而曹操却淡然一笑了之，并未加罪。

英国有个政治学家叫帕金森。他写了一本名叫《官场病》的书，其中谈到，官场上有一种通病："自上而下奉行的是'能级递减'，一流的找二流的当部属，二流的找三流的做下属，愚蠢的下属多多益善，精明的对手往往被拒之门外。"后来，这种病就被叫做"帕金森病"。

一个优秀的领导者，不是要处心积虑地去压制你的属下，而是要想方设法，怎么让这些比你更优秀的人为你效忠。

卡耐基死后，人们在他的墓碑上刻着这样一段文字："这里安葬着一个人，他最擅长把那些强过自己的人，组织到为他服务的管理机构之中。"卡耐基的成功在于善用比自己强的人。

有一天，美国奥格尔维·马瑟公司总裁奥格尔维召开了一次董事会，在会议桌上，每个与会的董事面前都摆了一个相同的玩具娃娃。董事们面面相觑，不知何故。

奥格尔维说："大家打开看看吧，那就是你们自己！"于是，他们一一把娃娃打开来看，结果出现的是：大娃娃里有个中娃娃，中娃娃里有个小娃娃。他们继续打开，里面的娃娃一个比一个小。

最后，当他们打开最里面的玩具娃娃时，看到了一张奥格尔维题了字的小纸条。纸条上写的是："如果你经常雇用比你弱小的人，将来我们就会变成矮人国，变成一家侏儒公司。相反，如果你每次都雇用比你高大的人，日后我们必定成为一家巨人公司。"前一句话与从大娃娃到中娃娃再到小娃娃的次序吻合，后一句话与小娃娃到中娃娃再到大娃娃的次序吻合，这些聪明的董事一看就明白了。这件事给每位董事留下很深的印象，在以后的岁月里，他们都尽力任用有专长的人才。

奥格威法则强调的是人才的重要性。一个好的公司固然是因为它有好的产品，有好的硬件设施，有雄厚的财力作为支撑，但最重要的还是要有优秀的人才。光有财、物，并不能带来任何新的变化，只有具有大批的优秀人才才是最重要、最根本的。

上海复星高科技集团是一个非常成功的企业，其成功的秘诀在于善于使用比自己优秀的人。郭广昌作为复星的董事长，毕业于"什么都没学"的哲学专业，什么都不会、什么都不专。"身无长技"反而给了他最大的"特长"，那就是什么问题都要去请教人，什么事都要找专家。这就逼得郭广昌必需要学会用人。

对人才具有强大磁力的郭广昌最大的体会是，一定要学会使用比自己强的人。要学会用你的老师——每个比我强的人都是老师；要学会用在某个领域比自己强的人——这些人往往就是专家。企业家经营的过程，其实就是一个不断找老师的过程；复星能够快速发展到今天，也就是老师找得多、找得准。

郭广昌明白，能不能找到最好的人、有没有眼光找到最好的人，关系到企业的成败。最大投资失误，不在于一个项目的得失，而在于找错了人。

在知识经济时代，管理者更需要有敢于和善于使用强者的胆量和能力。在企业内部激励、重用比自己更优秀的人才，就能让企业变得越来越有活力，越来越有竞争力。

作为一名领导，要想做到乐于用比自己强的人，就必需克服嫉贤妒能的心理。那些生怕下级比自己强，怕别人超过自己、威胁自己，并采取一切手段压制别人、抬高自己的人，永远不会成为有效的领导者。

不要对下属求全责备

领导对下属有所期望，这是应该的，下属也会因此感受到领导的信任；但是，切莫对下属期望太高，不要认为期望越高下属的工作就会做得越好，否则会给下属带来巨大的压力。这同样也是小节，但作为领导绝对不可以忽略！

也许你在上学的时候总是被父母拿来与邻居的儿子相比，说你总是不如人家好。你当然会想自己有很多他不具备的能力，还很不服气。但是，今天你当了别人的上司，却期望所有下属有同样的高质素表现，是犯了上述事件的同一毛病。

每个学生都有他特别优异和感兴趣的科目，加上性格各异，将来有不同的发挥处。同样道理，下属来自不同生活和家庭背景，各自拥有不同的才能。有些工作效率高，却素质平平；有些爱说话，但是做事有条不紊，正是各有所长，没有谁是一无所有的。因此，在指派工作时，不要胡乱指派一位，就期望他会给你高质素的成果。勿以为你的下属都是万能的，你自己也不是任何办公室里的事务均懂得怎么做的。

许多上司只是看员工的大概性格，而分配工作，这是没有依据的。人在陌生环境中，未能立刻将真性情表现，而你却从短短的几分钟，判断对方适合做些什么，命中的百分率又焉会高？大部分主管认为下属必需迁就工作，而非由工作配合员工，此语有一定的道理。然而，别忘了要使员工尽量发挥潜质、又使工作得到最佳效率的话，工作和雇员互相配合，方有预期或意外的成绩。正确的做法是因材而用。

如何因材而用？有以下三个建议：

健康情况不是那么好，每个月总要请病假的人，不要让他担当较长期性的工作；

经常面露笑容、口齿伶俐的下属，尽管不派他对外工作，也给他做些对人而非对机器的工作；

对数字较敏感的人，当然是统计的人才。

另外，作为领导更不要"看人挑担不吃力"。一些上司犯的最大毛病，是永远以为每一件事都是很容易办的：即所谓"看人挑担不吃力"，不想想自己从前奋斗的日子。也许有些未经辛苦，只靠父荫或高等学历，坐上主管之位，更不懂得体谅下属的困难。将工作交给下属后，不表示将包袱转到别人手中，就不管下属如何困难，也要他自己解决。如此上司，是经不起考验的，而被下属架空及取替其位置的例子也不少。

主管在一定程度上要相信下属的话，下属遇到棘手的问题时，不应袖手旁观，而最忌的是立刻找其他人接替先前下属的任务。主管应该与下属一起找出难题症结所在，然后看应否增多一些下属来协助。如果不闻不问，光要看成果的话，是极不负责任的，而且一旦疏忽监察，造成大错时，挽救更难。

期望越大，则失望越大；对下属不闻不问，下属同样也会随心所欲——两件都是小事，其后果却同样严重。

清末名人曾国藩家族中有件代代相传的趣事。说的是曾国藩在京城做官时，有一天，湖南湘乡老家来信，称府上为盖新宅，与邻居为一墙之隔的地界发生争执，几乎闹到要打官司的地步，甚是不快，欲求助曾国藩的权势。曾国藩收到此信后，联想起康熙年间大学士张英写的两首诗。于是便写了一封长信给弟弟曾国潢，并附上张英的诗："千里修书只为墙，让他三尺有何妨。长城万里今犹在，不见当年秦始皇。"曾家父子兄弟读了曾国藩的信和此诗后，爱心油然而生，胸襟豁然开朗。"让他三尺有何妨"！毅然将地退缩了三尺。曾家的这一举动，深深地感动了邻居，其邻居不仅不再与曾家争执，见自家的地很方便曾家，也秉着"让他三尺有何妨"的爱心与宽忍，转让给了曾家扩建新宅。于是就有了历史上著名的"六尺胡同"。企业的领导者又何尝不应如此呢？要有谦让之德、容人之智、纳人之量、大智若愚之风，高处着手，妥善处理，既能展现领导者的高尚风格，又能赢得他人的尊重，这是一种大智慧的体现。

领导者总是期待团队成员个个是优秀的人才，只有长处而没有令他担心的短处，但实际上这几乎是不可能的。因为每个人的长、短处参差不齐，或多或少皆有其不足的地方。领导者若是一心期盼找到没有缺点的人才予以任用，那恐怕就得永远孤军奋战了。所以，领导者的任务就是让团队中的成员

皆能将其长处充分发挥。

《贞观政要》一书中提到，贞观十一年，有关部门向唐太宗启奏，说凌敬（贞观中期因魏徵举荐而为官）向人乞求借贷。唐太宗听了之后非常生气，责备魏徵等大臣滥荐官员，欲做惩处。

魏徵听了之后回答："臣等每次承蒙隆下垂询，总是会列出被举荐者的长处，并且会讲出他们的短处。凌敬这个人，有学识，敢于谏诲，是他的长处；爱好生活享受，喜欢经营财利，是他的短处。现在凌敬为人撰写碑文，教人读《汉书》，借此附带请托，彼此交换条件来谋求利益，这不就与我向陛下所禀报的相同吗？陛下没有用他的长处，却只看见他的短处，而怪罪我们欺君罔上，实在不能使我们心服。"唐太宗听了之后觉得有理，就采纳了魏徵的意见，没有做处分。

领导者经常很容易犯像唐太宗一样的毛病，当听到成员有不适当的言行时，总是很快地就作判断并直接怪罪责骂，而不去深入了解事实真相，做综合性考虑。这样欠缺思虑的处理模式极易造成彼此之间的误解，甚至造成人员的流失。

成功的领导者在带领团队时，并不是不知道人有短处，而是知道他的最大任务在于发挥下属的长处。然而，若是一个人的短处足以妨碍其长处的发挥，或者妨碍到团队组织的纪律、正常运作与发展时，领导者就不能视而不见，必需严肃地处理，尤其是在品德操守方面，正所谓：人的品德与正直，其本身并不一定能成就什么，但是一个人在品德与正直方面如果有缺点，则足以败事。所以领导者要容忍短处但也要设定判断及处理的准则。

不知你是否有这样的经验，当你只关注一个人的缺点时，你的注意力会集中在期待他犯错，而不是关心他在哪里有更好的表现。用人时若是尽挑短处，不仅无法放心委任，还容易变得患得患失。

公司决定任用一个曾被劳教过的工人当分厂的厂长。这事在公司内掀起了轩然大波。原来，公司经理在调查这个分厂时发现，这个分厂的工人平均每人每天组装电度表10~16个，而在这个曾被劳教过的工人任组长的小组平均组装水平是40~50个。公司经理顶住压力，任用了这个曾有劣迹的人。

他走马上任后，整个分厂的平均组装水平很快达到每人每天40个。有的人不服气。"劳改犯也能当厂长，别人都可以当厂长了。"公司经理理直气壮地反驳："你能把组装水平从10个提高到40个吗？不要用一成不变的眼光看人！"

寸有所长，尺有所短。人有长处，也有短处。才能与缺点对于一个人来说，常是一个动态的、历史的概念。缺点不会凝固在一个人的身上，才能会在实战中逐步提高。

宽容地对待下属的过错

古人云："人非圣贤，孰能无过。"领导对于下属犯的错误，也不宜给予全部否定或者一顿棒打，那样只会加重问题的恶化，甚至把下属推向矛盾爆发的边缘，造成下属的"破罐子破摔"的思想。有句话说得好，"团结能忍干大事，团结老实人干实事，团结坏人不坏事"。其中的道理不言自明。一次两次的失败不能够证明问题的终结评价，当犯了错误的下属在为自己的行为懊恼之时，领导对其的斥责只能挫伤尚存的信心，受到很大的打击。也许他是一位很有才华的能者，却被你的一句否定之语判了死刑，哪还有来日的大显身手呢！

相传春秋时期，楚王请了很多臣子们来喝酒吃饭，席间美酒佳肴，歌舞妙曼，烛光摇曳。酒至兴处，楚王命令两位他最宠爱的美人许姬和麦姬轮流向各位敬酒。

忽然一阵大风刮过，吹灭了所有的蜡烛，厅堂里漆黑一片。席上一位官员乘机揩油，摸了许姬的玉手。许姬一甩手，扯了他的帽带，匆匆回到座位上，并在楚王耳边悄声说："刚才有人乘机调戏我，我扯断了他的帽带，你赶快叫人点起蜡烛来，看谁没有帽带，就知道是谁了"。

楚王听了，连忙命令手下先不要点燃蜡烛。接着大声向各位臣子说："我今天晚上，一定要与各位一醉方休。来，大家都把帽子脱了痛饮几杯。"众人都没有戴帽子，也就看不出是谁的帽带断了。

后来楚王攻打郑国，有一位勇士独自率领几百人，为三军开路。他过关斩将，直捣郑国的首都。此人就是当年揩许姬油的那一位。他因楚王施恩于他，而发誓毕生效忠于楚王。

楚王表现出了一代霸主的大度。在当时的男女授受不亲的社会风气下，楚王非但不治罪，还想办法替他遮羞，这种胸襟，光耀千古。

想想古人的作为，再想想我们自己。很多时候，我们都需要宽容，宽容不仅是给别人机会，更是为自己创造机会。同样，领导者在面对下属的微小过失时，则应有所容忍和掩盖，这样做是为了保全他人的体面和全局的利益。宽容也是一则重要的用人之道。作为一个领导者必需要能想得开，看得远，从发展的角度考虑，从大局考虑，得饶人处且饶人，对人才要学会宽容。

唐初贞观十二年，魏徵在一次上疏中也说："夫虽君子不能无小过，苟不害于正道，斯可略矣。"

作为领导或者其他管理者，也要善待下属的错误，当然不是原则性的，要注意处理的方式。

1. 批评要讲究分寸，掌握在一定的度之内

首先，批评不宜声张，要在私下进行，给下属留下"情面"。人人皆有自尊之心，不可让员工没有尊严的生活。只有让员工拥有了自尊，获得了尊严的满足，才能撞开他们的心扉，才能让生命拥有积极性释放的主动要求，从而绽放和谐的上下级之间的灿烂花朵。与下属谈话可以借用工作之余，找来促膝谈心，语重心长地指出问题症结，或者茶余饭后的闲谈之中，明确工作的缘由。其次，批评要"对事不对人"，可以多从事情本身少从个人身上找原因，那样就可以减少彼此之间的感情挫伤。否则如果一味地指责人的原因所致，势必会让下属产生委屈和不满情绪，批评也就很难产生良性效果。同时批评别人之前要进行调查，掌握来龙去脉，不能不问青红皂白地批评一通，而忽略了事情的曲直。还要针对不同个性的人采取不同的方式技巧，如有的有自知之明者，不可深挖，点到即止。问清下属犯错误的原因，更不要以武力相威胁，大发雷霆之怒。对于有的下属能够主动承担错误者，亦不宜"宜将剩勇追穷寇"，注意适时利导，批评后还要主动与其沟通一下，反省自我承担的领导责任。

2. 善待员工的过失，积极地应对问题症结

首先，对于下属的失礼之处要宽容。如有的领导讲话之时，有的不能注意自己的言行，引起会场的不雅。领导对此要"宰相肚里能撑船，将军额头能跑马"，不能动不动就耿耿于怀，简单报复；还要认真分析出现失礼的原因，尽可能给员工以宽容。其次，谨慎对待下属的失信。对于信誓旦旦的表白，出尔反尔，既不要抢白，也不要强硬，细细分析其中的原因，找出客观和主观原因，帮助其继续努力，挽救因此带来的损失。最后，正确对待下属的失误。有的员工因为不熟悉业务、能力欠佳带来的失误，要冷静对待，既不要大惊小怪，也不要视而不见，尽快寻找补救措施，帮助分析原因，不要完全否定。

3. 用好犯错误的下属

失败者的两个结果，一是成为更为辉煌的成功者，二是成为优秀的批评家。有的领导对于已经有过错误的下属永不启用，这是很不理智的态度。领导不仅要有度量还要有海量，首先要敢于启用犯过错误的员工，不仅允许犯错误，还要给犯错误者一个机会，赋予其以信心和勇气，以此体现领导唯才是举的思路。其次要尊重和信任犯过错误的员工。比过去更主动、更热情地接近关心他，使其感受到组织的温暖。再次对犯错误的员工的价值给予肯

定，尤其要肯定其与众不同的优点。最后领导还要敢于护短，尽量保护员工的责任心，让他感到一分支持。

对于过错既要理性地面对，也不可全盘否定，充满爱心的关心职工这是领导的理念和胸怀，更是体现了领导的素养和策略。

第4章　你凭什么说了算

——领导者运用制度的艺术

著名管理咨询专家刘光起先生说："管理就是管出道理，道理就是规则规范。"这里所讲的规则规范，指的就是管理中的各项规章制度。中国传统文化中"没有规矩不成方圆"的思想，也阐释了规章制度的基础性作用。卓越的领导者用制度管人，按制度办事。

优秀的制度创造优秀的公司

成功公司未必一定拥有一个能力超强、魅力非凡的领导人，而是需要建立起一个自我发展、创新的团队，同时需要一个深谋远虑使企业能不断进步的管理者。

简而言之，管理者成败的关键在于能否"建立起一种长而持久的制度"。对于成功公司来说，赚钱只是一组目标中的一个。在现实中，追求多元目标的公司，往往能够比纯粹以营利为目的的公司赚更多的钱。

这种追求多元目标，平衡理想与现实之间关系的"务实理想主义"思路，对于小公司也是十分必要的。但是为了生存，企业必需将追求利润作为首要目标。

如果企业希望长期生存，就必需考虑如何合理地分配资源，为自己规划健康的生存状态。不过这一点却很少有公司能够真正做到。

一家分销商所面临的困难，使得他们不得不关注利润。销售的毛利日益菲薄，二级代理和客户拖欠款的周期越来越长，而供货商催款的通知天天不断，同时一些正在运行的项目收款也很不顺利，还需要从可怜的利润中留出一些钱来以备万一。在这种情况下，老板还要拿出一部分现金来应付日常开销，维系各种关系。如果他上面有上级，还需要做一些假账来充点业绩门面，当然也要给总部回一些货款，以配合上层战略的需要。

所有伟大的公司拥有的价值观并不相同，对于企业来说，核心的价值观念并不是一开始就有的，公司要经过一个摸索的过程，才能最终确定可以成为自己企业的精神箴言。如果企业能够缩短这一过程，公司就可能更快地走向成熟。如果不能迅速确定公司的价值观念，那么尽快确定公司的"性格"，可能会给管理者带来更大的收益。

很多企业的性格带有其老板的鲜明痕迹，久而久之，企业里员工的行为模式和判断标准，几乎与其老板一般无二。于是形成了许多不成文的"潜规则"。这些"潜规则"在很大程度上就是公司实际运行过程中的价值观念。

一家民营企业，由于老板本人带有浓厚的政治家情结，于是整个公司在企业文化和价值观念方面都带有鲜明的政治色彩。具体表现为：重视对和国家以及地方政府政策方针的研究（该企业给自己的定位也是"政策导向型"企业）；重视企业内部的地位和晋升，并且以此为最高奋斗目标；员工普遍具有政治敏感性，既重视工作业绩，又具备高强的处理各种复杂关系的能力；核心员工具有很高的忠诚度，用该公司一位中层干部的话说："能做到中层干部位置上的人，都是三起三落，经受过无数次考验的人。"

综上所述，企业如果没有成熟的价值观，也一定要有符合自己"性格"的实用潜规则。

企业应当推出振奋人心的优秀制度，优秀的制度要具有持续刺激公司进步的能力，它的目标必需符合企业的核心理念。此外，企业必需比竞争对手更快地发现和把握机会，更灵敏地作出反应，否则就不可能赢得先机。

破窗理论、修路理论与制度建议

美国斯坦福大学心理学家詹巴斗曾做过这样一项试验：他找来两辆一模一样的汽车，一辆停在比较杂乱的街区，一辆停在中产阶级社区。他把停在杂乱街区的那一辆的车牌摘掉，顶棚打开，结果一天之内就被人偷走了。而摆在中产阶级社区的那一辆过了一个星期也安然无恙。后来，詹巴斗用锤子把这辆车的玻璃敲了个大洞，结果，仅仅过了几个小时，它就不见了。

后来，政治学家威尔逊和犯罪学家凯琳依托这项试验，提出了一个"破窗理论"。这一理论认为：如果有人打坏了一个建筑物的窗户玻璃，而这扇窗户又未得到及时维修，别人就可能受到暗示性的纵容去打烂更多的窗户玻璃。久而久之，这些破窗户就给人造成一种无序的感觉。那么在这种公众麻木不仁的氛围中，犯罪就会滋生、蔓延。

"破窗理论"在社会管理和企业管理中都有着重要的借鉴意义，它给我们的启示是：必需及时修好"第一个被打碎的窗户玻璃"。

"破窗理论"运用到企业中就是对于影响深远的"小过错"，要"小题大做"地去处理，从防止"千里之堤，溃于蚁穴。"此外，要鼓励、奖励"补窗"行为。不以"破窗"为理由而同流合污，反以"补窗"为善举而亡羊补牢。

企业经营涉及众多的事务，可以说环节相扣，每一个环节都要慎重对待，绝不允许出现失误和漏洞，一个环节出现漏洞就会影响下一个的环节的运行，进而导致整个经营链条的断裂。要防止漏洞的出现，就要依靠严明制度来保障。管理者要让员工认识到制度的重要性，增强员工的制度执行意识，在工作中自觉地用制度和纪律来约束自己的行为，杜绝问题和失误。

约翰和亨利到一家公司联系业务。这家公司的办公室在一幢豪华写字楼里，落地玻璃门窗，非常气派。可是，由于玻璃过于透明，许多来访客人因不留意，头撞在高大明亮的玻璃大门上。不到一刻钟，竟然有两位客人在同一个地方头撞玻璃。

亨利忍不住笑了，对约翰说："这些人也真是的。走起路来，这么大的玻璃居然看不见。眼睛到哪里去了？"

约翰并不赞同亨利的说法，他说："真正愚蠢的不是撞玻璃门的客人，而是设计者。如果不同的人在同一个地方犯错误，那就证明这个地方确实存在缺陷。应该考虑怎么修正缺陷，而不是嘲笑那些犯错误的人。"

亨利于是向该家公司的经理提了意见，在这扇门上贴上一根横向标志线。

从此再没有来访客人撞到玻璃门了。

这个故事涉及"修路原则"，即当一个人在同一个地方出现两次以上同样的差错，或者两个以上的人在同一个地方出现同一差错，那一定不是人有问题，而是这条让他们出差错的"路"有问题。此时，人作为问题的领导，最重要的工作不是管人——要求他不要重犯错误，而是"修路"。

管理进步最快的方法之一就是：每次完善一点点，每天进步一点点。每个人每一次都能因不断"修路"而进步一点点。这里所讲的"路"就是制度和规范，"修路"就是指制度建设。

"修路"理论告诉我们，管理工作最重要的不是直接去管人，而是去制定让人各司其职的制度——修筑让人各行其道的路。

统一员工的认识：制度作用重在引导

有七个人曾经住在一起，每天分一大桶粥。要命的是，粥每天都是不够的。一开始，他们抓阄决定谁来分粥，每天轮一个。于是每周下来，他们只有一天是饱的，就是自己分粥的那一天。后来他们开始推选出一个道德高尚的人出来分粥。强权就会产生腐败，大家开始挖空心思去讨好他、贿赂他，搞得整个小团体乌烟瘴气。然后，大家开始组成三人的分粥委员会及四人的评选委员会，但他们常常互相攻击，扯皮不止，粥吃到嘴里全是凉的。他们最后想出来一个方法：轮流分粥，但分粥的人要等其他人都挑完后拿剩下的最后一碗。为了不让自己吃到最少的，每人都尽量分得平均，就算不均，也只能认了。

大家快快乐乐，和和气气，日子越过越好。

同样是七个人，不同的分配制度，就会有不同的风气。所以一个单位如果有不好的工作习气，一定是机制问题，一定是没有完全公平、公正、公开，没有严格的奖勤罚懒。如何制定这样一个制度，是每个领导需要考虑的问题。

管理者的一项重要职责就是要划定员工的工作范围，如果下属彼此之间职责不明，他们要么就会相互推诿，指望别人多干一些活，要么就会相互干扰，搞得大家都干不好工作。管理者在分配工作时一定要细致、科学，要明确每个人应该做什么、不应该做什么。有些工作是必需合作才能完成的，但在合作中也要有明晰的分工。

任何一个任务的背后都隐藏着与员工休戚相关的利益，员工们由于处于被动地位，有时候不能想到这些利害关系，管理者就必需冷静地为他们分析利弊，让他们意识到做好工作的必要性，从而自觉地努力工作。

日本松下公司是一家充满活力的公司，它之所以能获得成功，一个重要的因素就是"精神价值观"在无形中起着重要作用。松下幸之助规定企业的原则是："认识企业家的责任，鼓励进步，促进全社会的福利，致力于世界文化的进一步发展。"松下公司给员工规定的信条：进步和发展只有通过公司每个人的共同努力和合作才能实现。松下幸之助的"精神价值观"是：通过企业为国家服务；公平；和谐与合作；力求进步；礼貌与谦虚；互相适应与同化；感谢。

"Panasonic"是松下公司电器的商标，然而更是松下公司的象征，松下幸之助的管理哲学，强调的不仅是产品，而且是"创造产品的人"。他以"训练和职工发展"七个字为指导方针，来训练具有高度生产力与技能的工人。前几年由于受世界经济衰退的影响。松下集团在新加坡开设的公司销售下降，生产减少，即使在这种情况下公司没有裁减一名工人，而是加强对工人的培训，不惜花费近30万日元开办了广泛综合的教育与业务训练，先后有1300名人员参加。通过训练，提高了工人们的生产技术，同时使人感到公司在困难时期能与工人同舟共济，从而加深了工人对公司的感情。

与此同时，松下公司十分注重感情投资和感情激励，值得一提的是他们的"送红包"，当你完成一项重大技术革新、当你的一条建议为企业带来更大效益的时候，领导会不惜代价地重赏你。松下公司建立的"提案奖金制度"更是很有特色，每年职工提案达60多万条，其中被采纳的6万多条，约占10%，每年用于职工提案奖金达30多万美元。而逢年过节，或者厂庆，或是职工婚嫁，厂长经理们都会慷慨解囊，请员工赴宴或上门贺喜、在餐席上慰问，上级和下属可尽情唠家常，谈时事，提建议，气氛和睦融洽，它的效果远比站在讲台上向员工发号施令好得多，久而久之，在松下公司就形成了上下一心，和谐相容的"家庭式"氛围。

塑造企业共同价值观是企业精神文化建设的核心，是企业文化建设的最高境界，也是衡量企业文化建设成功与否的关键。许多单位企业文化建设深入不下去，往往是在精神文化建设环节出了问题，在塑造企业共同价值观上碰到了难题。

制定制度一要有依据二要走程序

制定管理制度的主要依据有以下三个方面。

（1）实际生产力水平，即要把生产经营的具体情况和条件作为制定管理制度最重要的依据。同时还应考虑随着科学技术的发展而带来的生产力发展。制定的管理制度要切合实际，既反映出生产过程的客观规律，又反映生产力发展的客观要求。

（2）成功的经验和失败的教训。成功的经验（包括企业内部的和企业外部的）用制度加以肯定，让人们照着做；失败的教训（包括企业内部的和外部的）用制度加以否定，禁止人们重蹈覆辙，保证事故不再重演。

（3）国家的方针、政策、法令、法规。管理制度既反映生产过程的客观规律，又适应生产关系的客观要求。因此，制定管理制度，必需以国家的方针、政策、法令、法规为依据，使制定的制度符合国家有关法令法规。

制定管理制度的过程，是领导同员工相结合，反复进行调查研究的过程；是总结本企业的经验，总结历史的经验与学习成功企业的先进经验，探索企业管理的新方法，提高管理水平的过程；同时也是从员工中来，到员工中去，发动员工进行自我教育，参加民主管理，提高企业素质的过程。制定规章制度应该遵循的基本程序是：

调查—分析—起草；

讨论—修改—会签；

审定—试行—修订—全面推行。

也就是说，管理制度的制定，要经过充分调查、认真研究，才能起稿。

草稿形成以后，要发到有关职能部门的基层单位反复讨论，斟词酌句，缜密修改，并经过有关部门会签和领导审定，然后在小范围内试行检验。对试行中暴露出的问题和破绽，要认真进行修改。重要的规章制度，还要提交总经理或者董事会通过。只有遵循上述基本程序，制定出的管理制度才能切合实际，具有权威性和合法性，才能顺利贯彻执行。

建立制度不能打破的八条戒律

企业规章制度是管理现代化企业的重要手段，这一手段运用的好坏直接影响到企业生存与发展，同时会直接关系到企业的经济效益。如何避免制度管理的失误，不妨牢记制定管理制度的八条戒律，或许会从中受到启示。

这八条戒律是：

一戒草率从事。

为了应付上级草草订出一份管理规章，根本不向干部职工宣布，当然更谈不上执行。

二戒抵触法规。

有的规章制度条文与现行政策、法令和政府的规定相抵触，自行失效。当然，企业在改革中有些新的规章制度超越于现行政策界线，但有利于发展生产和国家利益，则另当别论。

三戒自相矛盾。

上下条文不衔接、自相矛盾，使企业内的此规定与彼规定有冲突，让人无所适从。

四戒咬文嚼字。

文字冗长，语言生硬，表意不清，令人无法领会。如《安全守则》中有这样一条："在禁区内不得燃烧可燃物或促使致燃之器具。"其实，只需

"禁区内严禁烟火"七个字就可概括其意。

五戒舍本逐末。

列举大量无关紧要的条文，喧宾夺主，降低了重要条文的分量。细枝末节的条文过多，不便记忆，当然会影响执行。

六戒违背常理。

过于苛严，大都难以做到，惩罚措施过火，职工动辄得咎，导致抗拒心理。

七戒不切实际。

过于细密，实际执行中难以行得通，或执行起来反而降低效率，而条文过宽，又起不到约束作用。

八戒形同虚设。

有而不用，对违规者不按规定处理，姑息纵容或在执行中因人而异，亲疏有别，会导致制度自行废弛，成为一纸空文。

强化执行力，让制度落在实处

制定制度是用来执行的，如果制度得不到执行，那么企业的管理制度将成为"一纸空文"，成为粉饰自己的"花瓶"。要使制度得到贯彻执行，就要做到以下几点。

1. 制度要全面细致

制度要体现人性化，如果制度本身制定得过于严格、苛刻，不近人情，在执行中往往就会暴露出很多问题，并严重影响员工的士气和工作积极性。因此，在制度的制定过程中，要充分考虑到员工的心理承受力，使制度本身保持适度的弹性。这是人本管理中最关键的问题。

2. 制度需要保证执行

制度建立后，关键在于执行。被严格执行的制度才有生命力。但在执行制度的过程中，总会有一些人只看到了规章制度对自身的约束性，而没有看到规章制度的保护性。他们利用种种手段，想方设法去逃避制度，或者根本视制度为无物，我行我素。更为严重的是，在违反制度的同时，因为违纪者的职位，或者与其他相关人员的关系，使得违纪的行为不仅难以制止，而且难以得到应有的处罚。

制度面前人人平等。企业内不允许有不受制度约束的特殊人、关系人。如要在企业内超越工作关系，超越规章制度办事，只能让其选择离开。我们经常可以看到这样的情况：企业的管理者有很好的悟性，一些好的规章制度制定的也非常科学严密，但执行起来却像是一拳打在棉花上，软弱无力。执行力不是一个表象问题，要达成"提高执行力"的目标，我们首先要找出执行体系中的关键要素——那些起到特别作用的要素，制定相应的法则，才能保证执行力的健康发展。

如今已不仅仅是策略的时代，也是策略执行的时代。希望通过发掘执行力的基因，可以帮助管理者认识问题产生的根源，形成一种正确的管理思维方式。

3. 导入竞争机制，实现优胜劣汰

当局者迷，旁观者清。在繁忙的企业日常运营中，公司管理者往往无法从具体事务中脱身而出，缺乏全局观点，考虑问题都是从自身位置出发，容易就事论事，而无法跳出问题看问题。他们并没有意识到，最好的制度早就隐藏在他们的工作中：创造竞争，就是创造财富。因此，站在企业整体发展的角度看问题就会发现，需要解决的问题并不复杂。就像人体自身的免疫细胞一样，竞争机制的导入必将实现更高层次上的平等。

4. 有责任一同分担

当员工之间发生利益冲突时，问题常常很难得到解决。要打破这种僵局，就要坚持制度面前人人平等的原则，只有如此，才能解决不同层次人员间的冲突。在解决内部矛盾时，应平等地对待各方，仔细地权衡各方的利

益，并与当事各方一起寻找一个大家都能接受的解决方案。当责任随同分工分给了企业中的每个人时，每个人都要开始他的责任之旅。有责任一起分担，不光是员工，更是中层主管甚至高层主管都应该认识到的问题。谁出了问题就找谁，管理者自己也一样。

这样一种认识值得关注：企业执行力差的原因，很大程度上在于员工不能正确执行公司的制度，一方面是因为员工缺乏正确的意识，另一方面则是员工缺乏足够的专业技能。因此，管理者总是希望让员工接受大量的培训，通过培训来改变认识、提高专业技能，从而强化执行力。其实，这是一个误区，他们将注意的焦点过于集中在员工身上，采用的也是"治标不治本"的手段。这样问题的出现，与管理者自身的态度也有密切的关系。因此，谁出了问题就找谁，这是人人平等原则的精要。

对企业来说，一套完备的规章制度是必不可少的。但制度建立后的执行还需要员工以更大的努力、更多的坚持去维护、去完善。"制度面前人人平等"的原则谁都懂，但很少有人能够真正将其落实到自己的行为当中。执行一次两次不难，难的是长期坚持执行。把简单的事坚持做好就是不简单，把平凡的事坚持做好就是不平凡。

制度，是一种要求大家共同遵守的办事规程或行动准则。对于企业来讲，制度其实就是告诉员工正确做事的方法。因此，制度的第一属性就是全体成员的"共同遵守"。只有有了"共同遵守"，制度才在现实上有了意义。制度的落实离不开团队成员的协同合作和共同努力。

维护制度的权威必需从我做起。在作为企业之法的各项规章制度面前，每一名管理者都必需审视自己手中的权力，每一名员工都必需比照自己的言行，每一名操作者都必需检讨自己的每一次操作流程。制度贵在落实，而落实则离不开团队成员的精诚合作。

🕐 不搞特殊化，制度面前人人平等

制度面前人人平等，就是要保证企业在制度执行上的公正性与严格性。但是，如果制度本身制定得过于严格、苛刻，不近人情，在执行中往往就会暴露出很多问题，并严重影响员工的士气和工作积极性。因此，在制度的制定过程中，要充分考虑到员工的心理承受力，使制度本身保持适度的弹性。这是人本管理中最关键的问题。记住，制度面前人人平等，是严格而不是苛刻。

在平时工作中，为何我们总有这样的感觉：制度非常严密，规章也制定得非常细致，然而，在一些领导身上还是存在不正之风，还是会产生一些腐败的行为，让大家不能满意。这是因为我们在执行制度时有了例外。

在制定和执行制度的时候，要始终坚持制度面前人人平等的原则，特别是在执行制度时要一视同仁，谁都必需遵守，尤其是企业的管理者必需率先贯彻执行。

领导应该是执行制度的模范，领导是决策者，更应该有执行制度时的严肃性和主动性意识，而不应该超越制度、凌驾于制度之上。那样，既破坏了民主，也亵渎了制度。制度成为某些人随意搓揉的面团，使大家丧失对领导干部的信任。因为领导执行制度时有了例外，也就会有人进行模仿，出现一批在执行制度时的例外。为何我们在办事时，不是凭制度、凭规章，而首先想到找熟人、托关系？这实际上也昭示了制度大可放在一边，通过找关系或找熟人把不能办成的事办成的不正常现象存在。这种领导干部在执行制度时的例外，具有破坏性的示范和教唆作用。

执行制度时，不能有任何借口。领导干部不能抛开制度打招呼、批条子，更不能借口特殊贡献、招商引资等而为某些违规行为开绿灯。领导嘴上要求严格执行制度，但一旦碰到特殊情况，就借口说某某对我们有贡献、某某是上级领导，以后在资金、项目上能够多多关照我们。上级凭什么在执行制度时可以随意而"自由"？难道奖金的下拨和项目的确定，就是个别人说了算？这不是在执行制度时有了例外，让个别人享有特权。制度执行一旦有了例外，在执行制度时就有了空隙可钻，正如大堤，一旦有了缺口，那就非常危险了。

一些人在面对禁酒令时，往往以招商引资借口应对；面对某些不良商人贷款时，以扶持企业借口应对；违规审批项目时，以发展经济应对；领导违规配公车，以特殊接待借口应对等等。这些都是因为在执行制度时有了例外。而有了特权就有了不公平；有了不公平，群众就会产生不满；群众不满意，生活就不幸福，社会也就不能和谐；社会不和谐也就会出现不稳定的因素。因此，不稳定因素往往就在这些例外中慢慢发酵，然后爆发，这不能不引起我们各级领导的重视和警惕。

有了小方面的例外，就会有大方面的借口。一些领导干部就从小开始，先是为熟人开后门，办些小事，再到为亲朋好友提拔任用拍板；从为他人介绍点小业务，到直接插手工程，收受贿赂，无不是从执行制度有例外开始。也正是因为有某些领导这种"带头"精神，社会上就形成了凡事要找关系、托后门的不良风气。况且，执行制度的例外，也不是普通群众能"例外"得起来的。即使想例外，也得找领导或权力部门才能行得通，这当中就难免滋生腐败了！

因此，应该倡导在制度面前应该人人平等的精神，执行制度时，无论谁都不应该有特权和例外。领导不仅要在执行制度上做表率，还要在全社会营造严格执行制度氛围，让大家做执行制度的模范，做执行制度的监督者。杜绝例外，别让制度沦为一纸空文，这才是享有尊严和体面的基础。

培育员工遵守制度的好风尚

军有军法，山有山规。公司制定出来的各种规章制度不能成为摆设。作为管理者，就应当以有效的手段保证其得以贯彻落实，一旦发现有人违规，必需加以惩治，绝不能手软。

为了促成员工养成遵守制度和纪律的自觉性的好风气，管理者应该采取以下几个明确的措施。

1. 广泛宣传

许多管理者都想当然地认为，"这些规定谁都知道"。但是，新来的员工，甚至有些老员工，直到他们违反了某条规定时才听说有这么个规定。

国外有些企业的管理者按惯例给每个员工发一份公司规章，并让他们签署一份声明，表示已经收到、阅读并理解了公司的规章。这种做法很值得效仿。

2. 保持镇定

无论违规行为有多么严重，领导都应该保持镇定，不能失控。如果你觉得自己正在失去冷静，那你就应该等一等，直到自己冷静下来时再去采取行动。

怎样才能镇定下来呢？闭上嘴巴，待会儿再开口，做些拖延时间的事情。切记千万千万不要对员工大发雷霆。

3. 调查了解

领导不应无视违反公司规定的行为。如果你这样做，那你就是在向其他员工表明你不打算执行公司的规章与条例。你也不应该走向另一个极端，草率地惩罚或处分员工。在你行动之前，在你做出处理决定之前，你必需搞清楚发生了什么问题，以及员工为什么这样做。

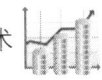

4．私下处分

如果公开进行惩治，那么受处分的员工会因当众受批评而产生怨恨。

关于私下处理的规则仅有一个例外，那就是员工在其他人面前公开与你作对。在这种情况下，你必需当众迅速而果断地采取行动，否则就有失去控制的风险。如果你不能果断地行动，你会失去员工对你的尊重。

5．一视同仁

制定出的规章是让大家遵守的。领导、员工都要遵守，若有违规行为，都会受到处罚。

6．坚决公正

坚决不是指粗暴或仗势欺人，不是指滥施压力和保住自己的地位，而是对员工和公司都要公正。对员工要公正是指有充分的根据。它包括解释清楚公司为什么要制定这条规章，为什么要采取这样一个纪律处分，以及你希望这个处分产生什么效果。

7．消除怨恨

记住，处分的目的在于教育，而不是惩罚。因此，领导应该向自己的员工表示你相信他会改正错误。在执行纪律处分后以积极的调子跟员工谈话，将有助于消除员工的苦恼和怨恨的情感。

令行禁止，用纪律为制度护航

要管理，人们就需要依据一些原则，也就是说，需要依据一些被接受、被论证过的道理。纪律代表了某个组织管理制度的总和。

纪律是制度的后盾，制度的执行要靠严明的纪律来保障。说话不灵，做事就无效。对企业而言，没有纪律，一切都将是空中楼阁。纪律的制定是组织中全体成员行为一致的前提和基础。所以，要想让组织有统一的行为，组织的管理者首先需要做的工作就是"建章立制"，确定游戏规则。

每个企业都不可避免地会有一些棘手的问题，例如，员工抗命、联合起来对抗总裁或要挟领导、不愿与某同事协调合作、醉心于工作外的事项、纷纷请调或离职，等等。这些问题都是和人有关的，往往发生一两件，就使人感到头痛和焦虑。因此，在企业的经营管理过程中一定要有严明的纪律。

20世纪70年代，日本伊藤洋货行的董事长伊藤突然解雇了业绩赫赫的岸信一雄。这在日本商界引起了一次震动，就连舆论界都用轻蔑尖刻的口吻批评伊藤。

人们都为岸信一雄打抱不平，指责伊藤过河拆桥，将三顾茅庐请来的一雄给解雇了，认为伊藤榨光了一雄的才能，一雄已没有利用价值。在舆论的攻击下，伊藤却理直气壮地反驳道："纪律和秩序是我的企业的生命，不守纪律的人一定要处以重罚，即使会因此降低战斗力也在所不惜。"

那么，事件的真相到底是怎样的呢？

岸信一雄是由"东食公司"跳槽到伊藤洋货行的。伊藤洋货行是以衣料买卖起家的，所以食品部门比较弱。因此，伊藤才会从"东食公司"挖来一雄。有能力、有干劲的一雄来到伊藤洋货行，宛如是为伊藤洋货行注入一剂强心剂。

事实上，一雄的表现也相当好，贡献很大，十年来将业绩提升数十倍，使得伊藤洋货行的食品部门呈现一片蓬勃的景象。

但从一开始，一雄和伊藤间的工作态度和对经营销售方面的观念就呈现出极大的不同，随着岁月的增加裂痕愈来愈深。一雄是属于开放型的，非常重视对外开拓，常支用交际费，对部下也放任自流，这和伊藤的管理方式迥然不同。

伊藤是走传统、保守型的路线，一切以顾客为先，不太与批发商、零售商们交际、应酬，对员工的要求十分严格，要他们彻底发挥自身的能力，以严密的组织作为经营的基础。这样的伊藤当然无法接受一雄豪迈粗犷的做

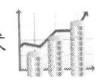

法，伊藤因此要求一雄改善工作态度，按照伊藤洋货行的经营方法去做。

但一雄依然按照自己的方法去做，而且业绩达到水准以上，甚至有飞跃性的成长。他说："一切都这么好，证明这条路线没错，为什么要改？"如此，双方意见的分歧愈来愈严重，终于到了不可收拾的地步，伊藤只好下定决心将一雄解雇。这件事情虽然从人情方面说不过去，但是却关系到企业的存亡。对于最重视秩序、纪律的伊藤而言，食品部门的业绩固然持续上升，但是他却无法容忍不遵守纪律的现象。因为这会关系到整个企业的管理，会毁掉伊藤辛辛苦苦建立起来的基业。从企业纪律的角度来看，伊藤的做法是正确的。

这个例子告诉我们：企业必需把纪律放在重要位置。对于大部分员工来说，自我约束是最好的纪律，他们应清楚理解纪律本身的意义——即保护他们自己的切身利益。所以管理者不必亲自出面严明纪律，当需要强制实施惩罚时既是管理者的错误，也是员工的错误。正是因为这个原因，一名管理者应该在其他的努力不能奏效的情况下才借助于纪律惩罚，尤其应该澄清的是，纪律不是管理者显示权威和权力的工具。

员工们的许多不良表现都会成为进行纪律惩罚的原因。对于一般的违纪行为，它们的形式和性质都不会有太多的不同，不同的只是它们的程度。人们常常会忍受一些轻微违反标准或规定的行为，但当违反了大纪或屡教不改时就需要立刻采取明确的纪律惩戒。人们违反纪律会有很多原因，大多数是因为不能很好地调整适应。导致这些后果的个人性格特点包括马虎大意、缺乏合作精神、懒惰、不诚实、灰心丧气，等等。所以，管理者的工作是帮助员工做好自我调整，如果管理者是个明辨事理的人，他会真诚地关心员工，使员工在工作的同时享受到更多的乐趣，逐渐减少自己的违纪行为。如果员工面对的是一位一天到晚拉长着脸，讲话怪声怪气，动辄以惩罚别人为乐趣的无聊的管理者时，找一些迟到早退的借口，逃离关系紧张的工作环境，还会是出人意料的吗？

管理者应该把纪律视为一种培训形式。那些遵守纪律的人理应受到表扬、提升；而那些违反了纪律或达不到工作标准的人理应受到惩罚。要让他们清楚自己的行为是受到纪律约束的。

告诉你的员工：执行纪律没有借口

寻找借口是执行乏力的表现。找借口可以说是最容易办到的事情了，一名员工如果不想执行纪律，总能找出各种各样的理由。作为管理者，要消除员工凡事爱找借口的习惯，首先要搞清员工找借口的内在原因。

1. 借口的表现

其实，每一个借口的背后，都隐藏着丰富的潜台词，借口的主要表现形式无外乎以下几种：

（1）最近我很忙，我会尽快去做的。找借口的一个直接后果就是容易让人养成拖延的坏习惯。通过仔细观察，我们很容易就会发现在每个公司里都存在着这样的员工：他们每天看起来忙忙碌碌，似乎尽职尽责了，但是，他们把本应一个小时完成的工作变得需要半天的时间甚至更多。

（2）我以前没做过这种工作。寻找借口的人往往是那种因循守旧的人，他们缺乏一种创新精神和自动自发工作的能力，因此，期许他们在工作中做出创造性的成绩是徒劳的。借口会让他们躺在以前的经验、规则和思维惯性上舒服地睡大觉。

（3）这不是我的责任范围。许多人在寻找借口的时候总是把"不""不是""没有"等否定词与"我"紧密联系在一起，其潜在意思就是"这事与我无关"，不愿承担责任，把本应自己承担的责任推卸给别人。在一个团队中，是不应该把"我"与"别人"区分得太明显的。一个没有责任感的员工，也不可能获得同事的信任和支持，更不可能得到上司的信赖和尊重。

（4）竞争对手太强了，我们赶不上他们。当一个人为不思进取寻找借口时，往往会这样来说。借口给人带来的不利后果是让人消极颓废，如果养成了寻找借口的习惯，当遇到困难和挫折时，不是积极地去想办法克服，而是去找各种各样的借口。其潜台词就是"我不行""我不可能"，这种消极心态将剥夺个人成功的机会，最终让人一事无成。

（5）我没有足够的经验和技能来完成这项工作。这种说法其实是在为自己的能力或经验不足而造成的失误寻找借口，这样做显然是非常不明智的。借口只能让人逃避一时，却不可能让人逃避一世。

2. 拒绝一切借口

优秀的管理者是不需要在工作中寻找任何借口的，因为他们总是把每一项工作尽力做到超出自己的预期，最大限度地挖掘自己的潜能。他们总是采取积极的行动，而不是寻找各种借口推诿；总是出色地完成公司安排给自己的任务，替公司解决问题；总是尽全力配合同事和下属的工作，对同事及下属提出的帮助请求，从不找任何借口推托或延迟。

20世纪80年代，中国女排甚至成为了中国精神的象征。而提起中国女排，不能不提到的一个人物就是郎平。

郎平是中国女排的主攻手。因为郎平的技术一流，所以平时在自己做完训练后，还会主动关心和帮助其他队员。

有一次，郎平做完自己的练习了，就主动留下来帮队友补课。可能是因为太累了，她不像自己训练时那样到位。

但是，教练袁伟民对她的扣球尺度把得很严，不断地让她练了一次又一次，甚至后来还被罚多做几组。郎平又气又累，委屈地抹起眼泪。

本来是好心帮助队友训练，不仅没有受到表扬，反而还要受到教练的训斥。这真是太不公平了！但教练并不为眼泪所动。

冷静之后，郎平想通了，充分认识到不论是自己训练还是帮助队员训练，都没有任何借口"打折扣"。为了在强手如林的世界排球赛中夺得金牌，就一定要以最高的标准来要求队员要求自己。

郎平抹掉眼泪，重新调整了状态，全身心地投入到训练中，终于完成了一节高质量的训练课。

借口解决不了问题。在企业中，结果往往比过程更重要。如果为自己没能按时完成任务做出各种自我安慰，会给别人留下一种推卸责任的印象。

那么，我们怎样才能够做到拒绝一切借口呢？

（1）专注用心的工作。做好工作的前提条件是对所做的工作要专注用心，在具体实施工作任务时，先把心思集中到如何快速、高效地完成任务上来。

（2）进行团队协作。在一个组织中，每一个人的工作都不是孤立进行的，要想出色地完成上司交代的工作，必然要依靠团队协作，协同团队成员共同前进。

（3）注重速度。执行效果的一个重要衡量标准是行动的速度，因为速度现在已经成为决定成败的关键因素之一。当然，快与慢是相对的，快速执行并不是要求你为了完成目标而不计后果，更不能只是为了追求速度就降低工作质量。员工的快速执行首先要建立在强大的思维能力基础之上。

🕐 增强员工责任心，制度执行不打折扣

很多领导都希望自己的下属能够在自己度假的时候将工作落实，但是下属总是"执行不力"让领导极不放心。

现如今，很多企业、单位、团体都讲"提高执行力"。但为何成效不大？这很让人深思。执行力不好的原因是多方面的：管理没有常抓不懈；出台的管理制度不严谨，缺少针对性和可行性；缺少科学的监督考核机制等等。

管理的理论、经验要变成实实在在的行动，才谈得上加强企业执行力；而加强执行力，就是加强人的执行力。如此一来，人的因素是最重要的。提高执行力不在于管理经验的新老，重要的是依靠每个人对制度措施不折不扣地贯彻执行，最终还是得靠每个人的责任心。

某集团公司有位基层管理人员业绩突出，老板想把他调往总部，而他却自愿留守分公司，虽干得有声有色，却也辛苦至极。别人问他："值得吗？"他答道："既然留下来，就有责任干好。"这是责任的力量。各部门常见因职位高下、利益不均，有人就推三阻四、拖沓怠工；可也有人照样无利而往、披星戴月地工作，单位兴旺发达了，他们仍默默无闻，只是一个幕后英雄而已——可他们的出发点很简单："干这份事，就得为此负责。"由此可见，在企业发展阶段，企业员工的责任心更能影响企业的生存和发展。而有了责任心，才会凡事严格要求自己，制度执行中不打折扣，措施实施中不玩虚招，做到令行禁止。

遗憾的是，现实生活中的情形并不完全如此乐观。有一个人给一位企业老板发送电子邀请函，连发几次都被退回，向那位老板的秘书查询时，秘书说邮箱满了。可4天过去了，还是发不过去，再去问，那位秘书还是说邮箱是满的。试想，不知这4天之内该有多少邮件遭到了被退回的厄运？而这众多被退回的邮件当中谁敢说没有重要的内容？如果那位秘书能考虑到这一点，恐怕就不会让邮箱一直满着。作为秘书，每日查看、清理邮箱，是最起码的职责，而这位秘书显然责任心不够。

人们还经常见到这样的员工：电话铃声持续地响起，他仍慢条斯理地处理自己的事，根本充耳不闻。一屋子人在聊天，投诉的电话铃声此起彼伏，可就是不接听。问之，则曰："还没到上班时间。"其实，离上班时间仅差一两分钟，就是不接。有些客户服务部门的员工讲述自己部门的秘密："5点下班得赶紧跑，不然慢了，遇到顾客投诉就麻烦了——耽误回家。即使有电话也不要轻易接，接了就很可能成了烫手的山芋。"

这些问题看起来是小事，但恰恰反映了员工缺乏工作热忱和积极性、主动性。员工一旦"无为"，领导工作必然受到掣肘；而如果员工将工作当做自己的事业，就是为领导分担工作，减轻负担。

老王是个退伍军人，3年前经朋友介绍来到一家工厂做仓库保管员。保管员的工作虽然不繁重，无非就是按时关灯、关好门窗、检验货品、防火防盗等，但老王却做得非常认真。他不仅每天做好来往的工作人员提货日志，将货物有条不紊的码放整齐，还从不间断地对仓库的各个角落进行清扫整理。3年下来，仓库在他的管理下安然无事，而且提货的工作人员每次来提货都会在最短的时间提到货物。

这一切被工厂厂长看在了眼里，在工厂建厂20年庆功会上，厂长给老王按老员工的级别颁发奖金5 000元，并有进一步重用的意思。好多在厂工作几十年的老职工不理解，老王才来厂3年，凭什么拿到这些奖金？

厂长看出了大家的不满，说道："你们知道我这3年中检查过几次咱们厂的仓库吗？一次也没有！这不是说我工作没做到，而是我一直都了解咱们厂的仓库保管情况。作为一名普通的仓库保管员，老王能够做到3年如一日地不出差错，而且积极配合其他部门人员的工作，忠于职守，比起一些老职工来说，老王真正做到了爱厂如家。我觉得这个奖励他当之无愧！"

正是这些体现员工责任心的细小之事，关系着企业的信誉、信用、效益、发展，甚至生存。

领导如何调动下属的积极性，让下属为自己的分担工作呢？

（1）告诉员工他应承担的职责。大多数的领导只喜欢向下属明确工作内容，而不明确工作职责。当一个员工只明确工作内容，他们会认为自己仅仅是一个执行者，没有什么成就感；而通过沟通和促动让他们能为自己的工作职责努力，那么他们会认识到自己工作的价值，进而能从工作价值中获得激励。

（2）有可能的时候就让下属对其工作写出书面报告。书面报告，能帮助下属理清其工作状态，能凸现问题，也能让他找到自己改善的方向，再加上领导的促动，工作就比较容易开展。另外，每个人在写自己工作报告的时候，也是了解自己价值的时候。

（3）让下属参与到一些重要的讨论中来。这种做法能激励他们，并且表明你很在乎他们的想法，当然这些时候他们也可能会提出好的主意。相反，一意孤行的管理者会让员工在工作中变得消极、应付。所以，当员工积极性不高的时候，极可能是与上级存在某种沟通上的障碍。通过讨论消除障碍，提高员工积极性，不失为一种双赢的做法。

（4）当你跟下属交流时，不要只是告诉他们怎么做，而应该用你的说服力使他们主动做你需要他们做的事。

（5）对下属的工作作出反馈。领导及时的评价，无论是认可、表扬，还是警醒、批评，都能对下属形成有效的促动，让员工认清自我，增强工作的积极性。

第5章　无威不立惩一做百

——领导者的赏罚艺术

每个人都有弱点，每个人都有特有的弱点。领导用人的技术，就是驾驭人才的弱点的技术。抓住他的弱点，满足他的欲望，精英之才会锋头更锐，寻常之辈也能点石成金。

该黑脸时要黑脸，该出手时就出手

作为领导，如果不是一个下属在你面前为所欲为，而是一群——这时你该怎么办呢？不妨惩一做百。

有的领导面对这种情况不知如何是好，想杀一做百却又怕犯了众怒，如此犹豫不决，反而扩大恶劣影响！如果有一件事可以很明显地看出是小张的过错，同事认为经理应该会对他发相当大的脾气，然而经理却只是让他以后小心点便原谅了他的过错，为此大家颇感失望。"前有车，后有辙。"再有员工出现过错时，经理也就无法批评犯错误的人了。渐渐地你的刀口越来钝，最后你会落得谁也不敢批评的下场，继而无法领导下属。所以在需要批评时，就必需大声地批评才行。

在众人面前批评某位下属，其他的下属亦会引以为戒。此即所谓的"杀一儆百"，即借由处置一人来使他人反省。

当场被批评的人，宛如是众人的代表。在任何团体中，皆有扮演被批评角色的人存在。管理者通常会在众人面前批评他，让其他人心生警惕。但是这个角色绝非每个人皆能胜任，必需选出一个个性适合的。他的个性要开朗乐观、不钻牛角尖，并且不会因为一点琐事而意志动摇，如此方能适合此项任务。应避免选用容易陷于悲观情绪或者太过神经质的人。若错误地选择了此类型的下属，往后将带来许多的困扰和麻烦。

虽然你只能对自己的下属批评，但有时你也会遇到必需批评其他单位员工的情况。这不仅越权而且有悖公司的准则，然而相信亦有例外的情形。例如某家服装公司的销售部主任，平时对采购部主任的应付态度太过懒散颇为不满，但由于对方的身份是主任，因此无法当面予以指责。虽然这位主任曾经与自己的上司——销售部主任讨论过，然而由于上司是位好好先生，因此无法从上司那里得到任何解决的方案。就在他思索如何利用机会与对方直接谈判时，分发部的某位员工因未遵守缴交期限而发生问题。营业部主任便借机大声批评那位犯错的员工。他特意在采购部主任面前批评。此时采购部主任并未表示任何意见，然而弊端在不久之后便改善了。

此项技巧采取的就是游击战术，若对下属采取正面攻击时比较麻烦，但是若你本身有理，就不会觉得那么可怕。遇到形式上的反攻时，只需稍微转身便可反击。对于无法与其正面争吵的人，若企图使其认同你的主张，则上述的方法不失为一则妙方。

上司借由批评下属的行为，亦能转换为本身的警惕。你在批评下属"不准迟到"时，自己也绝不可迟到。当你批评因喝醉酒而误事的下属时，自己也不可有喝醉酒的情形发生。对下属的批评，最终受益最多的人或许是自己。因此，你更不应该错失良机。必需谨慎地选择批评的机会。总之，不能娇纵下属。

例如，某上司必需批评下属陈某。然而上司实在无法拉下脸来、当面批评，便想尽方法使陈某反省、改过。他做每件事都刻意妨碍到陈某的工作，他认为经由此，陈某的行为应该便会改善。事实上，这位上司的做法毫无意义，无论对其本身或陈某来说，这都只是不愉快的经历而已。

该扮红脸时不妨扮红脸，该扮白脸的时候也不妨扮扮白脸，让下属看看你的不可触犯的一面。

姑息养奸让管理者自食其果

现代企业领导推崇"以人为本"，是要把下属摆在主体的地位加以考虑，尊重他们的人格，体察他们的性情，重用他们的能力。但这绝不意味着以情感代替原则，以理解取消制度，因为这样只能纵容下属产生不合理的欲望和行为。纵容下属，是领导工作的大忌，这样做的会让管理者自食其果，这是领导工作中铁的教训。

作为一个管理者，我们提倡对下属多宽容、少苛责，但是，也不能宽容得过了分，变成了姑息养奸。姑息养奸不但不能让下属对你服服帖帖，反而会让你威风扫地。某位充满自信的上司曾经说过："因为我对自己的工作充满热忱，因此对于下属我也严加指导。"但是，有人向他的下属询问情况时，他们却异口同声地回答我："他才不是严格，他只是喜欢挑下属的毛病而已，而且相当啰唆！"

叱责，一般是上司对下属的行为，是单方面的特权，但这并不表示上司可以随意叱责下属。作为上司，当你在叱责下属时，对方也并非一定都会从内心深处感到懊悔，并且向你道歉。表面上他认为不要忤逆上司较好，所以始终低着头，最后冷笑一声说："不！不！你的教训相当有道理，这全都是我不好。"对于此种类型的下属，必需使他了解你叱责的缘由。或许你因此会花费较长的时间与精力，但是不可吝于付出这样的努力。对于会产生反抗行为的下属，则要详细解释到他能完全理解为止。

有的下属在将被叱责时，会很有技巧地支吾其词，或者将责任推到别人身上，然后逃之夭夭。对于如此狡猾的下属，必需严厉地叱责。假如对此种现象视而不见，则"赏罚分明"原则便会有所疏失。

对于可能产生反抗行为的下属，你必需使其了解错处。或许对方会提出辩解，必需静下心来倾听，然后在下属的辩解中发现他的误解之处，一旦有夸大其词、歪曲事实之嫌时，应马上指出并令其立即改正。有的下属一被叱责，便会提出冗长的辩解，可以听听看，但不可逾越一定的程度。辩解终究是辩解，必需命令其不可再犯相同的错误。如果碰到难缠的下属，则必需事先做好心理准备。有时因状况不同，必需分组彻夜讨论，此时你更不应该胆怯，必需具备拼搏的干劲才行。

完全不听下属的辩解是不近人情的。每个人都有自尊心，只是单方面地被叱责而无法提出解释的机会，对方必定会觉得不公平。若下属净说些毫无意义的理由，可见他的内心此时多少已有些纷乱了！即使下属一厢情愿地以为自己的辩解得到了认同。但此想法对他而言，可说是一大安慰。预留一点余地给对方是一种美德。《孙子兵法》中曾提到要事先给敌人预留退路，以免其殊死搏斗。就算是与你有深仇大恨的下属，也不可将其赶尽杀绝，片甲不留。否则不仅自己受到伤害，周围的人也会感到困扰。

有的下属会因为被叱责而显得意志消沉，也有的会吓得面无人色。然而叱责亦是一剂良药，你可以借此期待他从失意的泥沼中站起来。当叱责对下属而言是一个相当沉重的打击时，不妨在私下拍拍他的肩膀或握握手予以安慰，相信这剂药方将会发挥很大的疗效。

要想不姑息养奸，就必需学会叱责下属，使其时时注意自己的言行。

赏罚分明：该奖一定奖，该罚一定罚

追求快乐、逃避痛苦是人的一种本能。鉴于此，管理制度的设计也分别引入了奖励和惩罚两种手段。奖励是一种激励性力量，惩罚是一种约束性力量，在奖励和惩罚之间的地带，是管理者纵情驰骋的空间。但是，在近来人性化管理大行其道的影响下，很多管理者十分重视运用奖励制度，冷落了惩罚制度。具体表现在相对于奖励制度，惩罚制度的数量、方式和力度都有减少，甚至有的惩罚制度竟变成了一纸空文，根本得不到执行。这种主动放弃惩罚的做法，无疑是一剂管理上的毒药，日积月累后，其危害不容小视。

某保险公司，在年终时距离完成年度任务指标还有不小的差距。为了完成任务，总经理下令，不但给一线的业务员施加压力，而且要求所有的内勤人员在做好本职工作的同时，每个人都要承担一定的业务指标，并且规定了每个人必需完成的指标下限。为保证任务的落实，总经理还制定了奖惩措施，对超额完成任务的人员视额度予以丰厚的奖励，对不能完成任务下限的下属，则要给予惩罚。最后，该公司"冲刺"成功，如期完成了任务。从整个情况来看，部分有能力的下属超额完成了任务，有的业绩还很不错。而很大一部分下属则在压力下仅仅完成了任务下限。还有一部分下属，由于种种原因，没能完成任务。少数几个下属甚至根本就没有采取任何行动，他们的业绩是"白板"。

总经理知道，如果不兑现奖励，一定会招致下属不满，虽然这一次例外奖励的支出，大大增加了公司的运营成本，但他还是论功行赏，按照事先制定的标准一一兑现了奖励。至于那些没完成任务的下属，总经理认为这毕竟不是大多数人，况且现在公司的总体目标已经完成了，从与人为善的角度出发，没有必要和下属过不去了，事先制定的惩罚措施就这样不了了之了。

这位总经理不想跟下属过不去，他的一部分下属却跟他过不去了。在这个案例中，超额完成任务而得到奖励的下属和未完成任务却逃过惩罚的下属都很高兴。但是大部分正好完成任务指标的下属却不高兴了。他们在公司高压政策之下，付出很多努力，克服很多困难才勉强完成了任务。但是他们的回报竟然和那些不思进取、偷奸耍滑者并无二致。许多人虽然不敢明着去向总经理提意见，却暗自作了决定，今后再有同类事情，一定要向这些未完成任务的同事学习。蒙在鼓里的总经理不知道，由于他的一个所谓"人性化"管理的失误，使他公司中的惩罚措施作为一种约束性力量已经在无形中失效了。而且，这种影响作为一种强烈的信号，即不完成任务者不受惩罚，将会在很长的一段时间内对组织产生负面作用。

　　事实上，这与管理者的奖惩观有关。许多管理者把奖励当成惩罚的对立面。上述案例中的总经理也是如此。在他的心目中，对未完成任务者不施加处罚，等同于不奖励。其实不然，奖励的反义词不是惩罚，而是不奖励。同样，惩罚的反义词是不惩罚。奖惩制度的层级应该是这样的：惩罚、不惩罚、不奖励、奖励。换句话说，奖励和惩罚都是相对的，该奖励时不奖励，就相当于惩罚，即隐性惩罚；而该惩罚时不惩罚就相当于奖励，即隐性奖励。管理者一般能看到显性的奖励和惩罚，却看不到隐性的奖励和惩罚。上述案例中的总经理正是在无形中"奖励"了偷懒耍滑的下属，从而引起了那些努力工作的下属的不满。

　　较多地采用激励性的奖励手段来管理，当然符合人性，这是无可厚非的。但是，这不应该以减少或弱化使用约束性的惩罚手段为前提。两者并不矛盾，而是相辅相成的。管理者只有正确地理清自己的奖惩观，才能在奖惩之际游刃有余，建立合理的奖惩制度，做到赏罚分明。

　　另外，要想使奖惩的效果更好，一定要做到"赏不逾时"，并在惩罚时注重"热炉法则"。

　　所谓"赏不逾时"，即一种行为刚刚做出以后，人们对其感触较深，这

时即予以表扬和奖赏，刺激较大，激励作用较强。因此，及时奖励是一个重要的方法。这就要求做领导的，要积极开动脑筋，多搞些花样，对下属的成绩给予及时多样的奖励。

对违反规章制度的人进行惩罚，必需照章办事。该罚的一定罚得，该罚多少即罚多少，来不得半点仁慈和宽厚，这是树立管理者权威的必要手段。西方管理学家将这种惩罚原则称之为"热炉法则"——十分形象地道出了它的内涵。

"热炉法则"认为，当下属在工作中违反了规章制度，就像去碰触一个烧红的火炉，一定要让他受到"烫"的处罚。这种处罚的特点在于：

（1）即刻性。一碰到火炉时，立即就会被烫伤。

（2）预先示警性。火炉是烧红摆在那里的，谁都知道碰触则会被烫。

（3）适用于任何人。火炉对人的"烫伤"不分贵贱亲疏，一律平等。

（4）彻底贯彻性。火炉对人的"烫伤"绝对"说到做到"，不是吓唬人的。

管理者必需兼具奖罚两手，实施起来还要坚决果断。奖赏人是件好事，惩罚虽然会使人痛苦一时，但绝对必要。如果执行赏罚时优柔寡断，瞻前顾后，就会失去应有的效力。

不赏无功之臣，不罚无过之卒

赏与罚，曾被古人称为管人的两把利剑，是管理者统御部属，使用人才的重要手段。孙武把"法令孰行""赏罚分明"，作为判明胜负的两个重要条件。曹操也说："明君不赏无功之臣，不赏不战之士。"赏罚分明得当，是古今中外一切用人者的根本原则。管理者一定要正确使用赏罚，切莫随心所欲，无原则赏罚。

不赏私劳，不罚私怨。不奖赏对私人利益有功的人，不惩罚对自己有成见或隔阂的人。现实生活中的许多当权者，在这个问题上往往处理不好。且不说封建社会中的帝王将相常常把大量恩荣给予伺候自己的"心腹之人"，就是现代少数管理者，也是往往把给自己出过力的司机、秘书、公务员等人施以种种特权，惹得其他部属的反感和不平。

有功即赏，有过即罚。管理者要正确地用人，真正调动部属的积极性，必需做到按功行赏，论过处罚。这样做有以下三点好处。一是为部属提供一个公平竞争的环境，大家就会尽心尽力地工作，以争取奖赏，避免惩罚。二是可以避免人为的矛盾。如果不坚持功奖过罚，部属难免有亲嫡疏旁之感，相互之间的隔阂矛盾便会随之而生。如果唯功是奖，唯过是罚，部属会感到领导一视同仁，矛盾自然消失。三是可以调动大多数人的积极性。无论赏还是罚，只有得当，才能起到激励作用。如果失度，不仅没有受到赏罚的人心里不服，即使受罚者也不以为然。因此，在赏罚上不能搞平均主义，不能吃"大锅饭"，必需坚持功过分明，无功受禄，罚不当罪，皆是管理者的大忌。

在企业的经营领导中，领导奖罚分明，恩威并用，也就是"推"与"拉"的艺术，所谓"推"即压力领导，"拉"就是奖励领导，成功的领导总是能将"推"与"拉"很好地搭配使用，根据不同的对象，选择不同的方式，促使和激励企业员工提高生产和工作效率，推动企业向前发展。

日立会社董事长仓田主税就深谙赏罚并行、恩威并施之道。

日立会社是国际著名的大企业，其产品遍布世界各地，它的崛起和发展，仓田主税做出了很大贡献。仓田主税的一个法宝就是恩威并施。

仓田主税深信企业的发展有赖于全体员工的积极进取，稳定职工队伍是十分必要的。于是，他为日立的员工提供了广泛的福利。日立会社的15万男女员工，每人都能够住到租金低廉的房屋，上下班有交通车，有免费的读物，甚至有结婚补助金和死亡抚恤金等，待遇是很不错的。因此，全体员工都拧成了一股绳，工作热情非常高。从1950年日立会社成立以来，没有发生过严重的罢工或者不安定的情况。但是，仓田主税对待日立员工并不完全只是一个充满慈爱的父亲。他在最初被任命为日立社长时，曾坚持裁去16.5％的日立员工。正是运用这种恩威并施的手腕，仓田主税把日立的众多员工紧密团结在自己周围，上下同心，精诚合作，写下了日立会社的宏伟篇章。

惩罚三字诀：稳、准、狠

领导者运用批评、惩罚手段应该富有技巧性。"打一巴掌"很重要，但一定要打得响，打得绝。具体说，打这一巴掌要做到"稳、准、狠"。

稳。采用强硬手段，惩罚一个人，也是要冒风险的。这主要在于，被惩罚者有时有良好的人际关系，有时掌握着关键技术信息，有时有着很硬的后台。

拿这样的人开刀，就要对其背景多加考虑，慎重行事。惩罚不当终会带来抵制和报复，因此在动手之前首先应想到后果，也能够拿出应付一切情况发生的可行性办法。

准。批评、惩罚都要直接干脆，直指其弱点，直刺其痛处，争取一针见血。

有时某人总是犯同样的错误，或者代表一类人的错误，这时的惩罚一定要选准时机，待其犯错最典型、最明显、最有危害性时方痛下杀手。这时切忌无事生非，不明事实；也切忌小题大做。这样才会做到让受罚人口服心服，也才会真正让众人引以为戒。

狠。一旦看准时机，便要下定决心。出手要利落、坚决、果断，毫不容情。切忌犹疑不定，反复无常，拖沓累赘。

一些杰出的管理者的经验是："一旦采取坚决措施，便变得冷酷无情。""即使当他们不得不解雇某人时，也并不因强烈的内疚而变得犹豫不决。"这样做，也是在向众人显示，我的做法是完全正确、适宜的，我对我的做法毫不后悔，充满信心，这是最好的选择。

加强对员工的约束，要有强化纪律的书面规范，保证下属得到公平的对待，避免因一时冲动而对他们的严厉惩罚。强化纪律有以下四个阶段：

第一次犯错，口头警告。下属必需知道他们错在哪里。你要记下给他们警告的时间、地点和周围环境。

第二次犯错，书面通知，并警告说下次犯错误要受罚，扣工资或者换工作。这封警告信一式三份，一份给犯错误的员工本人，一份给领导，一份存档。

第三次犯错，临时停止工作。根据你们达成的协议和错误的性质及程序，给予长短不同的停工时间，停发一切报酬。

第四次犯错，降职、降级，或者调换工作、开除。

根据各种因素，做出上述惩罚之一。其中调换工作是最常见的，因为这样既可减少解雇给他们造成的打击，又可以使自己减少一个问题户。当然要了解清楚确实是岗位不适合，换一个工作会使他干得更好，否则轻易不要这样做。调换工作部门之后，还要将该人的资料全部移交过去。

惩罚讲艺术，不能为了惩罚而惩罚

惩罚一般分为批评、纪律处分、经济处罚和法律制裁四种方式。无论采用哪一种方式，实施中都要讲究方法和艺术。具体来说，实施惩罚的艺术体现在以下几方面：

第一， 正确处理教与罚的关系，要教重于罚。

惩罚不是目的，是为了更好地教育下属和调动其积极性。因此，要以防

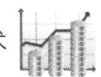

为主，防惩结合，教惩结合，不能为惩处而惩处。要从教育人、挽救人、调动人的积极性的目的出发，把教育与惩罚紧密结合起来。一定要坚持思想教育在先，惩罚在后；要坚持以思想教育为主，以惩罚为辅。实施惩罚时，要"重重举起，轻轻打下"，平时教育从严，处罚从宽，思想批判从严，组织处理从宽，重教轻罚。管理者在惩罚前，如果不预告警示，势必使下属产生无过受罚之感，弄得人心惶惶，进而离心离德。所以，管理者要先教后罚，多教少罚，这样不仅能使犯错误的人减少，而且还能使下属心服口服。

第二，正确处理法与罚的关系，要罚前得先制定制度。

奖赏是以功绩为依据的，惩罚是以过失为依据的。制度是人们的行为界定的规则，是维护人们正常生活、工作等秩序的手段，也是判定人们过失大小的依据。因而，有制度才有惩罚。没有制度，惩罚就没有标准，也就没有真正的惩罚。所以，管理者在实施惩罚前，必需首先制定有关制度，让下属有明确的行动准则和禁界，以自觉维护正常的工作秩序。然后，方能对违犯者依制度惩处。否则，就不足以服众，难以达到惩罚的目的。

第三，正确处理宽与严的关系，要宽严适度。

管理者对待犯错误的下属，要像医生对待病人一样宽严相济，根据病情，找出病因，说明其危害程度和严重性。作为一个管理者，要严格掌握惩罚的度。在实际工作中，对违规者一定要具体分析其错误的性质和情节，区别是偶然还是一贯，考察其一贯表现及认错态度，全面地、具体地分析有关问题。根据错误的大小、性质及危害程度，区别对待，需经济惩罚的则经济惩罚，该行政处分的要行政处分，对确实作出了各种努力真心实意想把工作做好，但由于种种原因致使工作有些失误的，要从宽对待。总而言之，一味地过宽或过严，过轻或过重，都会削弱惩罚的效果。过宽，不足以制止不良行为；过严，会造成逆反心理，不仅起不到惩罚的作用，反而会适得其反。管理者对人对事，该宽该严，都不能从自己的主观好恶出发，更不能感情用事。管理者只有铁面无私，从实际出发，宽严公道，才能有效调动下属的积极性。

第四，正确处理罚与理的关系，要罚后明理。

惩罚兑现之后，不论是行政纪律处分，还是经济处罚手段，都代替不了必要的思想政治工作。有的管理者对下属的不良行为，动不动就以处分、罚款、扣奖金了事，以罚代教，结果造成不良影响，甚至造成对立情绪。必要的处罚作出以后，事情并没有完结，要把思想工作跟上去，具体指出他错在哪里，帮助其查找犯错误的思想根源，让其真正认识自己的错误，使其增强改正错误的决心和信心，并为其改正错误创造条件。

第五，正确处理罚与情的关系，要情罚交融。

管理者对有过失的部下，也要尊重、理解、关心，要关心他们的实际生活，为其排忧解难，让其充分体会到领导的温暖。但这不能以丧失原则为代价，也就是说既要讲人情味，又不能失去原则性。否则，应处分的不处分，大事化小，小事化了，这样不仅不能使下属吸取教训，引以为戒，还会助长歪风邪气，丧失制度的严肃性和威慑力，降低自己的权威性和号召力。因此，切不可把人情味庸俗化。人情味要讲，原则性更要讲。只有在坚持原则的前提下，人情味才能更有效，更具有教育性和感召力。

是奖是惩都要给一个明确理由

一个有16年工龄的员工在公司重组时被解雇了，原因是他"工作不合格"。但是自他加入公司以来，每一年的业绩考核结果都表明他的工作是符合要求的，因此，这位员工感到不平，不理解为什么自己会由于"工作不合格"而被解雇，于是，他起诉了原公司。

法庭进行了大量细致的调查，证明这个员工在相当长的一段时间内，工作一直达不到标准水平。然而，因为每个经理都急于摆脱他，想把他转到其

他部门，为了使不知底细的其他部门经理愿意接收他，就给了他一个"达到标准"的工作评价。

在法官面前，这位员工陈述说，经理没有如实地指出他的缺点，也就等于剥夺了他改正自己错误的机会。结果这个员工打赢了这场官司，他原来的公司被迫全额补发了他的工资，而且还另外支付了一大笔赔偿金，来弥补"他的痛苦和精神压力"。

因为没有作出诚实的反馈，该公司付出了沉重的代价，所以，在进行反馈的时候，一定要实事求是，把真实的情况告知给员工。虚假现象和欺骗行为会误导员工，其结果如同搬石头砸自己的脚。

在这方面，有的管理者做得就很好。例如下面的谈话：

"小王，我对你的工作态度不满意。前天开员工会议时，你迟到了半个小时，而且还告诉我，你还没看过我们正在讨论的报告；昨天，你又说家里有事，提前1小时就下班走了……"

"老张，你对我们的客户科尔公司所做的工作让我很满意。上个月他们在我们公司的订货总额提高了20%；几天前，我接到科尔公司负责人丹·菲利普先生打来的电话，称赞你对于产品规格和性能非常熟悉……"

正是因为这位经理针对具体行为进行了反馈，小王不但心悦诚服地接受了批评，而且很快就改进了这些缺点，而老张也继续保持了这些好的方面。相反，如果只是笼统地说："小王，你的工作态度很不好。""老张，你的出色工作给我留下了深刻的印象。"那效果就会大为逊色了。小王可能并没有意识到自己的不足，对你的话会感到摸不着头脑并感到精神紧张，而老张则可能会对经理的表扬不以为然，缺少那种现实的激励。没有反馈的奖罚相当于半途而废。反馈是奖罚最后的也是最重要的一个环节。如果奖罚永远是管理者的暗箱操作，那么，奖罚将因此失去员工的参与和信任，而且，奖罚作为一种评价，其激励的作用也大为萎缩，从而失去真正的价值。

总之，不论管理者进行奖励或者是处罚，有一点非常重要——根据员工的具体行为，明确指出他到底"错"在何处，而又"对"在哪里。

掌握批评下属的高明技巧

管理者面对下属，必需坚守原则，该批评就批评，绝不姑息纵容！

批评的方式有多种：有像下大雨似的怒骂对方，也有像下梅雨般很有耐心地批评对方。批评的形式也各有特色，也因各人性格而有所差异。很多人主张批评时要冷静，千万不可意气用事，但是能够达到此种境界的人并不多。上司因为生气、发怒才会批评下属，若下属反省自己的失败，即不需责怪他；反之，若下属毫无反省之意时，才需要责骂。

事实并非这样，若你批评未达成任务的下属，他必不会重蹈覆辙。有时下属会觉得将被批评，但是此时你却未予以批评，只是温和地叮嘱他，则你的下属会深觉"失望"，觉得上司的反应令人不愉快，事后心里还留下疙瘩，反而觉得领导管理方式更讨厌。若被上司痛骂一顿，一切也就过去了。因此，遇到该批评时，你最好顺应下属的"期待"。

如果你突然对一位并不认为自己失败的下属大声批评，恐怕会令对方一头雾水。如果下属不明白自己为什么被批评，则此行为便毫无意义。如不能对下属说明批评的原因，只会令他垂头丧气。因此，对于不明了失败原因的人必需耐心地指导。

很多主管并不擅长批评下属，他们颇为在意的反倒是下属的情绪。他们认为毫不留情地批评下属是不好的，若批评无法使对方完全理解，那批评就毫无意义。如你一边批评，一边在意下属的反应，只会被下属看轻。此即所谓的"虚假的批评游戏"，当然不算是批评。有位科长向主管报告："我已经训斥过他了，他本人也在反省。"而那位被批评的下属却对他人说："我给科长面子，倾听他的埋怨。他好高兴啊！"

有人认为：在大声且一气呵成地批评下属后，要像狂风过后的万里晴空一样，不可拖泥带水。然而这种方式却也容易失去批评的意义。原因在于被批评的人刚开始通常"听"得进去，但往往不消5分钟，他就会表现出不在乎的态度，刚刚才被责怪的事早就忘得一干二净了。由于下属本身并不感到愧疚，因此同样的错误很可能重复出现。对待这种下属，必需采取紧迫盯人的方法。即使批评他"听好！不能再失败了"、"你应该为那些收拾善后的人想想看"、"你应当好好地反省反省"这类令人感到厌烦的话亦无妨。

在批评下属时要情绪性地批评，但必需注意措词，绝不可用粗俗下流的词句。在一个正派经营的公司里，是不宜听到"我怎么知道""别开玩笑了""笨蛋"等这些词句。也有人为了显示自己的地位，而胡乱地怒斥下属，像这种上司是无法得到下属的认同的。另外，有一点必需牢记，每个人必有其优点，我们要爱人、尊重人，这才是我们的生存力。

第6章　以慈母之手执掌利剑

——领导者的管人艺术

领导使人服从的关键因素是：用道理不用手段，用仁义不用武力。人有困难我帮助他，人有危险我挽救他，人有要求我满足他；舍己为人，亏己利人，薄己厚人，损己益人，还有谁不好管理呢？

恩威并用，做个黑脸红脸双面人

作为领导，不能做老好人，必需恩威并用。下属不对的地方，固然应当责备，而对他表现优越之处，却不可抹杀，要适时给予恩惠，那么下属的内心才能得以平衡。

领导在下属面前偶尔做做好人是应该也是必需的，但是不能老做好人，否则下属就会肆无忌惮，胡作非为。有些主管认为没有必要与下属过不去，反正是为公司赚钱，自己没有额外得益，何不得过且过算了。下属最喜欢这种类型的上司，凡事只要合格就够了，不求更好；上司也含糊过去，压力就小。可是，工作一旦发生错误，这类上司是不愿为下属承担责任，甚至为求向上级交代，会建议将出错的下属解雇。

如果你是别人的上司，就不能为了讨好下属而凡事得过且过。此举除了会影响你的声誉外，下属根本不会把你放在眼里。对于工作素质，只求合乎标准，不求创新或突破，永远跟着别人后面走，以为只要不太过落后，就算是好成绩。领导若雇了这么样的下属，却经不起时间和技术的考验，很快就会被淘汰。

有时候你想批评人，但经过与员工深谈以后，知道犯错者有不得已的苦衷，那你根本就用不着再进一步责备了。因为如果你在私下责备人，对你自己或者是别人都不会有好的影响。其实假若你在盛怒的状况下，你可以告诉对方你在生气，并且告诉他你为什么生气。生气是可以的，但千万不要气得失去控制，失去控制表示你已失去原来责备的目的。

当你要责备人时，你得谨记要达成的目标。你不是要伤害别人、引起别人反感或是恐惧，而是要让别人知道错误，谋求改进。玛丽·凯责备人用的"三明治技巧"——在责备前后加上称赞，是可行的方法之一。另一种方法则是遵照布兰查德和詹森的方法：你应和他们握手或是拍拍他们，让他们知道你并不是和他们处于敌对立场。你应提醒他们你多器重他们。同时要强调你只是责备他们这次的行为，而不是他们整个人。让他们了解责骂过了，一切也就过去了。

恩威并用是高明的领导手段，用好了，不但能增加领导的威信，还能提高领导的亲和力。

监管下属和令下属提高工作情绪，必需有令下属信服之处。想想与下属易地而处时，自己是否信服有关的安排。平衡的情绪，永远保持愉快的笑容，是服众的最重要法则。

压力之下办不好事，这是一个很简单的道理，做领导的应该明白，不要忽略。

外严内宽，以慈母的手握利剑

在GE公司，从秘书到司机、工人，每个人都称韦尔奇为"杰克"，大家时常看到他急匆匆地穿过走廊，从底层货架上拿起他要买的东西；每个人都经历过手伸进钱袋碰到奖金的惊奇之事。韦尔奇说："关于GE的故事中有一点被忽略了，那就是非正式的价值。我以为这是个了不起的创见，人们可能不知道它的意义所在。"

从每年1月同500名高层管理人员在佛罗里达州博卡拉举行的会议，到每月一度在哈德逊河畔克罗顿的会议，使得他有机会收集到未经过滤的第一手资料。在这些聚会里，他制定或突然改变公司的议事日程，就公司战略对公司十几个部门的负责人提出问题并加以考验，他会在所有人面前露面并发表咄咄逼人的意见。从接过总裁权柄开始，韦尔奇就利用诸如聚会等各种非正式方式与公司员工进行交流并随时处理公司事务。

韦尔奇比大多数人更懂得"突然"一词的价值，他每周都突然视察工厂和办公室，匆匆安排比他低好几级的经理共进午餐。他还通过传真无数次地向上至高级经理、下至钟点工人的公司员工发出他那独具个人魅力的"手谕"——手写便条。两天后，原件就会寄到他们手中。在这些便条里，他有时说些鼓励的话，有时则要求员工做一些事情。

在他人眼中，韦尔奇是一个既让人敬畏又从无废话的领导，对于韦尔奇手下20多名直接负责人来说，每一次加薪或减薪，每一份奖金，以及每一次优先认股权的授予，总要伴随着一次关于期望和表现的坦诚交谈。高级副总裁盖利说："韦尔奇总能刚柔并济，恩威并施，当他交给你奖金或优先认股权时，他同时也会让你知道他在来年想要的东西。"

没有什么事情能像审阅拿到奖金的GE员工名单那样让他兴奋不已——并

不是因为公司的股票表现多好，而是因为他把财富放在那些他并不熟悉的人手中，韦尔奇说："这意味着每个人都得到了奖励，而不光是我们几个人。这是件了不起的事，我们正在改变他们的命运和生活。这才是乐趣所在，我们人人富有，我们人人是富翁。"

有人说管理者要善于"以母亲的手握利剑"，这是一个形象的比喻。就是说管理者既要有母亲般的慈爱、无私与温和，时刻给员工真诚的爱，同时又要"手握利剑"，对员工的各种不良行为不能姑息迁就，使恩与威做到高度统一。做到这一点，就会使员工对你既感激又尊重，且不会擅自违令行事。

松下幸之助对他的下属后藤犯错误的处理有一则感人故事。

有一次，后藤犯了一个大错，对此松下幸之助怒火冲天，一面用挑火棒敲着地板，一面严厉骂后藤。骂完之后松下幸之助看着挑火棒说："你看，我骂你多么激动，居然把挑火捧都扭弯了，你能不能帮我把它弄直？"

这是一个绝妙的请求，自然后藤只有遵命，挑火棒恢复了原状。

松下幸之助又说："咦？你手可真巧呵！"随之是一个亲切的微笑，高高兴兴地赞美着后藤。

松下幸之助的一怒一喜一赞软化了后藤的心，使他一肚子的反抗心立刻烟消云散，对松下幸之助心服口服。

更让后藤吃惊的是，他一回到家，看到的是太太准备了丰盛的酒菜正等他共享晚餐。后藤禁不住地问："这是怎么回事？"

"哦，松下先生刚来过电话说：'你家老公今天回家的时候，心情一定非常恶劣，你最好准备些好吃的让他解解闷吧。'"

自此以后，后藤更加拼命地工作。

显而易见，松下先生特有的人性管理已达到了炉火纯青的地步。

老板既不能无恩于人，也不能无威于人，恩不施无以立威，威不施无以治世。如果管理者高高在上，工作上不体恤员工的艰辛，生活上不关心员

工的难处，情感上不过问员工的冷暖，背离了以人为本的宗旨，这是不恩；而有些管理者虽然谦恭低调，但一味迎合迁就员工，对错误的言行不予以指正，助长了员工的某种歪风，致使他们不听指挥、不受约束，凡事讲价钱，处处算得失，领导被下属牵着鼻子走，这是不威。无可否认，这两种极端都是要不得的。因此，古人所说的"恩威并重"是值得借鉴的领导艺术，我们可以吸取其精髓并予以创新。

读懂人性，善于将恩和威有机融合在一起，就能让员工既服从又感激。

让下属做到"士为知己者死"

一个人在忙碌的工作之余，若听到别人安慰体贴的话语，心中是说不出的高兴，一天的疲倦就被这样轻易地吹散了。

下属整天埋头于工作之中，如果与他谈工作的情况，那简直是多余的。如果提起家中的琐事，他便会立刻想起自己在这方面关心得太少了、倒是苦了家中之人。若领导不时地向下属问问身体状况以及家中的情况，下属便会高兴地作答。这时，他定会想：领导真是个热心人！家中的那些事我自己都忘了，还亏得领导细心地记在心中，我真该努力工作才对。这样，下属不知不觉中整个心就偏向了领导一方。所以说，人最大的愿望就是自己能够得到真诚的关心和帮助。如果领导能够真诚地关心下属并加以利用，定会产生"士为知己者死"的效果。

只有在"会照顾下属的上司"手下工作才会觉得有干劲。

所谓能照顾下属，范围很广。一般从业人员认为能照顾自己的上司是这样的：

（1）能亲切指导我们工作，不仅指导我们如何处理事务，更能帮助我们早日完成工作。

（2）能指导我们有关公司情形的上司，这种上司也会指导我们如何待人处世。

（3）能赐予我们好好工作的机会的上司。

（4）能亲切指点我们有关工作的做法与工作态度的上司，这种上司能考虑到下属的种种优点与缺点，有效指导下属工作。

（5）能面对面地商谈，并直接帮助下属的上司。

（6）能经常关心下属的上司，随时注意下属的健康，悉心关照。

（7）能注意下属进步情况的上司。

（8）在日常生活方面能适当给予意见的上司。

以上这些上司就是所谓能照顾下属的上司，换句话说，就是有同情心的上司，任何人都会怀念；对于曾照顾自己的上司员工总会永生难忘；拥有一位深具同情心的上司，无论工作多么艰难复杂，员工都会有干劲的。

现代的年轻人很矛盾，一方面似乎充满了独立性，另一方面又有强烈的依赖心。前者一旦被干涉就想反抗，后者若不依赖外在的环境，就会觉得内心惶惑不安，因此一旦妨碍其依赖心就易引起不满，若能满足其依赖心，就是所谓有了同情心。

同情心不仅满足其依赖心，也能满足其独立要求。上司应培养下属的独立性，一方面严格教导他们遵守规矩，另一方面要"放任"他们，并不忘严格监视使其完成任务，如此可养成他们的独立性。

上司要训练下属如何忍耐不满，如何处理不满。人之所以有自卑感或不适应的情形，就是因为自己无法处理不满与烦恼所致。只有在充满自信、能够忍耐不满、解决不满时才能养成独立性，也才会有优越感。

年轻人就是如此，让他渐渐了解独立作业，才能满足独立的欲望。

美国斯凯朗电视公司的总裁阿瑟·利维为了研制闭路电视，曾录用了一位有干劲的年轻人比尔。比尔一上任便一头钻进了实验室，整整干了一个星期。在工作最紧张的时候，比尔一连40多个小时没有离开实验室，连吃的东

西都是请人送去的。工作告一段落后，比尔在床上睡了一天一夜，当他醒来时，好像已老了10多岁。

此情此景，利维深受感动，他拉着比尔的手语重心长地说："要是你再不改变一下工作方式，我要停止新产品的研制工作。""为什么？"比尔一听要停止研究工作心里就有些紧张了。"因为像你这样不分昼夜地工作，不等产品问世人就垮了。我宁愿不做这种生意，也不能赔上你这条命。"利维的话确实感人肺腑。

比尔有些激动了："不会的，凡从事这种研究的人都是这样工作，很难改变。"

利维有些伤感地说："是的，搞研究的人少有长寿者，但我希望你能节制一点。我知道你是竭尽全力地干这项工作，即使研究不成功，我也不会怪你。"

比尔被深深地震撼了。他不再是为工资、为了个人吃饭而工作，而是把研制新产品当做他和利维的共同事业，怀着一颗"士为知己者死"的精神夜以继日地工作。不到半年时间，闭路电视就研究成功了。这一成果使利维的公司有了广阔的发展前景。

利维的成功说明要多关心爱护下属才能让下属拼命地工作。许多领导的失败就在于只想下属努力地工作而不考虑他们的感情。要知人心都是肉长的，只有你对别人投之以桃，别人才会报之以李。总之，这一关心是体现在时时处处的小事之上，要热忱，要真心，让下属也参与到决策中来。

对于一项有重大意义的任务，下属大都渴望能够参与，这确实是一个展现其能力的机会。能力平平、不计功名的下属对这项任务看起来倒无所谓，但如果是有能力有好胜心的下属希望参加而参加不了，心中定会十分失望，有时出于报复心理，还会加以破坏。有人说："一个新的计划，参与的人越多，支持的就愈多；反之，愈多人被摒弃在外，就会有愈多人反对。所以在决策之时领导要尽可能多地征求下属的意见，让他们参与。"

每个人都有自我意识，这是一个不争的事实，不管你是喜欢还是不喜欢这个人。所以，下属都希望得到领导的重用，希望上级能够听取自己的意见。如果领导忽略此处，必定会使聪明的下属感到失望，心想自己满腹经纶却无所作为，此处不留爷，自有留爷处，于是手臂一摆就走路。俗话说："海阔凭鱼跃，天高任鸟飞。"海再阔，天再高，你不让鱼跃、不让鸟飞，人家断不会再留下来。

许多下属特别是年轻的下属在工作中不仅是追求工资，更重要的是把自己的所学用到实际当中并充分发展自己的才能。可有时，明明该选自己去做某些事的可领导就是不让去做，不做事就难以展现自己的才华，就难以发展自己，更重要的是由于不被任用，意见不被听取，自尊心也因此而受到很大的打击，这是许多年轻下属离开的重要原因。

让下属参与决策，就会使更多的人关注此事，因而减少办事时的阻力。同时，由于参与者有一种主人翁的感觉，他就会为这项事的进展尽一份力量。没有什么能比做主人的积极性更高的了。

推己及人，体贴员工疾苦

西洛斯·梅考克是美国国际农机商用公司的老板。他是一个坚持原则的人，如果有人违反了公司的制度，他一定会毫不犹豫地按章处罚。但这并不意味着他不讲人情，相反，他非常体贴员工的疾苦，能够设身处地地为员工着想。

有一次，一位跟梅考克干了10年的老员工违反了公司的制度，酗酒闹事，迟到早退，还因此跟工头大吵了一场。在公司的规章制度中，这是最不能容忍的事情，不管是谁违反了这一条，都会被开除。当工厂的工头把这位老员工闹事的材料报上来后，梅考克迟疑了一下，但仍提笔写下了

"立即开除"四个字。

梅考克毕竟与这位老员工有过患难之交，他本想下班后到这位老员工家去了解一下情况。不料这位老员工接到公司开除的决定后，立刻火冒三丈。他找到梅考克，气呼呼地说："当年公司债务累累时，我与你患难与共。3个月不拿工资也毫无怨言，而今犯这点错误就把我开除，真是一点情分也不讲。"

听完老员工的叙说，梅考克平静地说："你是老员工了，公司的制度你不是不知道，应该带头遵守……再说，这不是你我两个人的私事，我只能按规矩办事，不能有一点例外。"

梅考克又仔细地询问了老员工闹事的原因。通过交谈了解到，这位老员工的妻子最近去世了，留下两个孩子，一个孩子跌断了一条腿，住进了医院；还有一个孩子因吃不到妈妈的奶水而饿得直哭。老员工是在极度的痛苦中借酒浇愁，结果误了上班。

了解到事情的真相，梅考克为之震惊，他接着安慰老员工说："现在你什么都不用想，快点回家去，料理你夫人的后事和照顾好孩子。你不是把我当成你的朋友吗？所以你放心，我不会让你走上绝路的。"说着，从包里掏出一沓钞票塞到老员工手里。

老员工被老板的慷慨解囊感动得流下了热泪。梅考克嘱咐老员工："回去安心照顾家吧，不必担心自己的工作。"

听了老板的话，老员工转悲为喜说："你是想撤销开除我的命令吗？"

"你希望我这样做吗？"梅考克亲切地问。

"不，我不希望你为我破坏公司的规矩。"

"对，这才是我的好朋友，你放心地回去吧，我会做适当安排的。"

梅考克在继续执行将他开除的命令，以维持公司纪律的同时，将这位工人安排到自己的一家牧场当了管家。梅考克这样做，不仅解决了这个工人的忧难，使他的生活有了保障，更重要的是他这样做，赢得了公司其他员工的心。大家认为梅考克这样一个关心员工的人，是值得他们为之拼命的。从此，员工们同梅考克一道，为国际农机商用公司的强盛同舟共济，创造了公司一个又一个的辉煌成就。

老板要使员工心悦诚服，一定要做到恩威并重、严爱结合。

日本桑得利公司董事长乌井信治郎按照"恩威并重"的管理原则。

一方面，他对企业员工要求十分严格，亲自巡视工厂，一旦发现纸屑、灰尘等，就大声喝令清除干净；看见懒惰员工，毫不客气地责骂对方，令其无地自容；发现工作上的缺点，毫不留情地破口大骂，直到他满意为止。因此员工见到他巡视，就会发出"敌机来袭"的警告。另一方面，乌井对待员工犹如慈父，呵护备至。公司赚钱时，他不仅给员工发奖金，还送员工的父母、太太和孩子礼物；发现员工房间有臭虫时，就亲自去捉臭虫；公司参谋作田先生的父亲不幸去世，乌井率领全体员工到殡仪馆帮忙，丧礼结束后还用计程车亲自送作田和他的母亲回家。作田感动地说："从即日起，我就下决心，为了老板，即使是牺牲性命也在所不惜。"

通过这种"恩威并重、刚柔相济"的方式，不仅能够让管理的严肃性得到保证，而且还能打造出既守纪律又对企业忠诚的队伍。

爱你的员工，员工会百倍地爱企业

《孙子兵法》中说："视卒如婴儿，故可与之赴深溪；视卒如爱子，故可与之俱死。"孙子认为只有对士卒施以仁德，才能"惠抚恻隐，得人心也"。如果对士卒缺少爱心，不能与三军将士同甘共苦，就不能附众抚士，难以做到"上下同欲者胜"。

魏将吴起以爱惜士卒，与士卒共患难而闻名。在征讨秦国的途中，他与士卒同吃同住，以天为被，不吃"小灶"，还背着粮袋，徒步行走，深受

士卒爱戴。有一名士兵背上长毒疮，吴起竟用嘴为他吸出毒汁。正因为吴起能够"视卒如婴儿""视卒如爱子"，所以士卒愿意为之拼死作战，连战连捷，所向无敌。

关爱是一种非常有效的管理手段。管理界有句真言："你若不懂爱，就不懂管理。"任何优秀的组织和企业团队都是通过爱人、通过情感的纽带而变得牢不可破的。美国跨国计算机公司首席执行官兼总裁温白克说："一定要爱护你的员工，把你的心拿出来给他们看，要心心相印。作为管理者你不能命令他们，你一定要让他们感到愿意为你做事。"

"拳头"不是万能的。凭借制度约束、纪律监督、奖惩规则等手段对企业员工进行管理，并不能真正实现有效管理。少用"拳头"，多用爱心，一定会赢得员工的忠心。法国企业界有一句名言："爱你的员工吧，他会百倍地爱你的企业。"这一管理学的新概念，已经越来越深入人心。

美国的凯姆朗公司是一家很小的服务性公司，它的业务只不过是为住宅的草坪施肥、喷药而已，但它的经营思想、管理方针却十分独特，吸引了大批学者去研究它。很多人对它的经营思想和管理方法推崇备至，称它是唯一真正以"爱的精神"经营企业的公司。所谓"爱的精神"，即对顾客服务要尽心尽力，对自己的员工要倍加关照。在一般的企业里，管理者往往只注意其中的某一方面，而忽略了另一方面。但在凯姆朗公司，这两方面都得到了完美的贯彻实施。正是这种"不合常规"，强调"爱的精神"的经营思想和方式，使公司的发展取得了意想不到的效果。凯姆朗公司开业时只有5名职工、两辆汽车，20年后，竟拥有5 000名职工，营业额高达3亿美元。

凯姆朗公司的发展归功于公司的创始人杜克，正是他创造了"不合常规"，以"爱的精神"经营企业的方法，并把它一直坚持下来，使公司取得了突破性进展。

杜克的老父亲传给公司的信条是："我们的人第一，顾客第二，只要坚持这样做，一切都会顺利。"杜克对这一信条非常赞同，在他的工作中始终支持它。他不仅要求员工对用户要尽心尽力地提供服务，而且他还时常和员工们在一起，和他们谈心，解决他们的困难，有时也让员工们参与管理和决策。他尽力营造一个环境，使员工对杜克非常尊敬，他们把公司作为自己的"家"，全心全意地为公司、为顾客服务。在凯姆朗公司，喷药、施肥的员工被称为"草坪养护专家"，受到企业管理层的尊重。

杜克对员工的关心也是出于内心的感情，而不是装腔作势或沽名钓誉。一次，杜克提出购买莱尼湖畔的废船坞，把它改建为公司员工的免费度假村。公司的高级财务管理人员费了九牛二虎之力，才说服杜克放弃了这项超过公司支付能力的计划。但是，杜克关心自己员工的热情并没有停止，不久，他又想在佛罗里达的沙滩上修建公司的员工度假村，但这项计划的费用也大大超过了公司的支付能力，高级财务管理人员不得不再次劝阻他。杜克并不是不知道公司的财力，他明白，这些超过承受能力的计划的结果将会是什么，但为了让他那些辛勤劳动的员工们过上好的生活，他可以抛开这一切。

后来，杜克买下了一条豪华游轮，让员工度假；又包租了一架大型客机，让员工去华盛顿旅游。这一切耗费了公司的大量资金，但杜克却对此毫不在乎，他的心中只有他的员工，他的目标就是与他们有福同享。事后，一位负责财务的副总裁说："杜克要我签字时，根本不知道我是否付得起这笔钱！可是当我想到那些从未坐过飞机的员工上飞机时的喜悦心情时，我再也无话可说了。"

凯姆朗公司提升中层管理人员，同样是"不合常规"的，他根本不理睬管理教科书上的条条框框。只要工作努力，任何人都可以得到提升。杜克对人才特别重视及珍爱，他绝不会错过任何一个提拔有才能者的机会。他常常从董事长办公室"失踪"，跑到草坪上和员工们谈话，了解他们的想法和需要，向他们征求意见，然后跑回办公室，把员工的反映变成逐条下达的指示，布置下去。

管理意味着爱。关爱员工，员工才会关心你。"你敬我一尺，我敬你一丈"；反之亦然。"爱的精神"就是关心下属，关心顾客，让你的热心与爱心去感化你的员工，员工就会对你刮目相看，把你推上成功之路。杜克深深体会到这种"爱"的力量，所得到的回报是巨大的成功。

情感管理是项卓有成效的领导法则

现在管理界有一个很流行的词——"情感管理"。它是通过情感的双向交流和沟通，关注人的内心世界，通过关爱别人，从而实现有效的管理。

历史上刘备就将"感情管理"哲学运用得活灵活现。从长坂坡摔阿斗收买人心，到哭关羽、张飞，这一系列行为都被文臣武将看在眼里，从而在他们心底便产生了追随刘备是值得的心理，因此也就舍身赴死、鞠躬尽瘁，为天时不如曹操、地利不如孙权的刘备开创了人和的局面。

卓有成效的管理者知道，在你向别人伸手需要支持之前，得先感动他们的心，这就是"情感管理"法则。所有伟大的演说家都深谙这个道理，而且几乎是本能地表现出来的。除非你先感动人心，否则无法叫人付诸行动。人心不归，关系不密，大事难成。

麦克阿瑟将军在一次英勇的突击之前，对一个营长说："少校，一旦发出向山上进攻的信号时，我要你做前锋，这样，所有的士兵就会跟上去。"随后，麦克阿瑟将军从自己胸口取下那枚显赫的十字勋章，亲手别在少校的制服上。这位少校感受到了麦克阿瑟将军的殷殷期盼，全身热血沸腾，热泪盈眶，发誓一定要一马当先，视死如归，不辱使命。随后，少校拼命带着士兵攻到山顶，完成了任务。

日本成功的企业家都善于"感情投资"。松下幸之助曾说："要成为一位有名的企业家，必需去看别人看不到的东西，去听别人听不到的声音。"

有一天深夜，松下幸之助打电话到公司一位中层干部的家中，那位中层干部以为老板要传达什么重要的工作指示，十分紧张。没想到松下幸之助竟说："我突然很想听听你的声音。"在讲究辈分伦理的日本企业，下属突然听见老板亲切关怀的声音，其受宠若惊的程度可想而知。

世界知名的东芝公司，在成立将近百年的时候曾一度陷入困境。此时，士光敏夫出任董事长。士光敏夫上任后，经常不带秘书，一个人前往各工厂听取工人的意见，跟工人聊天。身为大公司的董事长，步行到工厂已是非同寻常，更不同寻常的是他常常提着酒瓶去慰劳员工，与他们共饮。对此，员工们开始都很吃惊，不知所措。士光敏夫不摆架子、慈祥关怀的姿态，赢得了公司上下的好感。员工们说，士光敏夫董事长和蔼可亲、有人情味、善待我们，我们更应该努力，竭力工作。因此，他上任后不久，收支情况大为改观，两年内便把一个亏损严重、日暮途穷的公司重新支撑起来，使"东芝"成为日本最优秀的公司之一。

士光敏夫在他70高龄的时候，还走遍东芝在全日本的各分公司和下属企业，有时甚至乘夜间火车亲自到工厂视察，即使是星期天，他也要去工厂转一转，与保卫员和值班人员亲切交谈。因此他与下属建立了深厚的感情。

他说："我非常喜欢和我的下属交往，无论哪种人我都喜欢与他交流，因为从中我可以听到许多创造性的语言，使我获得极大的收益。"

有一次，士光敏夫在前往工厂途中，正巧遇上倾盆大雨，他赶到工厂，下了车，不用雨伞，对站在雨中的下属们讲话，激励大家，并且反复地强调"人是最宝贵的"，下属们很是感动，他们把士光敏夫围住，认真倾听他的每一句话。

讲完话后，士光敏夫的衣服早已湿透了，当他要乘车离去时，激动的员工们一下子把他的车围住了，他们高声喊道："社长，当心感冒！保重好身体，更好地工作。你放心吧！我们一定会拼命地工作！"

面对这一切，士光敏夫情不自禁地泪流满面，他被这些为了公司的兴旺

发达而拼搏的下属们的真诚所打动。他更想到了自己的职责，更热爱自己的下属。他的下属从此也更加爱戴士光敏夫，以努力工作回报士光敏夫对他们的关爱。

可能很多企业管理者看到这个故事都会被士光敏夫感动，但你有没有思考过：

在我的企业出现过这种现象吗？

我能够像士光敏夫一样重视和关心自己的员工吗？

我能够像士光敏夫一样把自己和员工摆在同等的位置上，与他们真正打成一片吗？

白居易说过：动人心者莫先于情。情动之后心动，心动之后理顺。

在国外，管理学家通常把以感情投资为主要内容的管理模式称为"软管理"，并且掀起了一股"软管理"的热潮。相对于过去那种劳资对立、尊卑分明、崇尚权力以及动辄就惩罚员工的"管、卡、压"的管理方式，这种以情感人、以情御心的"软管理"无疑是管理界无法阻挡的趋势。

一个优秀的领导，要创建顶尖的团队，首要的任务就是要赢得人心。管理者学会让员工感动，员工才会让你感动。

开设感情账户"笼络"下属

有一位出版商，他平时很注重人际关系的建立，不论是大人物还是小人物，他都不吝花费地和他们建立良好的关系。有一位与他素未谋面的作家因为急需一笔钱，去向他借钱，他二话不说就掏出两万元。他广泛建立人际关系的结果是，到处都有人帮助他，他也因而得到了很多好书稿，自然就财源滚滚。

这个出版商就是用在银行存钱的方式来充实自己的人情账户的。充实自己的人情账户，"先存再提"说来有些"现实"，有"利用""收买"的味道，但若从另一个角度来看，和别人建立良好的人际关系本来就有这样的好处。而这些人际关系，必成为一个人一生中最珍贵的资产，在必要的时候，会产生莫大的效用。

每一个领导都要学会开设一个感情账户。但在此基础上，最重要的就是自己要乐于帮助下属、关心下属，不断增加和充实自己感情账户上的储蓄。如果说与下属之间建立相互信任的人际关系有什么诀窍的话，那么这就是最有效的诀窍。与此相反，那种不肯增加储蓄而只想获取员工价值的领导，也不会让员工感到有什么感恩和留恋。一有合适的机会，就毫不犹豫地离去。

对下属施恩，不仅指物质利益，还有精神利益。作为员工，不一定非要得到领导给予的帮助和好处。而且人际交往的互利互惠也不同于做买卖那样讲究必需等价交换、立刻兑现。但作为领导最好能让对方了解到，自己没有冷落下面的每一个员工。

有一位小公司的老板靠承包那些大电器公司的工程谋生，起初他的日子也过得很是困难。但后来在一位高人的指点下，这位穷老板很快掌握了制胜的秘诀。与一般企业家的不同之处是：他不仅奉承公司要人，对年轻的职员也殷勤款待。

谁都知道，这位穷老板并非无的放矢。

事前，他总是想方设法将电器公司中各员工的学历、人际关系、工作能力和业绩，作一次全面的调查和了解，认为这个人大有可为，以后会成为公司的要员时，不管他有多年轻，都会尽心款待。这位穷老板这样做是为了日后获得更多的利益作准备。

这位穷老板明白，十个欠他人情债的人当中总会有几个能给他带来意想不到的收益。他现在做的"亏本"生意，日后会利滚利地收回。

所以，当自己所看中的某位年轻职员晋升为主管时隔不久，他会立即跑上去庆祝，并送上礼物。同时还邀请他到高级餐馆用餐。年轻的主管很少去过这类场所，因此对他的这种盛情款待自然备加感动，心想：我从前从未给过这位老板什么好处，并且现在还没有掌握重大交易的决策权，这位老板真是位大好人！无形之中，这位年轻科长自然产生了知恩图报的意识。

正在受宠若惊之际，这位老板却说："我们公司能有今天，完全是靠贵公司的抬举，因此，我向你这位优秀的职员表示谢意，也是应该的。"这样说的用意是不想让这位职员有太大的心理负担。

这样，当有朝一日这些职员晋升至总监、经理等要职时，他们还会记着这位老板的恩惠。因此，在生意竞争十分激烈的时期，许多承包商倒闭的倒闭，破产的破产，而这位老板的公司开得越来越火，究其原因就是由于他平常在关系方面投资多的结果。

综观这位穷老板的"放长线"的手段，确有他"老姜"的"辣味"。从中也可看出，领导在施恩时要有长远眼光，尽量少做临时抱佛脚的买卖，而要注重有目标地进行长期感情投资。同时，放长线，钓大鱼，必需慧眼识英雄，才不至于将心血枉费在那些庸才身上，以免日后收不回成本。

第7章 有一种管理叫放手

——领导者的授权艺术

授权，是成功领导的一条途径。它能使每个员工都感到自己受重视、被信任，进而使他们的责任心和参与感迸发出来。整个队伍同心合作，人人都能发挥专长，组织才有新鲜的活力，事业方能蒸蒸日上。

授权好处多多，不授权弊病丛生

管理者自然拥有权力，然而要做好管理，就不能把大权都统在自己一个人手中，而应将权力分一些给部下，以权统人。美国管理家史蒂文·希朗说："一个成功的领导应该懂得，一个人权力的应用在于让他们拥有权力。"一个人的能力和精力总是有限的，如果管理者事事必躬，权无大小全都由自己一人掌握，要把所有的事都照顾过来，都办好，那是不可能的。

现代经济条件更要求企业管理者放权任人。劳勃·盖尔文于1964年继承父业，担任蒙多罗娜公司的董事长。他掌管公司以后，将权力与责任分散，以维持员工的进取心。蒙多罗娜公司从而竞争力大增，业务突飞猛进，1967年增加收入到15亿美元，1977年又增加到20亿美元。盖尔文说："公司愈大，员工愈渴望分享到公司的权力，在比较大一点的公司，每一个人显然都希望能感觉到自己就是领导。因此，我们现在要做的，正是要把整个公司分成很多独立作战的团队，因为只有这样，能够使大部分人都分享到盖尔文家族拥有的权力和责任。"他还说："通常，我们计划的原则仍然是尽量创造机会，让比较多的人参与管理工作，分享权力与责任。"事实已经证明，盖尔文放权策略是成功的。

我国古代的许多管理者就懂得放权任人。唐玄宗李隆基即位初期，任用姚崇为相来治国，其中就很讲究用人之道。

有一次，姚崇就一些低级官员的任免问题向唐玄宗请示，连问了3次，唐玄宗都不予理睬。姚崇以为自己办错了事情，慌忙退了出去。正巧高力士在旁边，劝李隆基道："陛下继位不久，天下事情都由陛下决定。大臣奏事，妥与不妥都应表明态度，怎么连理都不理呢？"唐玄宗说："我任崇为政，大事吾当与决，重用郎使，崇顾不能而重烦我邪？"表面上看，玄宗是在批评姚崇拿小事麻烦他，实际上是放权给姚崇让他敢于做事。后来姚崇听了高力士的传达，就放手办事了。

史载姚崇"由是进贤退不肖而天下治"。正是因为唐玄宗敢于放权用人，使各级官吏都能充分发挥自己的才能，历史上出现了著名的"开元盛世"。

放权任人，不仅能够减轻管理者自己的工作压力，更重要的是，能够增强员工的责任感和积极性，极大地有利于企业的发展。

首先，授权是实现总体领导目标的需要。任何领导目标都是若干较低层次目标的总称。所以要搞好领导，实现目标，最好的方法是把较大的领导目标，分成若干较小的目标，再由专人负责不同的目标，这样可以减少精力分散，可以让多级领导齐心合力为实现总体目标而努力。

其次，授权可以发挥下属在领导工作中的积极性、主动性和创造性，可以使管理者的智慧和能力得以延伸和放大。让组织中的局面由领导一个人忙得不可开交，而部下不知该做什么，一个个无所事事，变成整个组织的员工都忙起来，而且忙得有意义。

再次，授权有助于使下属在实际工作中得到锻炼，提高其工作能力，有助于其全面发展。如果所有的下属都得到了这样的锻炼和提高，那整个组织中员工的整体素质水平就可以相应地水涨船高。

最后，授权可以使领导人从一般的事务性的工作中得以解脱出来，集中精力抓一些大事。领导的职责应当是考虑组织的发展大计，制定整体性的、宏观的目标和计划，而不应当纠缠在一些小事上。

管理者要想让自己的管理才能得到发挥，要想维护权力系统的有机运转，就必需在抓住主要权力的同时，合理地向下属授权，这对搞好工作，提高管理工作的效率，有着极为重要的意义。

用好手中权，才能一呼百应应者云集

在企业的日常工作中，人们往往会发现，有的领导人说话没人听，号召无力量，指挥不灵；有的领导人则一呼百应，指挥很灵。关键在于权威。所谓权威，简单说来就是权力和威信的总和。权力一般来于领导人的职位，有什么职位就有相应的什么权力。威信则来自管理者自身因素，它是一种客观存在的群体心理现象，是一种使人甘愿接受对方影响的心理因素，就某种意义上来说，影响力就是威信。

管理者要正确用权，首先要弄清自己究竟有哪些权力。企业法赋予管理者以下权力：

一是经营决策权；

二是职工奖惩权；

三是提请任免副职领导干部和任免中层干部权；

四是行政机构设置权；

五是工资、奖金调整分配权。

管理者在明白了自己的权力后，还要明白正确用权的基本要求。管理者要做到正确用权，必需做到以下几个方面。

1. 要做到用权的合理性

用权要考虑三大要素：地位要相称、时间要适宜、资源要雄厚。

首先是地位要素。中国有句古话叫不在其位不谋其政，就是说地位要与其担负的责任、拥有的权力相符。不可位高权小，也不可位卑权重。企业管理者在组织机构和工作沟通网络中的地位不仅表明他的正式职权，而且也说明了哪些问题应该由他来处理。企业管理者的职位在整个组织结构中，要求处在闭路节点上，而不能出现断头。要做到权力运用无阻，信息沟通顺畅，即一方面能及时得到上级的指令，另一方面又能及时地向下传达指令。信息的沟通传递不仅要保持纵向畅通，而且要保持横向畅通。

其次是时间要素，也就是要把握住用权的时机，在问题一出现时就对症下药。用权过早，大家不认识，难以接受。用权过晚，耽误事情，造成损失，所以必需相机而为。

最后是资源要素。管理者手中掌握着企业的人、财、物、信息等，并有处理这些资源很大的权力，对于这些资源一定要珍惜，做到合理运用，才能取得最佳效果，也才能维护权力的威力。

2. 要尽可能地得到职工的积极配合

权力的实际效用大小与职工有很大关系，职工对权力的接受状况又很大程度上决定着管理者权力的运用。

管理者要使其权力被接受要满足两个条件：一是决定于与行使权力密切相关的管理幅度、管理层次，以及各层次的职责、利益设计得是否合理；

二是争取职工的配合。职工的配合行为一方面是由职工本身的素质决定的，另一方面是由管理者的用权诱因决定，管理者用权的出发点和落脚点都要建立一个"期望的行为模式"，要明确让职工知道一种价值取向即企业提倡什么，反对什么，孰对孰错。

3．要明确管理目标

管理目标可分为具体目标和总的目标。明确管理目标，就是知道要干什么，干到什么程度，尔后才可能去想怎么干。这好比写文章，只有明确要表达什么，才能考虑用什么方式表达。有的领导面临一大堆问题，却不知从哪里下手，有的领导整天忙忙碌碌，却不见多大效果，究其原因，都是因为对企业的大目标模糊，不知道与大目标实现有关的主要因素，因此也就搞不清解决哪些问题是实现大目标的具体目标。杭州万向节厂鲁冠球把狠抓质量，以质量求生存，要以过硬的质量打入国际市场为国家创外汇作为该厂一个时期的总体目标。根据这个目标要求，他从客户中收回近3万套不合格的万向节，召开"废品现场会"，用几百万元损失买回了职工"质量立厂"的思想。同时厂里平均每年更新40万元的设备，抓了一系列质量管理工作。不到5年，该厂产品合格率便提高到98.8％，产品最终出口国外。

4．要灵活用权

从某种意义上说，权力有很大的弹性，由于主客观等原因，管理者行使权力的有效范围与组织规定的权限往往有很大差别，这种差距反映了管理者运用权力的综合能力与职位的相适应程度。

5．要注意情绪感染

一个满面愁容、焦躁不安的领导，给下属的印象必定是无明确目标，缺乏信心；相反，一个精力充沛、乐观幽默的领导则给人以坚定、自信，值得信赖的感觉。领导的情绪好坏，往往对整个目标的实现过程起着极其重要的作用。

使用权力时，不能认为自己是管理者，别人就一定要服从，而要注意用权的艺术和技巧。

6. 要"脑""腿"结合

今天的领导，尤其是规模较大企业的领导，要用智不用力，搜集信息，及早发现问题，做到运筹帷幄，决胜于千里之外。但是，为了获取广而真的信息，沟通与职工的感情，及时了解和掌握企业的情况和问题，同时要经常深入实地调查研究掌握第一手资料，尽可能多的到车间、科室，甚至职工家中走走。如土光敏夫就提倡用走动管理方式，他接管正在走下坡的东芝电器之后，每天巡视工厂，最终遍访全国各地的30多个东芝工厂和企业，与工人同吃同聊，每天早晨上班时在门口向工人问好。在此实干气氛感染下，东芝很快走向了振兴。

不能授权不足，也不能授权过度

对于决定哪些工作可以授权而言，没有普遍的标准，因为情况千变万化。然而，下面的这些指导方针和例子将帮助你在分析自己的具体情况时作出决定。

1. 对那些经常性的必需做的事情进行授权

这些工作你已经做了很多遍，并且是公司例行规定的必要任务，你对它们了如指掌，知道这些工作关键所在、所具有的特性以及具体操作的细节。这些工作是最容易授权的工作。因为你很熟悉，所以你能很容易地解释清楚，然后把这些工作委托给员工去做。

你有没有被要求定期参加一些连你的副手们都能轻易对付的"碰头会"？

一个地方银行的董事长被要求参加每月一次的有社区所有金融机构参加的午宴。午宴主要起到一个社交作用，其中几乎没有什么事情是他的助理不能解决的。董事长意识到这是个只需要"去做"而不需要"策划"的任务，

于是打电话让他的助理代劳，并向他解释这个聚会的作用。这位年轻的助理正渴望有这样一个机会能与他的同仁们会面。这就是授权的一个完美的机会。

2. 对专业性强的事情进行授权

你会给家人做手术吗？不大可能，除非你碰巧是个医生。你会在法庭上做自己的辩护人吗？不大可能，除非你碰巧是个律师，你会寻找这一领域最专业的人来做。在公司里也是同样的道理，你必需发挥员工的专长。

要小心"超人综合征"，有些时候你需要将一些日常工作交给律师、会计、税务经理等专业人士或其他临时性的"超负荷"员工。要让你的需要与员工技能相适应，通过利用他们的才能，你可以将精力花在更有效的方面。

3. 对"职业爱好"进行授权

某位销售经理已经连续几年参加了在芝加哥举行的一个商业展销会。她已经把这个任务视为和旧友见面的机会，而实际上她已经不需要再亲临那个展销会了，因为她手下的任何一个销售代表也能取得同样的工作成效——这些工作早就应该让他们去做。但她没有给交出去是因为她觉得这些工作对自己来说太富有趣味性了。其实这些想法是错误的，因为存在其他人比她更胜任这份工作。把自己最感兴趣的工作分配给其他人可能看起来是荒谬之举，然而这有可能是性价比最高的举措，正是这些工作让你流连忘返却不足以体现出你所付出的时间和精力的价值。

4. 对发展机会进行授权

作为管理者，你首要的职责是给予你团队成员良好的发展机会，达到这一目标的好方法是将恰当的任务分配给恰当的人。你清楚你的工作，也了解某些任务能使团队成员获得进步，那么，你就应该给予团队成员发展的机会。

某位市场部经理被要求每个月就本部门当前的项目作15分钟的汇报。他这样做了一年，这使得他有机会和董事们见面，因此他乐意这么做。他同时也意识到他所在的部门中有人会从这样的汇报中受益。当他与副手们谈到可能授权其他员工去做这个汇报时，他发现有几个人十分希望在董事们面前汇报工作。

接下来的3个月，作为一项试验，他让自己的副手去作每月的汇报。结果让这位经理很满意。董事长表扬这位经理，说他的副手们表现很好，并对他主动授权让别人来汇报表示欣赏。员工们也珍惜这个机会，并且在汇报技巧方面表现出惊人的进步。

这位经理以一个授权给员工以发展的机会，并将它付诸实施，这让大家都受益。

虽然多数管理者都错在授权不足，但还是有个别的管理者错在授权过度，有些工作是完全不能授权的。

1. 不要授权人事或机密的事务

人事方面的决定（评估、晋升或者开除）通常是很敏感的，而且往往难以作决定。一旦有些人事工作需要保守秘密，那么这项工作和职责就应该自己亲自行使。

分析所在部门工作的分类和薪级范围看上去很花时间，这似乎是首先可授权的工作。但由于牵涉到很多的利益，所以应该是管理者自己做的工作，不适合授权。

2. 不要授权关于制定政策的事务

你可以在涉及政策制定的一定范围内授权，但绝不要授权他人关于实质性的政策制定工作。因为，政策会限制相关决策的作出。

在规定的、有限的范围内，你可以授权他人承担一些制定政策的任务。信贷经理制定总信贷政策，销售人员往往也有权在一定的金额范围内为一些特定的客户提供信贷额度。

3. 不要授权危机问题

危机会不可避免地发生，假如发生危机，管理者应亲自坐阵，制定应

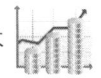

对方案，很多事都应该亲历亲为，这不是你该授权的时刻。当处于危机的时候，要保证自己在现场起到领头的作用。这样，有利于稳定人心，避免事态进一步恶化，为解决问题赢得宝贵的时间。

4. 不要授权直接由你负责的员工的培养问题

作为一名管理者，你的职责是去创造条件，使员工在与你共事时能有所进步。你的员工应该在他们的成长和发展过程中得到你的帮助。他们依赖你的经验、你的判断、你对组织需求的了解来辨别对他们成长有帮助的工作。这不是你该授权的工作，虽然你可以从他人那里得到一些帮助，但这是你的职责。

5. 不要授权你的老板分配给你亲自做的事情

你的老板要你亲自做一件事情通常会有他特殊的理由。如果你坚定地认为将这样的工作授权给你的一个员工去做更为合适的话，先和你的老板商量一下，弄清楚他是要你做还是要你安排给别人做。错误的理解可能会使你和老板之间产生误会。因此，这种事要与老板沟通，应谨慎，千万不要自行其是。

记住，这些关于什么该授权、什么不该授权的建议只是基本原则，应在实际工作中灵活掌握，须具体情况具体解决。根据这些基本原则，有些任务你应当授权，但遇到特殊的情况可能需要你自己去完成。例如，可能有一项常规性任务非常适合授权，但是你如果要授权，就有可能无法按时完成任务，这时只有你亲自做了。

不要太小心翼翼。如果利弊似乎相当，那就大胆地授权，并监控其发展进程。如果你有些担心，你就自己多参与一点，但是不要停止授权。随着经验增多，你会掌握更多的技巧，所以在小心地避开授权禁区的前提下，应多寻找授权的机会。

把权授给谁？认清对象再授权

什么样的员工和下属是管理者可以放心授权的呢？

1. 忠实执行上司命令的人

领导下达的命令，无论如何也得全力以赴、忠实执行。这是下属必需严守的第一大原则。如果下属的意见与其上级意见有出入，当然可以陈述他的意见。陈述之后，上司仍然不接受，就要服从上司的意见。有些下属在自己的意见不被采纳时，就抱着自暴自弃的态度去做事，这样的人没有资格成为上司的辅佐人。

2. 知道自己权限的人

下属必需认清什么事在自己的权限之内，什么事自己无权决定，绝不能混淆这种界限。如果发生某种问题，而且又是自己权限之外的事，就不能拖拖拉拉，而应该即刻向上司请示。如果越过顶头上司与上级领导直接交涉、协调，等于把上司架空，也破坏了命令系统，应该列为禁忌。非要越级与上级联络、协调的时候，原则上，也要先跟顶头上司打个招呼，获得认可。

3. 勇于承担责任的人

有些下属在自己负责的工作发生错误或偏差的时候，总是举出一大堆理由，这种将责任推卸得一干二净的人，实在不能信任。主管者负责的工作，可以说是由上司赋予全责，不管原因何在，主管者必需为错误负起全责。他顶多只能对上司说一声："是我领导不力，督促不够。"如果上司问起错误的原因，必需据实说明，千万不能有任何辩解的意味。一个主管者必需有"功归部属、失败由我负全责"的胸怀和度量。

4. 不是事事请示的人

遇到稍有例外的事，部属稍有过失或者旁人看来极琐碎的事，也都一一

搬到上司面前去请示，这样的下属，令人不禁要问：他这个管理者是怎么当的？

下属对管理者不该有依赖心理。事事请求不但增加了管理者的负担，而且下属本身也很难"成长"。应该让下属拥有执行工作所需要的权限。他必需在不逾越权限的情况下，凭自己的判断把份内的事处理得干净利落，这才是领导期待的好下属。

总部设在密歇根州的多米诺必胜客连锁店，十分看重那些胸怀公司宗旨、敢于独立行事的员工。公司配送中心的一名清洁工，在下班之后忽然接到一个电话，原来是几百英里外的一家分店打来的紧急电话，他们那里用于制作比萨饼的配料胡椒粉快用完了，请求中心送货。虽然已经下班了，但这名清洁工搁下电话，扛起一箱胡椒粉，抓过钥匙，直奔送货车。他及时把货送到那里，保证了那家分店供给顾客的是"货真价实"的比萨饼。公司需要的正是这样的员工。

5. 提供情报给上司的人

下属在与外界人士接触的过程中，经常会得到各种各样的情报，这些情报，有些是对公司有益或是值得参考的，下属必需把这些情报谨记在心，事后把它们提供给管理者。

向管理者做某种说明或报告的时候，有些下属习惯于把它说得有利。如此一来，极易让管理者出现判断偏差。下属在说明与报告时必需遵守如下原则：不可偏于一方，从大局出发，扼要陈述。

群策群力方案是通用电气公司为激发员工活力所采取的一整套方案中的一个重要一环，它使员工的建议得到重视，得以实施。在公司设在肯塔基州路易斯维尔的设备分厂里时，工作环境一度很差，又潮湿又闷热。为了使上级了解到这里的情况，有一名员工想出一个好主意，他请上司杰夫·斯沃鲍德在35℃~36℃高温下的停车场听取工作汇报。曝晒在烈日下的斯沃鲍德马上就明白了员工们的用意。他迅速同意在厂房里进行通风改造，并安装了更多的风扇。

6. 上司不在时能负起留守之责的人

有些下属在上司不在的时候，总是精神松懈，忘了自己应尽的责任。例如，下班铃一响就赶着回家，办公时间内借故外出，长时间不回。按理儿，上司不在，主管就该负起留守的责任。上司回来后，就向他报告他不在时发生的事以及处理的经过。如果有代上司行使职权的事，就应该将它记录下来，事后做出详尽的报告。

7. 能够随时回答上司提问的人

当上司问及工作的方式、进行状况或是今后的预测，或有关的数字时，必需能够当场回答。

好多主管被问到这些问题的时候，还得向部下探问才能回答，这样的主管，不但无法管理部属与工作，也难以成为管理者的辅佐人。主管必需随时掌握职责范围内的全盘工作，在领导提到有关问题的时候，都能立刻回答才行。

某家软件开发商，坐落在加州洛斯加托斯市。每年，公司的员工都要与顶头上司的上司进行一次越级对话。员工常常被问及诸如他们过得怎么样，工作的进展情况等问题。按照董事长拉西·爱德华兹的说法："这样做就给了全体职员一个正当的机会来讨论问题，也使他们借此机会了解一下在公司内部做其他工作的可能性。"

8. 致力于消除上司误解的人

管理者并非圣贤，也会犯错误或是发生误解。管理者的误解往往波及部下晋升、加薪等问题。碰到这种情况的时候，下属千万不能一句"没办法"就放弃了事，而是必需竭力消除上司的这种误解。

9. 向上司提出问题的人

高层管理者由于事务繁忙，平时很难直接掌握各种细节问题，能够确实掌握问题的人，非中下级主管莫属。因此，主管必需向上司提出所辖部门的目前的问题，以及将来必然面临的问题，同时一并提出对策，供上司参考。

不越底线，授权要坚持六大原则

授权要符合管理活动的规律，要有利于实行有效的统帅与指挥。

1. 合理授权原则

我国春秋初期杰出的政治家管仲在《七法》中讲过："重在下，则令不行"。说的就是下级的权力过大，超越了合理的范围，国家的政策法令就不能顺利地贯彻执行。

战国末期杰出思想家韩非在《孤愤》中也论述过："万乘之患，大臣太重；千乘之患，左右太信。"这话的意思是说，无论大国小国，祸患都在于君主过分宠信左右臣子，让他们拥权过重。

历史上有许多例子说明不合理的向下授权，会造成严重的后果。法国国王路易十四，晚年宠信"外表文静、内心暴戾"的神父勒泰利埃，竟使他滥用权力，大肆迫害反对他的教徒，监狱里关满了无辜的平民。我国明朝皇帝熹宗朱由检，昏庸无道，对宠臣魏忠贤授予不合理的权限，不管魏忠贤启奏何事，他都是一句话："你看着办吧，怎么办都行？"结果，促使魏忠贤胆大妄为，敢遍设特务组织锦衣卫，肆无忌惮地杀戮重臣名将。

以上这些都是授权不合理的典型，是值得借鉴的。在现代企业里，也有这种授权不合理的表现。用人偏听偏信，放权不当，管理者授权超出了合理的范围，其结果是促成大权旁落，出现难以收拾的局面，使企业管理者的活动受到干扰，领导工作计划遭到破坏，影响企业的经营成果，任务、目标不能达成。

事实证明，管理者放权不是放任，放任就要坏事，该放多少权，就放多少权，要放得适当。管理者在授权过程中，切忌大撒手，那样会把事情搞糟的。

2. 以信为重原则

信任是授权、用权的关键。管理者授权有没有效，在很大程度上取决于此。放碗不放筷，想放又不敢放，放后又干涉，放了又收，收了又放，犹犹豫豫、反反复复，这些都是不信任的表现。领导不信任的授权，等于没授权。坚持信任原则，领导就要彻底放权，真正做到"将在外，君命有所不授"，放手让下属去干。

日本著名企业家土光敏夫曾经讲过这样的话："目标与方针一旦确定下来，至于完成任务的方法，就应放手让他去做，去决定。"

香港光大实业公司，总经理下设许多"项目经理"，他们在职权范围内自主处理问题。有一次，中国远洋公司为加收一笔3万美元的运输费，打电话找到北京光大公司的一位"项目经理"，这位年轻经理当即拍板同意。远洋公司的人听了大吃一惊，一再问是不是要请示一下总经理，得到的回答是："在我职权范围内的生意，我说了算。"结果，这件事很快办成了。

3. 量力授权原则

领导向下属授权，应当视自己的权力范围和下属的承受力而定，既不可超越自己的权力范围，又不能不顾及被授权者的承受能力。领导授予的权力，一不要超负荷，不能使下属承担不了，硬给他们一些不适度的权力；二不要授权不足，不充分授权，这样，会影响被授权者能力的发挥。量力授权原则，适合于各级管理者的授权，也是授权的一项基本原则。

从实际上来看，量力授权是授权过程中最难做的事。到底授多少，这是一种艺术，也是一门科学。做到了量力授权，便是做到了授权中的"理"。

4. 带责授权原则

领导授权并非卸责。权力下授，并未减轻管理者的责任。管理者授权给下属，还要把责任留给自己，这也是授权的一项基本原则。

领导在向下授权的同时，也必需明确被授权者的责任，将权力与责任一并赋予对方。这种授权方式不仅可以有力地保证被授权者积极去完成所承担

的任务，而且可以堵住上下推卸责任的漏洞，使被授权者不至于争功诿过，而会忠于职守，努力工作，发挥自己的主动性和创造性。而且，这种带责授权的方法，体现了责权一致的精神。

带责授权中的责任，包括两个方面：一个是被授权者在行使权力的过程中应遵守什么，这是一种责任；另一个是对活动的结果又应负有什么责任。对于这两个方面，领导在授权时都要做出明确的规定，要讲得清清楚楚。这既是责任范围，也是权力范围。只有规定清楚，才能便于执行。

5. 授中有控原则

领导授权，不是把权力放下去以后就撒手不管了，授权之后必有的一步便是控制。授权要有某种可控程度，不具可控性的授权，就不是授权，而是领导弃权。

所谓可控授权原则就是授权者应该而且能够有效地对被授权者实施指导、检查和监督。领导不能把所有的权力都下放，应该掌握一部分权力，例如重要部门的人事任免权以及需要直接处理的下属之间的发生问题的协调权、事关前途命运的一些大事、要事的决定权等等，这些权力自然要管理者亲自掌握，管理者要真正做到权力能放、能控、也能收。

授权之后，管理者的具体事务减少了，但管理者指导、监督、检查的职能却相对增加了。管理者的这种指导、监督和检查并不是干预，而是一种把握方向的行为。

松下幸之助讲，真正的"将在外，君不御"也是一种控制，因为"君不御"是有条件的，即"坚持经营方针，有使命感"。"坚持经营方针"实际上等于管理者牢牢地掌握总目标，被授权者在行动上并没有出现偏差、矛盾和问题。"有使命感"说明被授权者能够自觉地以高负责的精神把工作做好。

6. 宽容失败原则

真正的授权是以管理者宽容下属的失败为前提的。国内外成功的管理者，总是这样教导下属："别怕什么失败，充分行使你的职权吧，全部责任由我来负！"在他们看来，办什么事情，失败的可能性都是经常存在的。怕失败，就不能坚持，这就注定要失败，所以必需宽容失败。

在这里管理者还应分清宽容和迁就这两个不同的概念，领导要求有宽容的态度，绝不是无理的迁就。宽容是领导的气度，是不计较的意思；而迁就则属于不讲原则、降低标准，这两者是不能混为一谈的。

当然，以上是领导授权过程中要遵循的基本原则，这并不是要求管理者必需按以上原则办事，具体情况具体分析，管理者要灵活地把握情况，确定该如何授权，这是一门可以让管理者受益一生的艺术。

讲究方法，方法对了授权就对了

授权要讲究一定的方法，不能随随便便、没有方向和计划盲目地授权。有方法、有策略地授权，才能产生应有的效果。

1. 目标授权法

这是管理者根据下属所要达到的目标而授予下属权力的一种方法。领导授权的目的，是通过授权激励下级去实现组织的目标。任何组织都有自己的发展目标，这些目标的实现绝不是管理者个人所能完成的。管理者只有将组织的总目标进行必要的分解，由组织内部的各个管理层次及部门的所属成员，各分担一部分，并相应地赋予他们一定的责任和权力，才能使下属齐心协力，共同奋斗，努力实现组织的总目标。管理者如果按照组织目标进行授权，那就可以避免授权的盲目性和授权失当的现象发生。

2. 充分授权法

管理者在充分授权时，应允许下级决定行动的方案，并将完成任务所必需的人、财、物等权力完全交给下属，并且准许他们自己创造条件，克服困

难，完成任务。充分授权能极大地发挥下属的积极性、主动性和创造性，并能减轻主管不必要的工作负担。因此，凡能充分授权的管理者应尽量采用这种方法。

这种授权法，既适用于工作重要性比较低，而且工作完成与否不会导致全盘工作失败的单位，也适用于系统管理水平较高，各子系统协调配合等诸种情况较好的单位。

代尔科·雷米工厂是通用汽车公司设在佐治亚州菲茨杰拉德的分厂。这家分厂运作得十分成功，这里的员工享有充分的自主权来完成工作任务，这些自主权具体包括：负责安全生产和质量管理，保养机器、并对小故障进行维修，对自己的工作时间进行记录，负责车间内的一切清理工作，参加有偿培训课程等。

3. 不充分授权法

凡是在具体工作不符合充分授权的条件下，管理者应采用不充分授权的方法。在实行不充分授权时，管理者应当要求下属就重要性程度较高的工作，在进行深入细致的调查研究的基础上，提出解决问题的全部可能的方案，或提出一整套完整的行动计划，经过上级领导的选择审核后，批准执行这种方案，并将执行中的部分权力授予下属。

采用不充分授权时，上级领导和下属双方应当在方案执行之前，就有关事项达成明确的规定，以此统一认识，保证授权的有效性。

4. 弹性授权法

管理者面对复杂的工作任务或对下属的能力、水平无充分把握，或环境条件多变时，宜采用弹性授权法。在运用这种方法时，管理者要掌握授权的范围和时间，并依据实际需要对授给下属的权力予以变动。例如，实行单项授权，即把解决某一特定问题的权力授予某人，随着问题的解决，权力即予以收回。或者实行定时授权，即在一定时期内将权力授给某人，到期后，权力即刻收回。

为避免引起下级误解，实行弹性授权，改变授权方式时，管理者应当对下属做出合理的解释，以取得下级的理解。

　　5. 制约授权法

　　管理者管理幅度大，任务繁重，无足够的精力实施充分授权，即可采用制约授权的方法。制约授权是在领导授权之后，下属个人之间或组织之间的相互制约的一种授权方式。它是管理者将某项任务的职权，分解成两个或若干部分并分别授权，使它们之间产生相互制约、互相钳制的作用，以有效地防止工作中出现疏漏。

　　6. 逐渐授权法

　　管理者要做到适当授权，就要在授权前对下级进行严格考核，全面了解下级成员的德才情况。但是当管理者对下属的能力、特点等不完全了解，或者对完成某项工作所需的权力无先例可参考时，就应采取见机行事、逐步授权的方法。如先用"助理""代理"职务等非授权形式，试用一段时间，以便对下级继续深入考察。当下属适合授权的条件时，管理者才授予他们必要的权力。这种稳妥的授权方法，并非要权责脱节，而最终是要使两者相吻合。

　　7. 引导授权法

　　管理者在给下属授权时，不仅要充分肯定下属行使权力的优点或长处，以充分激发其积极性，而且也要指出他的缺点或问题，希望他在工作中克服和避免。同时还要进行适当的引导，防止偏离工作目标，但这却不是横加干涉，而是支持下级工作，帮助解决问题。特别是在下属发生工作失误时，管理者更应当善于引导，帮助其纠正失误，绝不能施加压力，或恶意苛求。当然，管理者发现下属确实不能履行权力时，就要果断地采取措施，或收回权力，或派人接管，以免遭受更大的损失。

授权应严肃认真，不能敷衍了事

关于成功授权有一个不变的主题：先计划好时间，以免将来浪费时间。或者说是：管理者与其以后不断抱怨，不如现在将它们解释清楚。授权会议是体现这些警示的最佳方式。

有些管理者在准备授权时，有很好的意向并构思严密的计划。他们对工作进行分析，挑选出正确的任务进行授权，制定非常实际的工作目标，并将这些目标分配给合适的员工。但是，这些很好的准备工作却被后来的行为破坏殆尽。原本与员工一起花上足够的时间开一个授权会议是十分关键的，但有些管理者却草草说几句，员工们糊里糊涂，不知道自己该干什么。授权的前期准备工作做得很到位，但却由于对授权的正式性、严肃性不够重视而前功尽弃。

不要急急忙忙地授权。走廊上漫不经心的讨论和嘈杂的会议室不是一个足以传递授权重要任务的场所。应该安排充足的时间来安排授权，理想的选择是在办公室认认真真地举行一个授权会议。讨论和提问时间要充分。有时一个重要的授权会议可能需要1小时，就是分配一个简单的任务，也要10分钟，不要想当然地认为，员工能很容易地领会，管理者应该向他们解释清楚。如果因为没有传递充分的信息而使员工没能很好地完成任务，那么责任在管理者。所以，授权必需是一件很严肃的事，应该谨慎对待。

授权的第一步就是计划授权会议。管理者必需在授权会议开始前认真考虑整个授权过程，同时也要清楚了解：如果员工被授权从事这份工作，他们需要得到什么支持、资源甚至权力他们会遇到什么样的问题和困难。一旦准备召开授权会议，请参考以下所列的5个步骤。

1. 表明目标

清楚地向被授权员工表达管理者要求达到的目标，只有在有清晰的目标时才开始行动，当管理者明确这些目标后，将它们写下来。用最多20个字将项目目标陈述清楚，包括可衡量的成绩标准。如果觉得写不下来，就重新分析这个授权，将它最小化和具体化。定期地让自己和员工反复重温这些目标。如果它是一个很小的任务，简单复查一两次就足够了。但一个为期6个月的项目可能会需要每个月都进行复查，以确保这些目标仍然可行。复查这些目标可以避免工作中产生的困惑。不要过分强调遵循固定的工作方法，这样将给员工们太多限制，并会削弱授权的影响力。用不着教他人怎样做事情，只教他们去做什么。而他们将用创造力来给你惊喜。管理者所表明的目标是双方对一个客观成绩的认同。

下面是两种不同的授权方式，可以看出两者的差异：

第一种方式："罗斯，将这些人事调整报告以公函形式复印500份，发给各店铺领导。马上就给我去干。"

第二种方式："罗斯，单位的销售网络包括500个店铺，而我想尽快地通知各店铺领导有关单位的人事调整情况。我希望你能够处理这项工作，你能不能考虑一下，并且在半个小时之后和我进行讨论？"

罗斯可能会让你大吃一惊。她可能会建议你同时把即将复印的单位新闻通报备忘录也发给领导们；或者她会认为唯一可行的方式是发给领导们500份表格式信件；可能她不知道该如何完成这个任务。很好！你现在有机会教她两件事：第一，给500个人传递信息，有很多种不同的方法；第二，你在授权她去做这份工作时会不断需要她的主意和帮助。

2. 设定时间表

如果被授权员工认为无法按期完成任务，在允许的情况下，管理者应和他一起制定出更可行的时间表。允许员工制定他们自己的时间表比他们被动授权要好。如果被授权的人能够自行决定任务的时间安排，将使他们对面临

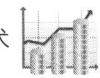

的任务有更强的使命感。

但是，情况有时候确实需要管理者来制定完成时限。要确保被授权员工明白该项工作中有哪些任务应该优先处理，也要让他们明白不是管理者授权的每一件工作都必需优先处理。当然，明确时限是必要的，要避免像"任何时候你完成都行"和"那就下个月的某个时候吧"之类的表述。一定要建立一些汇报程序，使管理者能够监督工作进程。此外，还要建立必要的复查机制，这样做可以给被授权者一个关注日程中其他任务的机会。对于一个简单的任务，一两次复查就足够了。复杂任务则要求举行有具体议程的例会，以及制定整体任务进程中各分步的时限。告诉被授权者，如果没有充分的理由，所有的检查时间和最后完成时间是不能变更的。

3. 分配必要的权力

无论管理者何时分配工作，都应该给员工执行工作的足够权力，应让每一个被授权员工了解管理者赋予了他权力，尽可能将员工介绍给与任务相关的人士，包括上司、同事和支持人员。应明确被授权员工现在有足够的权力来完成这项任务，并且让他知道管理者期待他能够解决工作中的所有困难。

4.明确责任分担

将一项任务完整地授权能够提高被授权者的兴趣和成就感。在每个授权中让自己对员工们充满信心。如果对某个员工没信心就不应该授权给他。明确被授权者对任务所负的责任有助于两件事：一是让员工知道这已经是他们自己的事了，他们须对工作结果负责；二是给他们的工作形成了一种正面的压力和动力。

因此，授权时管理者应强调被授权员工可自由地作出与工作相关的决定。

5. 授权任务必需被彻底接受

被授权员工必需明确承诺接受分配的任务并将为之努力，管理者需要的不是被强加的接受。管理者同时需要他们对所设目标和完成时限的接受。或许最好与被授权者一起将目标和时限记下来存档。

当浏览了一个授权会议中所需要做的一切之后，你会明白为什么人们要花时间来认真面对它。当授权完毕，应该确信，被授权员工应明白以下几点：

（1）任务目标；

（2）完成时限；

（3）实施任务的权力；

（4）所负的责任；

（5）任务结果的验收方法。

管理者如果只是很随便地授权或布置一项任务，就等于告诉被授权者这项任务不是那么重要，即便事实上它很重要。相反，如果认真严肃地举行了一个授权会议，就给员工们传递了一个信息：这项任务对我们很重要。被授权者因此可能会给予肯定的反馈，并且认真负责地来完成它。

大权须集中，小权应分散

如何分配好手中的权力，是古往今来任何管理者都无法回避的问题。作为管理者，正确认识权力，合理恰当地利用权力就至关重要了。管理者分配权力过程中的首要问题，并不在于究竟是多分一点好，还是多留一点好，而是要首先搞清楚具体应该分什么权力，留什么权力。

从权力的性质来看，通常情况下，一个组织的权力有三个层次：决策权、运行权、执行权。所谓大权实际上主要是指决策权，还有就是运行中关键问题的把关性权力，具有"不可替代性"。

对于事关企业、部门生死存亡的权力，领导人必需牢牢地抓在手里。"大权集中"有利于集中力量办大事，同时保证决策的连续性和稳定性。我们知道，无论是政府还是企业，无论是民主式决策还是集中式决策，最终都得要有一个拍板的人，这就注定这个人应该掌握比较大的权力。对于一个组织的发展而言，最重要的是决策。

就像每个组织内部都要有一个领导核心一样，一个企业也要有一个自己的领导核心、决策核心，这在中国的企业中特别是正在成长的企业中表现得特别突出，掌握大权的管理者几乎成为企业的代名词和名片：

联想的第一代领导人柳传志，虽然已经退居二线，但影响力依然在；

万科的第一代创业者和管理者王石，虽然目前已经交班给郁亮，但王石依然是万科的精神领袖；

海尔集团老总张瑞敏、华为集团老总任正非……这些依然在一线的企业创业者对企业的影响力更不用说。

集权而不专权，放权而不放任；一手软，一手硬，一手放权，一手监督；大权独揽，小权分散，以权统人，调动部属，这就是中国管理者的授权之术。

那么，对于一个正在发挥重要作用的管理者或者主管来说，哪些大权是他必需抓的呢？

（1）财权。钱是企业的命脉，把财权交出去，不是开玩笑吗？

（2）人事任免权。这主要涉及非常重要的人事调动和安排。

（3）知情权。即使某些时候不参与决策，对所有重大决策也应该有知情权。

（4）最终决策权。亦即对一般及重要决策进行最后拍板的权力。

"权"字好说不好用，怎样用得游刃有余、得心应手，才是领导所关心的。作为领导，并不意味着他什么都得管。应该大权独揽，小权分散，做到权限与权能相适应，权力与责任密切结合，奖惩要兑现。

中国的企业管理者应明白，能否驾驭下属，最关键的一环就是有没有权力。有权力就能驾驭人，无权力就不能驾驭人。管理者为了达到上令下达的目的，通常都把权利集中在自己的手中。身为管理者，就必需要大权集中在手，才能有效地驾驭下属，如此方能上令下达，保证命令和措施得以快速地贯彻实行。

与大权集中相对应，中国的管理者也喜欢把小权分散给部下，如"中国式管理之父"曾仕强教授所言："中国的管理者善于用巧劲儿，拿出一部分权力分给下属，他们做的只是以权统人。领导应该是帅才，总揽全局；其他管理者则是将才，他们应当各司其职，管好'线'上的工作；而员工则是士兵，应当做好自己的本职工作，做好'点'上的事情。"

身为管理者，要明白大权须集中、小权要分散这个道理。大权集中，也可称之为集权，是指部门中的一切事务的决策权都集中在自己手中，部下的一切行为措施必需按照领导指令、决定去办。小权分散，也就是分权，是指下属在其管理的范围内的一切措施均有自主决定权，不必请命于领导，而领导对其下属权限内的事项也不随便加以干涉。处理好大权与小权的关系，要做到大权揽得住，小权散得开，不能大小权力一把抓，大权管不住，小权乱插手。管理者只有做到大权集中、小权分散，才能利用有限的精力实现有效管理。

对于组织的最高管理者来说，应当学会"大权独揽，小权分散，以权统人，调动部属"。

授权是一个重要的领导方法，也是一门精巧的领导艺术，管理者不仅要充分意识其重要性，还要在实践中认真地摸索，在运用中学会授权。

授权如放风筝，能放亦能收

由于管理者面临着管理幅度的问题，因此必需将一定的决策权下放，引入更多的人才一起分段管理工作。员工是企业最重要的资源。企业真正做到

人尽其才，就要掌握员工的心理，做到量才适用，有效地管理团队，有效地激励员工，提高管理成效，做到授权不失控。换句话说，成功的企业管理者不仅是授权高手，更是控权的高手。

控权，简言之就是交代给下属任务后，要订好计划，跟踪工作进程与责任落实。控权的基础是责任明确、考核到位、奖惩兑现，将工作结果与员工的切身利益挂钩。为达到这一目的，就必需建立健全一套好的管理体系。管理者的主要责任就是打造企业的管理体系，而不是忙于琐碎事务。而建立健全企业管理体系，企业的主要领导更是责无旁贷！

不会授权的领导不是好领导，不会控权的领导是不合格的领导！

1984年4月，当时宏碁的董事长兼总经理施振荣看到刘英武在美国电脑界很有声望，于是专门将他高薪聘请过来，高兴地称他为宏碁全球扩展的"秘密武器"，并把经营决策权交给了他。

刘英武一上任，就采用高度集权的管理方式，放弃了公司长期实行的"快乐管理"，独断专行，不允许下属发表过多意见。同时，马不停蹄地将IBM的企业文化精髓灌输给宏碁，召集经理们开马拉松式的会议，让人们听从他的决定。他作了一系列失败的收购决策，导致公司遭受巨大损失，致使员工议论纷纷，人心浮动。

由于经营不善，许多员工纷纷抱怨刘英武的决策有误。其中最大的抱怨来自施振荣的妻子叶紫华。施振荣以他一向的坦诚回忆道："我的妻子批评最多，我们总是争吵。我知道公司陷入危机，但总得给别人机会，所以我支持刘英武。但她听到的是下面经理们对他的抱怨，并且感觉到公司即将被榨干血汗。"叶紫华也承认："施振荣没有看到真相，所以我总是和他争吵。"

后来施振荣也逐渐意识到对刘英武的任命是一个错误。无奈之下，只有重掌帅旗，整顿公司。

为什么声名赫赫的刘英武没能给宏碁带来突飞猛进的发展，反而带来了重重危机？

答案不言而喻，首先刘英武管理能力有一定的欠缺，其次施振荣的授权是一种没有控制的授权。如果施振荣能在刘英武上任之前，对他的权力作出限制，让他了解组织中哪些东西可以改变，哪些不能，对他的决策权力进行一定的指导和控制，并建立错误纠正机制，就可以避免失败的结果。

授权必需是可控的，不可控的授权是就是弃权。领导在授权后不是放任自流，还必需要加强监控。但出现异常的人员变动、资金外流、质量事故、效益下滑、耽误工期等情况，对公司的生产经营会造成严重影响，要及时过问，听取汇报，得到其真实的合理的解释。若某些问题被授权人解决不了，则要果断出手相助，不要等问题搞大了，搞秋后算账。

总之，既要充分授权，又能及时监控，这种辩证法的管理思想是每个管理者应不断学习和实践的。

信任不等于放任，授权后做好控制

管理者的授权，是让下属分担责任，要放手让他们对各自职权范围内的事进行决策和处理，只有当下属不协调或发生矛盾时，管理者才出面解决。但授权不是让权，授权以后管理者照样负有全部责任，不能撒手不管，任其自流。如果管理者授权是图省事，享清闲，自己当"甩手掌柜"，那就错了。管理者在其位，就要谋其政，行其权，负其责。

从某个方面讲，信任是管理者对下属品质、能力的充分肯定，让他按照制定的原则自己行事；但是这绝不意味着让那些不具备良好品质和突出能力的下属任意所为，以至于破坏企业形象。因此，信任是一种理解和依赖，放任则是一种散漫和纵容，作为企业管理者应当记住这一点，切忌混淆了两者的关系。因此，信任下属是必要的，但不要过了分，走上另一个极端：放任！

信任不是放任，信任能把事情做好，放任能把事情毁坏。作为管理者，这一点一定要明白！否则，你只能自惭形秽地面对责任和良心，失去管理者的形象。

对放任进行预防的最好办法，就是监督。管理者明确授权之后，主要职责就是进行有效的控制。就要做到牢牢掌握总目标，放手不撒手，对下属应多加指导。

管理者授权的全部目的，就在于激励下属为实现总目标而分担更多的责任。现代的任何组织，无论是企业、事业、商店、学校、机关、团体以及军事单位，都是一个多因素多层次的有机整体，整体与局部、整体与环境、局部与局部有着密切的联系，任何局部出现偏差都会妨碍整体领导目标的实现。管理者的根本任务是保证整体领导目标的实现。因此，授权以后的管理者，就要把精力主要放在议大事、掌握全局上，时时综观全局的各个过程，及时掌握变化中的新情况，发现领导决策和执行中出现的偏差、矛盾和问题，并对可能出现的偏离目标的局部现象进行协调、纠正。

下属有了职权之后，计划如何制定，工作如何安排，任务如何完成，派谁去完成，这些都是他们分内的事情，授权者不要再去过问。管理者要过问的是下属的目标能否如期或提前实现。管理者要善于发挥导向作用，根据形势的发展，为下属提供切合实际的观点、方法和措施。要多协商，少强制；多发问，少命令。管理者不要强迫下属做力所不能及的事情，大力支持其工作。

要想让部属执行值得信赖的工作，管理者该采取什么样的方式呢？主要有：

（1）切忌不管不问：指导部属工作的方针是防止这一点的关键。要部属执行内容能信赖的工作，其基本方针是指导。由于有时会墨守成规或惰性习惯，所以要经常留意部属工作的状态，反复给予必要的指导。

（2）防止疏漏工作环节：要做到这一点必需严格执行对工作的指示，例如工作的截止日期、管理者所要求报告的形式与次数等，要详细无遗地指示部属完成工作的重点与应注意的事项。即使相信他会遵守管理者的指示，但如果指示本身不明确或有疏漏，被信赖的部属出于好意，勉强执行，结果却未必会与管理者的想法百分之百吻合。因此，希望部属能遵守的指示必需要明确。只要指示能明确地表达，就可以相信对方能执行指示。

（3）力戒死板教条：认真地接受报告情况，以变应变。调查一下完成工作的实际情况。但是工作的状况经常会变动，足以妨碍部属的工作效率。虽然领导相信部属一定能巧妙地应付那些变化，但有时变化会超出部属的权限，但与其让部属竭尽心力，不如管理者要凭着本身的观察，以及认真接受工作或部门状况的报告来判断，指点迷津。

（4）不要静以待之：管理者要能掌握先机，实行与关系部门协调或支援等必要措施，及时解决出现的问题，不要静以待命。

经由上述努力，领导与下属之间才能形成良好的信任关系，才能使工作完成起来有章有法。这样的放权，才可以说是真正地信任部属。

第8章 设定你的愿景与要务

——领导者的目标规划

所有有成效的领导人，都有见识他们需要完成什么的能力。这种能力变成支持任何努力的魄力，强力推进他们冲破所有阻碍，从而运筹帷幄，决胜千里。魄力，是领导生活与工作的智慧。没有魄力，就是暴发户的俗态。

目光长远，胸怀全局

善战者、善治国者莫不以大局为重、为要、为上、为本。为兵者，集中优势兵力进行对全局有决定性意义的战役，从而赢得战略上的主动；为政者，善于从整体出发，从长远计量，抓住具有决定性意义的一着，全力以图之，遂使整个局面大为改观。

管子说："一曰长目，二曰飞耳，三曰树明。明知千里之外，隐微之中。"意思是第一要看得远，第二要听得远，第三是做到明察千里之外的情况和隐微之中的深情。这就是说，成功的决策者既要高瞻远瞩，又要明察秋

147 ▶▶

毫，也就是胸怀全局。三国时期的诸葛亮就是这样一个人。

诸葛亮是汉司隶校尉诸葛丰后裔。父亲诸葛瑾早亡，诸葛亮与其弟诸葛均跟随叔父诸葛玄迁居南阳。诸葛玄去世后，诸葛亮便在南阳隆中建一草庐，躬耕田亩。当时刘备求贤若渴，带着关羽、张飞两人三顾茅庐，才得与诸葛亮相见。刘备对诸葛亮说："今汉室倾危，奸臣当道，皇上蒙尘，备自不量力，欲复兴汉室。只为自己智术短浅，迄无所成。然我志犹未已，今得遇先生，望乞赐教。"诸葛亮答道："自董卓专权以来，群雄并起，四方扰攘。曹操与袁绍相比，虽名微力寡，可曹操终究会将袁绍打败，转弱为强，这虽说依赖于天时，也取决于人谋。今曹操已拥兵百万之众，且挟天子以令诸侯，此人不可与其争锋。孙权据有江东，已历三世，国险民附，贤能之士乐于为其效命，国力稳固，不可轻图，只可与其结盟，以作外援。荆州北据汉沔，东连吴会，西通巴蜀，自古以来即是用武之地，而其地未有得主，此乃天赐将军之良机，未知将军可有意否？再则益州乃是险塞之地，沃野千里，向来称为天府之国，高祖得此地而成帝王之业。今刘璋暗弱，张鲁在北，虽民殷国富，却不知存恤，草野智士，渴得明君。将军是帝室之胄，思贤之心若渴，广招天下英雄，信义四海皆闻。若得荆益两地，据险自守，西和诸戎，南抚夷越，外结孙权，内修政理，静观天下之变，即可命一上将，率荆州之军向宛洛进发，将军自领益州兵马去向秦川，天下百姓都会箪食壶浆，欢迎将军。若这样做，霸业必成，汉室将兴也。"

诸葛亮身处茅庐，却胸怀天下，将当时的形势分析得清清楚楚。这一番宏论，令刘备茅塞顿开，连连称善。

远见出卓识，但是往往远见来之不易。笼统地说，远见是一切领导者的必备素质，也是保证用权的持续与延伸的一种先决条件，它要求领导者必需将个体与群体、情感与理智、经验与理论、形象与抽象、常规与非常规、科学与常识、静态与动态、横向与纵向、定性与定量、反馈与超前、单向与全方面、系统与辩证等许多个方面结合起来进行综合性的思考。简单地说，远见和卓识来自于领导者所具备的较高思想意识水平，善于分析和综合来自各个方面的信息，能够周全而准确地作出判断和决定，能够制定出克敌制胜的计划和战略。

远见卓识要求领导者在用权的过程中要从大局出发，既要突出重点，又要兼顾其他各个方面的考虑；不仅要看到眼前的实际情况，而且还要以一种变化的观点去思考和探讨情势的变化，具有辩证的眼光，然后对自己所要从事的工作做出一个周密而详细的计划，再付诸实践。这样领导者才能从根本上把握住用权的关键，克敌制胜，使己方立于不败之地。

领导人必需有远见，必需向前看。领导关于未来方向的看法建立在控制着人们的个人价值观和思想的基础之上。远见并不是一系列的目标，而是一系列的雄心壮志，它们一度被藏在心底，现在要使它们发挥出来，创造一种巨大的内在的推动力，使人们朝着某个方面去工作。

随着时代的进步，科技的发展，人与人之间的关系，事与事之间的关系，彼此越来越复杂。怎样将各种关系调理得清清楚楚，并适当地驾驭它，这就离不开谋略。科学越发达，谋略的法门越神奇玄妙。能够就事论事，就理论理，就事办事，就理从理；能够正确计划，妥当处置，这也不失为有见识、有作为的人。

深事深谋，浅事浅谋，大事大谋，小事小谋，远事远谋，近事近谋，都要具备深远的策略和高明的见识。计谋贵在高人一筹，策略贵在高人一招。能看到别人不能看到的，能谋划别人不能谋划的，能思虑别人不能思虑的，能推测别人不能推测的，这才称得上远谋大略。

优秀的领导具有战略思维。战略思维又称全局性思维，它是洞察全局、思考全局、谋划全局、指导全局、配合全局的思考能力和工作能力。

领导者不仅要像一个高明的战术家一样去完成每一件事情，更应该以一个战略家的姿态未卜先知，抢占制高点，从而在新的变化面前从容不迫。领导者的战略观是指领导者对管理活动进行全局的分析判断后而做出的筹划和指导。它要求领导者从整体、长远和根本上去观察问题。对于领导来说，战略观是建立在以下三个层面上的。

一是具有全局性。全局是由各个局部有机结合而成的，这种有机的结合就产生了整体大于部分之和。领导者重视全局，从全局出发来思考问题和做出决策是很有必要的。

二是具有长期性。战略是一个在较长时间内起作用的谋划和对策。正确的战略是根据管理活动发展变化的趋势而制订的，在趋势发生根本逆转之前，不应该随意更改。领导的战略立足点是现在，而着眼点是未来。

三是具有相对性和层次性。由于全面和局部的划分是相对的，因此局部应该服从全局，低层次的战略不应该违背高层次的战略要求。

重视战略问题，树立战略观念，不能只靠领导的直觉来做出管理的决策，因为这样做往往带有很大的盲目性。对于领导来说，决策失误会造成无法弥补的巨大损失。因此领导只有通观全局，长远考虑，研究规律，才称得上是成功的领导。

刘邦起兵后，萧何担任他的后勤部长，负责后方粮草供给，未有一次令刘邦失望。萧何每到一处，十分注意收集法令制度图书文献，而不像其他将官那样忙着抢掠财物。刘邦当上汉王后，请萧何担任丞相。其时，项羽和一些诸侯杀死秦王子婴，烧毁咸阳城，然后扬长而去。刘邦之所以知道天下各地的要塞，户口的多少，形势强弱的地方，人民痛苦的事情，就是因为萧何获得了秦朝的全部地图和书籍等资料的缘故。

刘邦入关后，在张良的劝谏下，封存秦朝宫宝、府库、财物，还军灞上，以待项羽等各路起义军。在此期间，刘邦集团还实施了一系列极有远见的政治措施。刘邦召集诸县父老豪杰，对他们宣告说："父老们，你们在苛酷的秦法之下生活，受苦很久了。秦法规定，如果人民有诽谤朝廷的，就灭族；人民有相聚谈话的，就是犯弃市死罪。我，和诸侯有约，先入关的，就为关中之王。现在我当为关中之王。今天我要和父老约法三章：杀人者，

死；伤人者，抵罪；盗，抵罪。此外一切秦法，完全废除。官吏都依原来位置，全不迁动。"

秦国人听了约法三章大喜，争先持牛羊酒食献给沛公的军士。沛公又谦让，不肯接受所献食物，民众们更为喜悦，唯恐沛公不做秦王。这些安民措施，为刘邦争得了民心。对于他日后经营关中，并以此做根据地与项羽争雄天下，奠定了良好的基础。

"不畏浮云遮望眼，只缘身在最高层。"领导者需要站得高、望得远，要善于掌握事物的发展规律，按照事物的连续性和因果性的联系，预见它的发展趋势。而且事物是多变的，要根据其时间、地点不同以及整体利益与局部各利益的差异来做出战略决策。

平衡协调，学会"弹钢琴"

高明的用权领导者就好比出色的钢琴家，不仅要掌握"抓中心"艺术，而且需要有卓越的协调平衡技能，善于统筹兼顾，使权力的各个要素之间相互配合和促进，既要抓紧各个关键环节，集中力量解决主要矛盾，又要紧紧围绕中心，同时安排好其他方面，处理好次要矛盾。

领导不可能是独立地工作的，大多数情况下是众多人为了达到个人或共同的目标而工作着。不幸的是，这些目标不总是协调一致的。这就需要领导者运用手段，把各种力量协调起来，以保持均衡，实现领导者原定的目标。

1. 胸怀大志，手抓小事

"泰山不拒细壤，故能成其高；江海不择细流，方能就其深。"泰山之所以雄伟成为五岳之首，江河湖海之所以奔腾不息，都是一捧捧细土和涓涓细流汇聚而成。做大事，出成就，必需从小事做起。

"千里之堤，毁于蚁穴"。有些小事也许暂时不会对企业产生多大影响，但如果不能发现并及早处理，迟早会坏了大事，这样的小事就是大事的前奏，而不是一个孤立的小事了。

有一家招聘高级管理人才的公司，对一群应聘者进行复试。尽管应聘者都很有自信地回答了考官们的简单提问，可结果却都未被录用，只得怏怏而去。

有一位应聘者走进房门后，看到了地毯上的一个纸团。地毯很干净，那个纸团显得很不协调。这位应聘者弯腰捡起了纸团，准备把它扔进纸篓里。这时考官发话了："您好，朋友，请看看您捡起这个纸团吧！"这位应聘者迟疑的打开纸团，只见上边写着："热忱欢迎您到我公司任职。"几年以后，这位捡纸团的应聘者成为了这家著名公司的大总裁。

一件不经意的小事就决定了面试的成败，而正是这个微不足道的小事节，成就了年轻人的一番事业。

张瑞敏说："企业管理中我信奉这么一句话：每天只抓好一件事就等于抓好了一批事，因为每一件事都不是孤立的，抓好了一件事会连带着把周围的一批事都带动起来。"对于一个领导者来说，要有做大事的胸怀和志向，更要有做小事的务实精神。

在美国有一个叫罗伯·舒乐的博士，他在自己身无分文的情况下，却立志要在加州建造一座水晶大教堂。这座教堂的预算造价为700万美元。

舒乐博士在一张白纸上，写下了这样一张实现自己目标的奇特计划：寻找一笔700万美元的捐款；寻找7笔100万美元的捐款；寻找14笔50万美元的捐款；寻找28笔25万美元的捐款；寻找70笔10万美元的捐款；寻找100笔7万美元的捐款；寻找140笔5万美元的捐款；寻找280笔2.5万美元的捐款；寻找700笔1万美元的捐款。

他将700万美元这个大目标，一次又一次地分割成更小的目标，最后分割到了1万美元。每次募捐1万美元，这个目标实现起来就容易多了。他就这样开始，1万美元1万美元地募捐，一点一滴地筹集，历经12年，一座最终造价

2 000万美元、可容纳1万多人的水晶大教堂竣工了。这座水晶大教堂成了在世界建筑史上的奇迹和经典，也成了世界各地前往加州的人必去的游览胜景。

确立的目标越细小、越集中，就越容易取得成功；目标太大、太宽泛，就很容易偏离，或许最终会一事无成。事实上，一个人要提高人生成功的概率，每次完成没一件小事就行了。不论做任何事，假如能不断努力，每次做一点；有恒心地做下去，积少成多，就可以做成大事。

海尔集团"严、细、实、恒"的管理风格，把做好小事提到了重要的层次上，以追求工作的零缺陷、高灵敏度为目标，把管理问题控制解决在最短时间、最小范围，使经济损失降到最低，逐步实现了时间管理精细化，消除了企业人力资源管理的所有死角，大大降低了成本材料的消耗，使管理达到了及时、全面、有效的控制，每一个环节都能透出一丝不苟的严谨，真正做到了环环相扣、疏而不漏。

2. 善于处理轻重缓急的关系

通用电气前CEO杰克·韦尔奇曾经说："有人告诉我，他一周工作90个小时，我会说，你完全错了，写下20件每周让你忙碌90个小时的工作，仔细审视后，你将会发现，其中至少有10项工作是没有意义的，或是可以请人代劳的。"

任何一个领导者都可能遇到千头万绪、问题繁多的情况，这时候需要把问题的轻重缓急分清，然后找到其中最迫切需要解决的问题，并集中力量解决它。

善于处理轻重与缓急的关系，也就是重要性与紧迫性的关系。事实表明，重要的事不一定都紧急，紧急的事也不一定都重要。如果总习惯于先办紧迫的事，就常常使一些重要的事情流产，而且会经常处于紧急应付的状态之中。所以领导者在一般情况下，应先考虑事情的轻重，然后再考虑事情的缓急。首先是先办重要而又紧迫的事；其次是重要的但不紧迫的事；再次是紧迫但不重要的事；最后是既不重要又不紧迫的事。这也符合"重要的少数与次要的多数"的原理。日常生活中常常可以体会到，80%的看报时间往往花在20%的版面上；80%的看电视时间集中在20%的节目上；80%的教师辅导时间用在20%的学生上；领导者工作效果的80%，往往集中在20%的重要事情上。如果有十件事，完成了头两件最重要的，即可收到80%的效果。所以，领导者要学会把有效时间的80%，集中在那些重要工作上，然后再兼顾其他。

19世纪末20世纪初，意大利经济学家及社会学家帕累托提出著名的"帕累托原则"——在任何一组东西之中，最重要的通常只占其中的一小部分。

根据帕累托原则，在一家公司里通常是20%高绩效的人完成80%的工作。你也许会感到很惊讶，但这却是事实。比如在销售部，通常是20%的人带来80%的订单；在开会时，20%的人通常会提出80%的建议。也正是如此，所有的优秀员工一致认为：高效率地完成工作的技巧源自于将80%的精力放在最重要的任务上。因此，要把注意力放在20%的关键事情上。

凡事都有个轻重缓急，在特定的时间里，必需首先解决最重要、最紧迫的事情。否则可能会只见树木不见森林，或者是只见森林却看不见其中最大的树木，没有找到最重要的事。

作为领导者，平常的工作林林总总，这就要按事情的重要性和紧急性的不同组合确定处理的先后顺序，做到鹅卵石、碎石子、沙子、水都能放到罐子里去，无论我们的工作多忙，行程排得多满，假如安排得当的话，还是可以多做些事的，并且做得很漂亮，这就是要事第一的原则。

3. 教会下属提高自己的速度

美国通用电气公司总裁韦尔奇指出："一个工人最重要的素质就是他的工作速度。"几乎所有的老板都认识到，在其他条件相同的情况下，速度可以击垮你的竞争对手。

在运动场上，这句话当然是正确的。在橄榄球、网球和棒球运动中，出众的速度可以帮助你从对方的防守队员那里逃脱，成为一个绝对的赢家，或

者使击球员能够先于球到达一垒。但是，运动场上的速度和生意场上的速度是大不相同的。在运动场上，你不可能教会运动员提高速度，人的速度往往是天生的。在生意场上，人的速度则是可以提高的，你可以教会一个人应该怎样提高他的速度。

然而这些真正做起来并不简单。仅仅靠对你的员工们说一句"快点做！"是不可能提高公司的工作速度的。如果你这样做的话，你将为此而付出代价，这种代价一般就是你的员工们被折腾得筋疲力尽，或者员工工作的质量由此逐渐下降。当然，还是有一些可供选用的策略：

（1）把批准文件的程序简化，尽量减少环节。

（2）规定最后期限不必过多考虑影响因素。

（3）要恪守时间表。

（4）首先要求自己以更快的速度进行工作。

（5）各部门配合工作可以提高速度。

提高业务水平，克服忙乱现象

有不少领导者经常感到最苦恼的事，就是"时间危机"，没有工夫来思考和处理那些重要的事情。许多领导者每日工作达十几个小时，但还是有许多事情处理不完。

不可否认，忙，是领导者的正常现象，也是工作积极、事业心强的一种表现，只有什么事也不干的人才不感到忙。但是，忙，应该有限度，有秩序，有效率，用一句通俗的话说，就是不能"瞎忙"。

产生忙乱现象的原因大致如下：缺乏实际工作经验，对要处理的问题难决难断，一拖再拖，考虑再三；对所担当的工作，没有比较妥当的通盘安排，没有正常的工作秩序，头痛医头，脚痛医脚，赶上什么就抓什么，这样势必杂乱无章，顾此失彼；上下左右职责不清，分工不明，不该找你的事也来找你，长久下去，习以为常；主观上愿意多做工作，总觉得对什么事情都有责任，唯恐哪件事情没办好，会被人家说工作不努力，能力差；对副手和身边工作人员缺乏充分的信任，唯恐人家工作做不好，于是就事必躬亲，越俎代庖，把自己累得要死，而人家却闲了起来；没有给办公室建立必要的制度。文秘人员对于外来的文件、请示和报告，不把关、不过滤、不研究，也不提出处理意见，一切照送照转，办公室成了收发室，起不到参谋助手的作用，加重了领导者的负荷。

那么，领导者怎样才能克服忙乱现象呢？除了学会授权之外，以下有六条经验可供参考。

1. 工作要有计划性

这是使整个工作有秩序前进的中心环节。一切领导者都要具备定量控制自己时间的能力，也就是说，对自己的时间要实行计划分配。事实证明，不做计划的人只能消极地应付工作，在心理上处于受摆布的地位；有计划的人则居于支配者的地位。时间计划有下列几种：

（1）长期计划。即在较长的一个时期内，或3年，或5年，或10年，自己的工作和事业要达到什么水平，自己所领导的单位要取得多大成就，都要有一个积极进取的、宏伟明确的目标：这个目标通过几步来实现，每一步的大致起止时间，要有一个大致的安排。

（2）年度计划。当最后一页日历被撕下，新的一年钟声敲响的时候，应当回顾上年的时间利用和事业进展情况，作出新的年度计划，以便更有效地使用一年的时间。

（3）月份计划。机关或部门的工作常常是以季或月为单位的，人的生理变化也会呈现出月周期现象，人的体力、智力，情绪处于最佳状态时为高潮期，然后是过渡期和低潮期。每个人都可以根据本单位的工作和自己的生理月周期，来安排自己一个月的活动，把难度较大的重要工作和学习任务安排

在高潮期，其他时间则可以安排相对容易的内容。

（4）周计划。有许多工作是按周来安排的，把月计划分解到每周里面，便于分步骤实施。

（5）日计划。在前一个工作日接近终了时编好第二天的计划，有助于克服紧张忙乱的现象，避免丢三落四，顾此失彼。

有这样一个故事：一天，美国一位管理效率专家来拜访一个钢铁公司老总，并对他说：我同你手下的每个经理交谈15分钟，就能使你们公司的效率提高，销售额增加。如果奏效，3个月后你给我一张支票；如不奏效，则分文不取。总经理同意让他试验，于是他就分别找下面的经理谈话，教给他们一个提高效率的办法。这个办法很简单：

在每天下班前列出第二天非干不可的6项工作，并按其重要程度排序，第一件事干完后即用笔勾掉，然后再干第二件、第三件……如果当天有一二件事没干完，那就列入第二天的计划。

3个月之后，那位总经理送给这个管理效率专家一张3.5万美元的支票。为什么呢？因为他下面的经理照这个办法干了之后，工作效率大大提高，销售额大幅度上升。

由此可以看出，工作有没有计划性确实大不一样。因此，每个领导者对于每段时间的工作，应该尽量做到有条不紊。这样也便于其他领导和下级建立正常的工作秩序。不然，心血来潮，一会儿找这个谈工作，一会儿找那个办事情，既乱了自己，又乱了别人，弄得大家都手忙脚乱，无所适从。

2. 建立科学的工作秩序，划清职责范围

哪些工作必需自己做，哪些应由别人做；哪些事自己作主，哪些事要集体研究等等，对于这些，领导者必需胸中有数。而要建立这样一个科学的工作秩序，就必需建立健全岗位责任制。领导班子成员之间、领导与副手和助手之间、横向职能部门之间、纵向上下级之间、单位与单位之间、个人与个人之间，都要划清各自的职责范围，各负其责。不该领导者管的事，坚决不管；该管的事，主动去过问。凡所属单位提上来需要领导拍板定案的问题，必需要求把情况和意见一并拿上来。如果应由下属处理的问题，下属不处理，把矛盾上交，领导者则不应受理。

3. 迈开双脚走下去

领导者必需有一定的时间主动下去了解情况，掌握动态，检查指导工作，解决实际问题，这样，涌上来的问题就会大大减少。越是把自己关在办公楼的小天地里不去解决问题，事情就越多。所以，要决心经常下到基层去。这不是消极地"躲"，不是回避矛盾，而是克服忙乱现象、提高工作绩效的积极办法。它既可以使领导者了解下情，及时解决问题，又可以使领导者静下心来思考和研究问题，还可以减少会议和其他琐碎事务，一举数得。下去了解情况前，要把"家"里的工作安排一下；下去后，要同办公室保持联系，使该处理的事情及时得到处理。

4. 掌握用时之道

许多现代经理懂得所有关于时间管理的知识，但是在利用他们的时间方面仍然很麻木。

用时之道，就是认识自己的时间，管理自己的时间，合理使用自己时间的思想、原则、方法。尽管现代经理的性格、作风、知识、经验等情况不同，尽管时间具有复杂性、综合性、随机性、多样性等特点，有其自身的客观规律，但只要在实践中注意观察、分析和总结，就可以把握用时之道。

时间管理是一项基础工作。所有的领导者都对金钱、人员和时间3种类型的资源进行管理。三者之中，时间是最难以管理的，因为它匆匆流逝，从不做任何停留。"把时间攒起来"的想法是荒唐可笑的。

时间对每个人而言都是天平，一个公司的总裁并不能获得更多的一份。但是，有些人看起来用他们的定量时间做了比别人更多的事，他们显得更能掌握时间的窍门，这种窍门是我们可以获得的，它可能成为现代经理所能获得的最有价值的资产。

5. 随身携带笔记本或卡片

有这样一个有名的故事：一家名叫雷明斯索的大钢铁公司总经理詹姆斯·佩克一次曾付给一位效率专家琼斯·扬1.5万美元。事情的原由是这样的：当时，佩克的事业可说是半途而废，他对此一筹莫展。他请教琼斯·扬，有没有更有效的方法使他能从公司繁杂的业务中解脱出来，有条不紊地完成自己的工作。

琼斯·扬给了他这样一番劝告："每当你想起一件必需要做的事时，就把它记录下来。这样一来，你就用不着白天黑夜地老去记着它，可以节约你许多时间。然后利用闲暇的时间将其归纳整理，这又节约了你的时间。因为你的工作和应办的事情都被整理得有条有理了。请每天坚持这样做下去。如果你认为这种方法确有价值，不妨让你的下属们也试试看，一直做到你满意为止。最后请你付给我你认为与此价值相应的支票。"

随身携带笔记本对于节约时间是十分重要的。使用小笔记本时，最好是将小本的纸面分隔成三四个部分，并将它订上。这样在写上一些必要的事后，可以撕下这一部分。办完事了，扔掉也没有关系。除了随身携带的笔记本外，也有一些人到哪里都喜欢在口袋里放些卡片。喜欢使用卡片的人，除了把它放在口袋里、公司的办公桌面上和自己家里的写字台上以外，居室的角落、床边、电话旁、浴室和厕所等必不可少的地方也同样准备着一小叠卡片。当然，在卡片的旁边一定要放上铅笔、钢笔等书写工具。

也有的人喜欢用的不是一张一张的卡片，而是订在一起的卡片，不仅如此，他们往往在卡片的分类整理上下工夫。例如，把需要回信的人名记在绿色的卡片上，把需要打电话的人名记在黄色的卡片上，把需要在家里或办公室谈话的人名记在蓝色的卡片上等等。这样一来，保存卡片的工作也就非常简单了。

作为老板，随身携带笔记本或卡片可能是你最明智的选择。

6. 妥善处理文件

随着你的业务的不断发展以及公司的不断壮大，需要你处理的文件可能也会越来越多，并堆积如山。那么，怎样才能解决这个难题呢？

要想使你的办公桌上整整齐齐，就不要把书籍文件之类的东西堆放在上面，最重要的是读完之后就收拾好。

你应当先对文件预先进行审查，对于不需要一一过目的东西，就可以不管它了。审查完毕之后，为了方便再次仔细阅读，还要把其他文件分类，你可以根据它们的种类把公司内的文件分别标上不同的颜色，这样使用时一目了然，知道该拿哪个。

在每次处理文件的时候，你要用很短的时间迅速地判断出，这个文件是否需要现在立即处理，做到这一点很容易，你只需大概看一下文件的内容和标题就行了。

为了区分文件内容的重要性，需要对文件进行细致的分类：

应立即处理的文件，是指紧急信件，比如：十万火急的订货以及其他必需马上做的事情。

暂放后的文件是指可以在某个特定的时间或日子，将它们归纳起来过过目就行了。

有关新情况的文件包括信件、备忘录和影印件、报告、定期刊物、同行业的报刊等。尽管这些资料很重要，但如果你没有工夫马上阅读时，可以交给秘书去处理，然后让他向你汇报其中的主要内容。

放入"未决定"一栏的文件，是指将它们暂放入档案夹中，在采取适当的措施之前，就一直放在那里。

以后再处理的文件，是指需要进一步努力、以后再接着处理的文件。判断它是否是真正重要的工作，还有待于研究，需要更进一步地深入阅读或分析，以及在注意力等各方面给予较为充分安排的事项。

另外，你还应注意不要老压着文件不放手。凡是收到的信件、报告或其

他什么，都应当迅速处理掉，或阅读，或回信，或销毁，总之，要防止文件的滞留。

有的老板因为报告或文件太长而不能马上阅读时，就先把它放在公文包里，在上下班的汽车里读。在公司里可能由于各种干扰，读一份东西要花30分钟以上的时间，而在汽车里，10分钟左右就可以读完了。

如果你不得不拖延处理某一份文件时，应预先定下最终完成的期限，在完成期限内无论如何也要处理完毕。这样，不久你就会惊奇地发现，庞大臃肿的"文山"已经被轻而易举地搬走。

下面这些建议将帮助现代领导者"创造奇迹"。

策略一：确定优先性。决定今天要做的最重要的事情，然后着手去做。不要因为在这一天的过程中发生了某些事情，就从自己本来要做的事情中分散精力或转移方向。更重要的是，不要用别人确定的优先性来替代自己的。

策略二：不要拖延。因为不确定性或者因为我们不知道该如何去做，所以我们拖延做某事，但是，延误会扰乱日程，它们不可避免地在下游形成更大的延误和中断。因此在一天刚开始的时候先去解决最困难的事情，把容易的事情留在最后。

策略三：对于一天将发生的事情做好准备。许多问题是可以预期的，预测什么环节发生问题，然后做好准备对付它。

策略四：做今天能做的每件事。如果今天做了某件小事就不会发展成为今后必需进行修缮的工程，那并不意味着在深思熟虑后不能推迟某件不急需做的项目，对于那些放到以后进行的活动要做记录。

策略五：建立一个系统来提醒自己和提醒别人。明白自己有多少时间是浪费在一而再、再而三地索要信息或请别人做某件事上，使自己能够记录下每个未能得到答复的要求。当人们知道你总是在做记录，他们会在你第一次提出时就做出反应。

策略六：作出决策。时间浪费大致总是发生在为等待更多信息而推迟作出决策的时候，但信息永远不会是完全的。决策延误了，行动也会延误。

策略七：放权。是否总有一排人站在你的办公室门口等着你对这件或那件事作决策。给下属成员一些决策的责任，不但使他们也使自己有自由的时间。

策略八：清理你的办公桌。如果你的办公桌上堆满了备忘录、电话记录、报告、信件、散页的纸张等，时间就会在你寻找某个需要的东西时浪费掉。

策略九：建立一个好的，但是简单的文件系统。有多少时间被浪费在寻找重要文件的过程中？把文件收好，放在今后容易找到它们的地方。

策略十：不要求完美。"完美就是没有效率"，在一个过程中总是吹毛求疵直到每件事都绝对完美无缺，是对时间巨大的浪费。

策略十一：对错误承担责任并且改正。承认错误要比试图隐瞒它花费少得多的时间。简单的错误不会发展为大的灾难。

策略十二：建立工作进展情况的自动检查系统。有了它你就能够知道每件事在什么时候是按日程并且正确进行。你将在问题还很小，在还可以控制的时候及时发现它们并且加以处理。

策略十三：对过去的做法要怀疑。仅仅因为某项任务总是以一个特定的方式去做，并不意味它就必需照着那种方式去做，会有一种更好的方法，实际上，几乎肯定存在一种更好的方法，关键是如何找到它。

有些经理有一种不好习性，即实施项目，干了一段时间，就会半途而废，又重新开始另一件事。他们这样做的原因是在遇到障碍或问题之前努力工作，一旦遇到障碍或问题，不是想办法冲破障碍和解决问题，而是躲开去做另一件事。他们喜欢做简单和熟悉的事情，因为他们害怕失败。

然而，最终他们还得回到这些项目上，但是为了赶上进度不得不花费更多的宝贵时间。而且，原先困扰的问题仍然需要解决。

科学统筹时间，提高办事效率

时间，是领导者最宝贵的财富。凡是有成就、有作为的领导者，都有强烈的时间观念和运筹时间的本领。每个人一天都只有24小时。但有些人能够在有限的时间里多做一些事情，就是由于在时间的使用上十分讲求效益。音乐大师们可能在一年或数年中每天都必需拿出大量时间进行苦练，才能使技艺略有长进。事实上，他们的技能已经达到较高的水平，但就为了保持这个水平，他们便不得不付出大量时间去练习，更别说在此基础上再有所提高。一位古典音乐家坦言："一天不练，自己知道。两天不练，妻子知道。三天不练，听众知道。"

但就领导者的素质而言，却少有甚至没有可堪称大师者；所以领导者可以在个人能力方面取得显著的改善效果——提高10%~25%，且无需付出太多心血。

比如制作某种小型器具，你一小时能做50个，你能把效率提高10%，即每小时做55个吗？也许可能。开动机器说干就干！你不需要对生产方法进行根本性变革，也无需有超人般的生产速度，只需稍微加把劲。

你会发现几乎任何事情要提高10%的效率都不难做到，而这少许的努力将产生不菲的回报。在前一个例子中，如果你在器具生产车间每天工作8小时，效率提高10%后，1年将多生产1万套器具。如果每套器具的利润为10美元。则每年的赢利将额外增加10万美元。

下面介绍科学统筹时间的几个技巧，供领导者参考。

1. 定出专项时间

如果你需要专心致志于某几个棘手难题，不希望被打搅，可以预定出几段专项时间。告诉你身边的人，在这几段专项时间内任何人都不见。

把比较容易办的事放到专项时间以外，在专心投入某项工作之外的其他时间内，尽可以记记笔记或读读商贸杂志。

专项时间要雷打不动，如果你的专项时间定在午后 2～4 点，就不要打算在下午3点去看牙医，否则会使你的专项时间被肢解。

2.注意小憩

较高的工作效率只能保持一二个小时，这是集中精力工作的最佳时间长度。研究表明，全神贯注于某种活动90~120分钟后，精力便难以继续集中。这时你需要休息一会儿，以便于体内进行生化反应，恢复体能。两次紧张的工作会议之间的小憩无须太久，2~5分钟便可为你补充足以支持一二个小时工作的能量。

3. 当日事当日完成

检查时间消耗的目的是为了更好地利用时间。昨天已经过去，明天只是带有一定概率的可能，只有今天，才是我们可以采取行动的唯一时间。世界上所有的成就都是"今天"所创造的。所以，从现在做起，从今天做起，当日事当日毕，应该成为一切领导者的行动准则。今天的事不要等到明天，上午的事不要拖到下午，白天的事不要延至晚上。某项工作一旦开始，就要一鼓作气地完成它，完成一项，然后再做下一项，这样会使你加快速度，并不断享受到完成任务的喜悦。事实表明，精力在成功之中更新，而在拖延之中衰竭。如果一个领导者在上班伊始就拖拖拉拉，不在乎什么上午下午、今天明天，那就绝不会做出什么令人瞩目的成就。

4. 强迫自己每天都要有所成就

有一位名人给自己立了这样一条座右铭："不教一日空过。"有了这样一个强制性命令，就会自觉地珍惜每一小时，每一分钟，使每天都在紧张的追求中度过，使第二天在前一天成果的基础上和新的追求中开始。齐白石在85岁那年的一天上午，连续画了四幅画，并在上面题道："昨日大风，心情不安，不曾作画，今朝特此补充之。"原来他在用第二天的加倍工作来弥补前一天的损失。有了这种精神，何愁时间不为我所用？

5. 让思考速度提高10%

像其他任何事情一样，思考也是一个不断进步的过程，它可以被传授，被学会，可被实践和发展。过程很简单：找出问题所在，汇总所有的相关因素，寻求相互之间的关联，建立一个清单，收集反馈意见，与其他人合作，为新思想的产生提供机会。一旦你理解了这一过程，便可以从容地制定决策，解决问题，并灵感泉涌。

6. 善于从工作的反复中节约时间

对领导者来说，有许多工作是周期性地反复出现的，如阅文、开会、会客等。这些反复性的工作占用了领导者的大部分时间。如果是有心人，在每一次循环中都能节约点滴时间，那么就会通过多次反复比别人多赢得大量时间。比如，一周开3次会，每次都准时开始，而不是每次都迟开15分钟，那么一年就可以节省39个小时！反之，在每次反复中都不自觉地浪费一些时间，加起来就是一个很大的数字。

7. 养成随时记录的习惯

当有好的创意、设想和观点时，应立即记录下来，以便需要时随时利用。开会、听汇报、谈话、讨论中的要点也要注意记录。有些事件、人名、数字以及要求、意见等，最好随时记在本子上。有个"备忘录"在手，处理问题就快多了，时间也就大大地节约了。

8. 凡事应做好准备

有无准备，做起事来效率大不一样。有准备，就会使工作一开始就进入"重负荷运转"，减少"空运转"时间。所以对每个时期的工作应有预见性，走上步，看下步。每天的工作也是这样。如果头一天做好计划，当天又能提前一会上班，不仅能为下级和群众树立良好榜样，还可以对当天的安排进行思考，使一天的工作处于主动状态。再如，领导者要在办公室里尽可能多准备一些必需的手册、参考资料和各种工具书，以便在需要时随手拈来，减少时间上的浪费。

目标理想是成功的指南

要想做成某件事，你就得有个明确的目标——一个要瞄准射击的靶子，一个你和你的公司为之努力奋斗的方向，然后把它具体化。没有方向，你就不知该往何处去，还会为此浪费大量宝贵时间。目标是指路明灯。有了目标，你就能集中精力，带领大伙直奔前方。

毋庸置疑，目标对每一个人都是非常重要的。目标对于每一个组织是必不可少的。目标有多种功能。当下属是新手，或对特定的工作尚不了解时，清晰而具体的目标可以让他们少走弯路。目标还能使下属很快明确工作的内容及先后顺序。有经验的下属则可以将清晰的目标当作制订工作计划、明确工作责任的基础。目标的制订不仅要考虑具体环境，还要考虑下属的经验与能力，以及下属之间的关系。

对于没有航向的船来说，任何方向的风都是逆风。航向就是做事情的目标，做任何事情都必需有明确的目标，然后才能够将事情做好。对于领导者来说，正确地做事情固然重要，但首先必需做正确的事情，也就是确立明确的目的。

团队目标表明了团队存在的理由，能够为团队运行过程中的决策提供参照物，同时能成为判断团队进步的可行标准，而且为团队成员提供一个合作和共担责任的焦点。

人自懂事起就向着自己的理想不断前进，人们的动力来自于这个理想，没有理想的人就像没有头的苍蝇毫无目的、碌碌无为。所以托尔斯泰将理想比喻成指路明灯。对于一个组织的领导者来说，理想目标乃是他不断有所追求、有所进取的内在动力。

领导者实现自我领导的第一步就是树立远大的目标理想，要有"只顾攀

登更高峰"的精神。但是这种攀登也必需是理性的，需要以一定的现实作为基础，并要注意道路的方向，这条道路必需是理想与现实的统一，主观和客观的统一。主观因素是要发挥"攀"的能动性，客观则是强调主观努力与客观的符合。

要敢于坚持自己的理想，不管遇到何种困难。理想目标属于明天，而现实属于今天。未来的理想越高，转化为现实的过程就会越漫长，曲折性就会越显著。领导者要使自己及所有成员为理想所做的奋斗是成功而不是失败，就需要领导者发挥极强的韧性与意志力，顶住各方的压力，力排各种困难与阻力。

理想是对未来的一种追求，需要有一种对事业执著的追求热情和坚忍不拔的精神，还要有对失败坦然的心态。任何高明的领导者总有失算的时候，面对失败，是逃避还是继续，也许正是成功者与一般人的区别所在。优秀的军事家也有失败，但他们在失败面前从来不服输，有一种什么困难都压不倒的气概，他们敢于承担责任。正是因为这样，他们常常能把握住反败为胜的契机，保持一种积极向上的精神姿态。

美国的艾科卡是一位从浪尖到低谷、几经沧桑的企业家。他曾为福特公司立下过汗马功劳，但由于老板的猜忌而被解雇。用艾科卡自己的话说，他是从珠穆朗玛峰顶上被踢了下来。但他没有认输，他重新受聘于濒临倒闭的克莱斯勒汽车公司后，仍抱有坚定的信念。坚忍的意志与顽强的精神给他带来了成功，克莱斯勒"复活"了，艾科卡也被誉为美国企业之神。

领导者的理想最大的忌讳就是空洞而不具体。对一个组织来说，需要有一个可行的、能够看得见的具体理想，这样才会让人觉得有希望去实现它。如果是捉摸不定的理想，别说组织成员，就连领导者本身也不知该如何实现。各个组织有各个组织的特点，企业要谋求经济效益，而事业单位则要求高的社会效益，如果不分组织的类型、性质而一刀切地制订目标理想，那么这种理想必然是空洞无力的。

许多领导者做工作没有明确的方向，他们不知道自己该何去何从，一会儿向东，一会儿向西；一会儿试试这个办法，一会儿用用那个办法。做得不如意，就马上换一个方向，运气好时就能收到一些成效，运气不好就会有损工作业绩。他们往往一听说谁做得怎么好，就立刻学着人家做，他们的一生都似乎永远没有固定的方向，因此工作业绩也不尽如人意。其实，在旁人看来，他们的问题很简单，这就是他们根本不知道应该追求什么。

　　诚如一位成功学大师所说："人的头脑具有一种像导弹一样的自动导航功能，一旦人有了明确清楚的目标后，头脑就会自动发挥它无限的能量，产生强大的推动力，并且能够不断地瞄准目标和修正你的行为，自然地引导我们向目标的方向前进。"对于领导者来说，在头脑进行这种运作的过程中，最重要的不仅是设定一个明确的目标，而是要十分明确达成这个目标的"原因"，毕竟原因主导一切，也只有这个原因才是让人朝目标持续前进的原动力。

　　瓦伦·本灵斯研究了90位美国最杰出的领导者，发现他们有四种共有的能力：令人折服的远见和目标意识；能清晰表达这一目标，使下属明确理解；对这一目标的追求表现出一致性和全身心的投入；了解自己的实力并以此作为资本。可见，确立目标的能力对于领导者是十分重要的。

　　曾经有人做过这样一个实验：组织3组人，让他们沿着公路步行，分别向10公里外的三个村子行进。

　　甲组不知道去的村庄叫什么名字，也不知道它有多远，只告诉他们跟着向导走就是了。这个组刚走了二三公里时就有人叫苦了，走到一半时，有些人几乎愤怒了，他们抱怨为什么要大家走这么远，何时才能走到。有的人甚至坐在路边，不愿再走了。越往后走人的情绪越低，七零八落，溃不成军。

　　乙组知道去哪个村庄，也知道它有多么远，但是路边没有里程碑，人们只能凭经验大致估计需要走两个小时左右。这个组走到一半时才有人叫苦，大多数人想知道他们已经走了多远了，比较有经验的人说："大概刚刚走了

168

一半儿的路程。"于是大家又簇拥着向前走。当走到3／4的路程时，大家情绪低落，觉得疲惫不堪，而路程似乎还长着呢！而当有人说快到了时，大家又振作起来，加快了脚步。

丙组最幸运。大家不仅知道所去的是哪个村子，它有多远，而且路边每隔一公里有一块里程碑。人们一边走一边留心看里程碑。每看到一个里程碑，大家便有一阵小小的快乐。这个组的情绪一直很高涨。走了七八公里以后，大家确实都有些累了，但他们不仅不叫苦，反而开始大声唱歌、说笑，以消除疲劳。最后的二三公里，他们越走情绪越高，速度反而加快了。因为他们知道，那个要去的村子就在眼前了。

这个实验说明当人的行动有着明确的目标，并且把自己的行动与目标不断地加以对照，清楚地知道自己行进的速度和不断缩小达到目标的距离时，人的行动动机就会得到维持和加强，人就会自觉地克服一切困难，努力达到目标。

"领而导之"，做下属的指路灯

目标，对于成功有不可估量的价值，成功的定义就是：达成预期的目标。有了目标，就有了追求的方向，知道自己该干什么，不该干什么。作为领导者，应该清楚如何培养员工。员工需要明确自己的方向，这一点他们无法决定。在理想的情况下，每一个公司应该制定一个长期目标，领导者的目标又可以落实到每一个部门和每一个人。

对于没有航向的船来说，任何方向的风都是逆风。航向就是做事情的目标，做任何事情都必需有明确的目标，然后才能够将事情做好。对于领导者来说，正确地做事情固然重要，但必需做正确的事情。明确目标，不仅是为自己，也是为全体员工。

面对前方的路，作为领导你要一步步地走。如果你想一步登天，转眼就实现总体规划，那你就陷入了空想之中。你要做好多好多事，完成一个又一个的小目标，才能实现梦想。小目标的分设，使你能合理地将团队分成若干小兵团作战，继而发动总攻，大获全胜。

领导者需要不断向员工提示和警告，需要为他们指引方向，需要让他们明白事情的重要性，需要让他们弄清事实的真相，需要让他们明白自己的工作与其生存和成功紧密相连，还需要表明他们的贡献有多大，需要承认他们在公司中所处的地位，需要让他们看到自己的将来。

领导要将公司的长期目标转化为让自己部门的员工可以实现的具体目标，并为集体中的每一个人指明方向。

要达到目标，你必需明确重点。帮助员工把握目标，如果偏离方向，应及时予以纠正。

员工需要有人给他们提供生活和工作的目标和重点，而领导人员是最佳人选。如果他们看不到生活中美好的东西，就会茫然无措，丧失信心。工作中也是如此，看不到目标就会漫无目的、迷失方向。

领导人员应当每隔一段时间（如3个月）和员工坐下来，共同描述一下整个部门以及每个人将来的工作前景，这是十分重要的。这幅蓝图就是整个部门工作的重心，也是你为员工提供的一个明确方向。称职的领导能根据自己上司的要求确定自己部门的工作方向。另外，他们还会向员工表明，除完成公司确定的目标外，他们还期望员工做些什么。

当你为员工确定了具体的方向以后，也许他们自己最清楚以何种方式到达你所确定的目标。当出现问题时，你还必需做一下适度的调整，要保证你所确定的前景是你和员工最大限度的目标。作为领导者，你要保证每一位员工到达你所指定的目的地，如最良好的信任度、最高的工作效率、接受良好训练的员工、友好热情的顾客服务形象、新产品革新、最高技术能力等。

如果你不将公司长远宏大的计划的重点指给员工，不让他们感受到自己

的努力与公司成功之间的内在关系，他们的工作动力从何而来？如果你不讲明问题，员工怎么会认可其他同事对他的帮助？如果你不帮助员工做出重点选择，介绍一些他们从未运用的解决办法，他们怎么能够去面对那些十分棘手的问题？

可是实际上，我们在许多事情上失去了重点，看不到问题的关键，缺乏远见，只见树木不见森林，易于受外部的影响，看不到自己好的一面，只是想到那些阴暗面，只听那些自己想听的东西，做事没有分寸。

找一个时间，把一二个人拉到一起，共同讨论工作，开诚布公地研究问题。你只需给员工提出一些有关市场和竞争对手的情况，公司高层的最新指示，公正地判断员工的谈论内容。这有利于帮助员工找到问题的关键，实现目标。

领导者是组织的"头儿"，他的职责是统一全体成员的意见和行动，并为他们确立目标，提供行动的方向。所谓"领导"，就是要为成员们"指导方向""领而导之"。只有这样做，方可称得起"领导"！但有些领导者并不明白这一点，他们不懂得"目标的确是管理的基础"这一道理，他们自以为自己的下属对于要干什么已经很清楚了。可是，当你到他们的单位里去，问那里的职工他们的工作是什么，你会惊异地发现，他们的回答与他们的"头儿"所讲的十有八九不是一回事。其实，对那些领导者来说，要让下属干什么，这个底心里还是有的。只是他们懒得以通俗易懂的方式把底和盘托出给下属。这就使下属对自己行动的目标莫名其妙、糊里糊涂。所以，领导者应当为下属确定目标，并把自己的意图明明白白地传达给他们，这是一种令人鼓舞的方式，是协调工作的基础。

确立共同目标，建立目标团队

自然界中有一种喜欢吃三叶草的昆虫，这种昆虫在寻找食物时，往往是成群结队，后面的一个趴在前面一个的身上，这样一个一个地趴下去，像一节一节的火车厢，由最前面的去寻找食物。

管理学家曾经做了这样一个实验：把这些昆虫头尾连接在一起组成一个圆圈，然后在圈中央放上它们最爱吃的三叶草，结果它们就顺着这个圈爬呀爬呀，爬得筋疲力尽也没有找到它们的食物。究其原因，是团队缺乏方向，迷失目标。

有人做过一个调查，问团队成员最需要团队领导做什么，70%以上的人回答——希望团队领导指明目标或方向；而问团队领导最需要团队成员做什么，几乎80%的人回答——希望团队成员朝着目标前进。从这里可以看出，目标在团队建设中的重要性，它是团队所有人都非常关心的事情。

有这样一则寓言，天鹅、虾和梭鱼一起拉一辆小车。它们仨拼足了力气，各自使出吃奶的劲儿，小车却依旧原地不动。

究其原因，原因不在拉车的天鹅、虾和梭鱼。它们都很认真，很努力，但是它们拉车的方向却不一致：天鹅用劲往天上提，虾一步步向后拖，而梭鱼则朝着池塘拉去。这辆车怎么能移动呢？

目标来自于团队的愿景，人因梦想而伟大，团队亦然。愿景是勾勒团队未来的一幅蓝图，是明日的美梦与机会。它告诉团队"将来会怎么样"。具有挑战性的愿景可能永远也无法实现，但它会激励团队成员勇往直前的斗志。

任务只能维系团队数日、数月的合作，而愿景则持续不断。好的愿景能振奋人心，启发智慧。但如果没有目标配合完成，愿景只能是一堆空话。目

标是根据愿景制定的行动纲领，也是达成愿景的手段。

一般来说，团队目标的确定还是相对比较容易的，但要将团队目标灌输于团队成员并取得共识——责任共担的团队目标，可能就不是那么容易的事情了。所谓责任共担的团队目标并不是要团队每个成员都完全同意目标——这是难以做到的，而是尽管团队成员存在不同观点，但为了追求团队的共同目标，各个成员求同存异并对团队目标有深刻的一致性理解。要形成团队共享目标，应从以下几个方面着手。

1. 对团队进行摸底

对团队进行摸底就是向团队成员咨询对团队整体目标的意见，这非常重要，一方面可以让成员参与进来，使他们觉得这是自己的目标，而不是别人的目标；另一方面可以获取成员对目标的认识，即团队目标能为组织做出什么别人不能做出的贡献，团队成员在未来应重点关注什么事情，团队成员能够从团队中得到什么，以及团队成员个人的特长是否在团队目标达成过程中得到有利发挥等，通过这些广泛地获取成员对团队目标的相关信息。

2. 与团队成员讨论目标表述

树立团队目标与其他目标一样也需要满足SMART原则：具体的（Specific）、可以衡量的（Measurable）、可以达到的（Attainable）、具有相关性（Relevant）、具有明确的截止期限（Time-based）。与团队成员讨论目标表述是将其作为一个起点，以成员的参与而形成最终的定稿，以获得团队成员对目标的承诺。虽然很难，但这一步确是不能省略的，因此，团队领导应运用一定的方法和技巧——比如：头脑风暴法：确保成员的所有观点都讲出来，找出不同意见的共同之处，辨识出隐藏在争议背后的合理性建议，从而达成团队目标共享的双赢局面。

3. 确立目标时，少而精乃上策

多几个目标为什么就不好呢？目标越多你关注每一个目标的精力就越少，因而会事倍功半。无论你这个领导者有多大能耐，也不可能事事都抓。

领导者确立的目标太多，常常会发现用心良苦的计划无人理睬。下属应付那些咄咄逼人的活儿还感到忙不过来呢。在那些忙里忙外的下属看来，目标太多就等于没有目标。

"为什么要费力去干？反正也看不出成效来。"目标太多时下属常会这样抱怨。

所以，最好选择一两个最关键的目标埋头苦干。

集中精力抓好二三件事。做领导者的不能事事同时都做，下属同样也做不到。任何时候只能去征服一二座大山。大面积撒网不仅会分散精力，而且很可能一事无成。

集中精力主攻与组织的使命有密切联系的目标。也许你想去攻克那些富有挑战性的有意思的但与组织的使命相去甚远的目标，记住可千万别干这种傻事。

分清主次，有些目标会花你好多好多时间才会完成。由于你时间有限，所以最好选几个与组织的宏伟规划相关的目标去攻克，而不是抓过来一大堆关系不大的目标。

定期审查确立的目标并及时更新。商海并非风平浪静；定期审查、评估已确立的目标，有助于使领导者证实这些目标是否仍和组织的远大规划保持一致。如果一致，那就太棒了，接着干下去。如果不一致，就重新制订实现目标的日程表。

落实目标，增强行动力

有些企业会犯"只打雷不下雨"的毛病。企业有完善的计划、程序、过程及准备，却没能真正实行；有时企业已经接近成功的终点却又偏离了目标；有时是还没有彻底地完成一个项目就开始了其他的工作。

这种"只打雷不下雨"的毛病是很有害的。取得成功的条件是开拓思路，作出规划，彻底完成并力求取得最佳结果。这四个方面是同等重要的。如果你的企业存在只说不做的毛病，你就只完成了前两个条件，由于后两个条件没能完成，你也不能取得成功。看一下在这四个方面你的长处何在，劣势何在，把缺点强调出来，引起员工们的注意。看一下你的奖励制度是否出了问题，你如果没有奖励努力工作的员工，或者这种奖励没有落实到具体的人身上，你的员工自然会只说不做。

要彻底改掉"只打雷不下雨"的企业毛病，最简单的一个字就是"干"。马上停止永无休止的计划，立即行动，从干中去学，在彻底完成工作的成功中享受喜悦，即使情况十分艰难，也要向前迈出这一步，把每件事情逐件完成。

为了让你的企业行动起来，就要检查你的企业，正视自己的企业，看它为什么会得慢性病，找到抑制团队成员行动的原因和问题，让你的团队来解决这些问题，并责令其完成在一周之内应当做完的工作。一旦他们认真完成了，就应该庆贺一番并提出下周的计划。当然，你也要注意选用实干家。在招聘时，专挑那些取得了成就的人员，保证进入企业的员工都具有不懈努力、踏实肯干的精神。

为了帮助自己克服"只打雷不下雨"的毛病，你也可以对外寻求帮助。听听专家之言，巡视巡视周围的环境，你可以发现哪些是你没有做但别人正在做的事情。图书馆和走向成功的团队和机构都会为你提供不小的帮助。

为了更好地行动，你应该主动去认清需要完成的都有哪些工作，为这些工作排出优先次序，把在一天之内能完成的工作找出来，进而制定行动日程表。要善于运用激励机制，对人员分组，引入竞争。如果有件事非常难做，别忘了"重奖之下，必有勇夫"，设个大奖就行了。最后，你要准备一个庆祝活动，为大家的工作成效举行庆功会。这种方式会让员工在工作时保持愉快的心情。

1. 缩小目标与现实的差距

1993年，辛格纳财产与意外保险公司摇摇欲坠，就像拳击场不堪一击的拳手。洪水、骚乱、环境整顿和飓风带来的保险赔偿困扰着辛格纳公司。1990~1993年间，该公司的赤字达10亿美元。到1992年年底，反映保险公司正常与否的关键综合系数飞涨至140%。这意味着每收进1美元保费，公司要赔付1.4美元。

公司国内财产／意外险分公司总裁杰拉德想出了一个重振公司的妙方：把辛格纳由一个普通保险公司变成一个专业保险公司。这样，辛格纳公司只能在精心选择的市场收取保费。保险评估员了解所承担的风险，公司也能赚取不错的利润。

但是，对杰拉德来说，最大的问题仍未解决：如何在这个资产达16亿美元的公司推行专业性思维？辛格纳公司没有现成的机制把公司的战略远景逐项按业务分解成具体的目标和战术。在他找到或设计出这样一种机制之前，一线负责执行战略的人们就会蛮干。

今天，如果需要扩大产品线和细分市场，并不断变革流程以发展重视顾客、强调质量的业务运作，企业只能让大家群策群力制定战略，因为只有一线员工才真正了解顾客的需要，知道谁能执行令顾客满意的战略。

而且你需要他们尽心尽力地实施战略。与顾客面对面打交道的人不仅需要了解自己的工作，更要了解企业的长远意图，以便能不断创新去巩固企业的战略优势。

卡普兰等多位业绩测评专家认为，高层领导可以设计一套财务和非财务的综合业绩标准以帮助实现这一目标。这种业绩标准可以给常常含糊不清、泛泛而谈的领导战略带来明显的优势。

辛格纳公司是采取措施将战略付诸行动的公司之一。在变革第一年，杰拉德就推行了协调记分卡。辛格纳公司从四个方面采用协调记分卡，从而在整个企业推行杰拉德的远景和战略。

首先是清楚地传达战略，其次是在整个企业组织贯彻战略。这时，他号召公司的3个分公司及分公司下属20多个单位建立各自的记分卡。他们在6个月内完成了这项任务。

在贯彻战略过程中很有用的一点是，把记分卡与报酬挂钩。为此，辛格纳公司推出一个别出心裁的奖金计划。每年的开始，员工会收到一定额的"职位股份"，数量多少取决于他们职位的大小。在这一年之内，主管可以视业绩再奖励员工"业绩股份"。所有股份每股面值均为10美元。在兑付时，辛格纳公司再根据协调记分卡上的业绩调整股票价值。

这个计划的力量在于，员工根据与他们工作最相关的记分卡，获得报酬。这种做法给各经营单位的领导一种权力，可以随时调整员工"业绩股份"以支持本单位的员工工作表现，无论他们在企业的哪个角落工作。

辛格纳公司使用记分卡还有一方面，就是用来推动企业经营的周密规划。以前，公司将一切与财务预算挂钩，现在则把公司的管理系统和决策与记分卡挂钩。

最后，辛格纳公司还用其记分卡来不断获得反馈和持续学习。领导人可随时在公司电脑化反馈系统中检查目前的结果。那些已达到领导人目标的标准会显示为绿色，没达到的为红色，处于边缘地带的则为黄色。这种对业绩数据的监控使企业能够随时采取措施使战略走上正轨，或者彻底调整不奏效的战略。

尽管辛格纳公司的彻底变革还需时日，但初步成效已陆续展现出来。这表明新的战略系统卓有成效。1996年，公司申报的净营业收入为3 200万美元，而1995年上半年却亏损1 600万美元。

2. 化整为零的落实目标

领导者在管理活动中，会遇到很多既复杂又麻烦，有时甚至令人找不到头绪的问题。几个人，几十个人，甚至许多人也不能将其解决。在面临此类问题时，领导者可以尝试运用化整为零术，将问题分解。你会看到"烫手的山芋"不再烫手了，问题也迎刃而解了。

化整为零术的实质是对整体加以分解，一般有两种办法：

（1）对于一项重大的任务，将其分解成较小的局部任务。如大指标分解成分指标，分指标再分解，直到最终能落实到有关单位、部门或个人为止。

（2）对于在一定时间内需要完成的重要工作，将其分解为几个阶段，再落实到有关单位、部门或个人分阶段加以完成。经过分解之后的任务，即使失败了，也容易找到失败的原因，加以更正。因为失败通常不是全盘皆错，而是在某个或某些环节出了差错，只要能有针对性地加以更正，就能将存在的问题加以解决，而不必全盘否定整个工作。

领导者在运用化整为零这一妙法研究和解决企业和组织面临的问题时，可以把面临的问题看作一个整体（系统）。弄清楚它的内涵是什么，它本身所处的大系统是什么样的，有什么性质和整体目标；弄清楚问题在大系统中具有什么样的地位和作用，它与大系统中其他各因素之间有什么样的关系……把这些问题弄清楚了，才能对面临的问题作出正确的判断。

下面举一个在生产管理中运用化整为零术的例子。领导者首先将全厂的目标和任务进行分解，具体落实到每一个车间和科室。然后是车间、科室再次进行分解，具体落实到每一工段、班组直至职工个人。至此，整个企业的总目标、总任务就得到了具体的落实，更为重要的是在各部门、各单位乃至每个人之间都明确地划分了职责和职权，企业目标和任务的完成也就有了充分的保证。

有时，领导者会有意无意地把需要解决的问题搞得过于复杂。这样既浪费了时间、精力和金钱，又人为地增添了管理上的麻烦。其实不少看起来复杂的问题，只要划分成若干可操作的部分就能很容易地完成。

领导者有意将问题复杂化，可能有以下原因：为了使工作看起来很重要，应当为之投入时间、金钱和其他资源；为了便于对未知的事情晚作答复，晚些动手，甚至是逃避责任和拖延时间的借口。这是非常可怕的，必需阻止这些会把问题复杂化的倾向。

3. 化繁为简地落实目标

一种有用的方法是化繁为简。许多复杂的问题都可以被分解成容易处理的简单问题。没有不可解决的难题，也没有不可分解的复杂问题。复杂的问题之所以呈现出复杂的外貌，是因为你还没有找到将它分解的方法。方法总是有的，而且不止一种。只要肯思考，就一定能找到。当复杂的问题被分解成较小的组成部分后，它的难度将降至最低，我们就只需一次完成一个问题。当完成了第一个问题后就会更有信心和勇气去完成第二个第三个乃至所有的问题。

应当养成一种习惯，当遇到问题时，首先试图寻找简单快捷的方法来解决。在准备使用一种解决办法前，要看还有没有更为简便的方法解决这个问题，找一位优秀的人员，让他来为你建立一套程序简化的核查表或程序简化指南，用它来简化所有的问题。各种决策、决定、表达、报告的活动方式都可以用它来改进、更新、简化。你也应当相信自己，把自己所知道的，甚至是直觉上的都派上用场，把所知道的能用来解决问题的方法都尽量用上。不必怀疑自己，不必左顾右盼，只需坚定信念，等待最终结果，你就会获得解决问题的最简单的办法。

4. 庖丁解牛的工作方法

对于领导者来说，光有目标是远远不够的，还必需能像庖丁解牛一样将目标进行分解。

首先，领导者要分解目标，必需和下属进行充分的沟通。只有通过充分的交流，组织上下层之间才能对环境有更充分的了解，并在最大程度上消除信息不对称的现象，这是上下级之间相互理解、相互协调的前提条件。

其次，必需对目标进行初步的分解。目标的分解过程遵循参与决策的方式，由上而下结合，由下而上地共同参与目标的选择，并对如何实现目标达成一致意见。领导者需要通过各种方式来鼓励下属共同参加目标制定的决策。参与决策的主要优点是能够诱导个人设立更困难的目标，如果目标难到足以使个人发挥出他的潜能，则这种方法是有效的。参与可通过增强个人的勇气而对绩效产生积极的影响，通过参与决策的方法，很大程度上鼓舞了下属的士气，他们普遍会对自己选择的目标满意，也充满了信心，因为他们是在主动地挑战自我设定的目标，这对于目标的实现是十分有利的。

再次，必需对目标进行深度分解。下属结合自己的目标，分析组织的下期工作方向与竞争策略，找出自己思路与组织经营思路的差异与分歧，并且分析其原因。管理队伍成员在理解组织的经营目标后，在工作中有正确和清晰的方向感，在追求短期利益的同时，保证组织的长期战略的实现，并据此重新拟订下期的工作计划。

最后，是拟订工作计划。目标分解的过程是下属在思考每一个数据是怎样估计出来的，以及如何去完成的过程。当目标分解完之后，下属对于下期的工作细节也就基本上胸有成竹了，然后就可以根据每个细节的重要性与紧急性安排好自己的工作计划，并形成文字和表格，在执行时记载进度情况。

5. 增强行动力

伊士曼化工原料国际有限公司完全依靠非财务标准实施战略。这是一家拥有50亿美元资产的化工生产商。使该公司脱颖而出的是，公司领导人在高层推行他们几年来在基层发展的经营哲学——全面质量管理，由此慢慢形成了一种自己的方式。

伊士曼公司的事实表明，质量管理的原则，如数据收集、不断反馈和持续学习，类似于卡普兰、诺顿以及其他持相同见解的业绩顾问所提倡的业绩测量原则。公司的企业发展与战略副总裁J·塔克特指出，伊士曼的领导人团队与公司其他人员一样遵循着持续改进周期。

伊士曼采用业绩标准实现战略目标时，采用了许多与其他公司同样的方式。不过，其质量流程显示出伊士曼公司的独到之处。在发展高标准的同时，伊士曼公司努力"把这些标准与我们的战略意图以及顾客、员工、投资者、供应商和公众等五大企业利益关系人联系在一起"。

例如，其中第一项高标准是顾客价值，第二项是员工留任率，第三项是社区满意度，第四项是一项主要的财务标准——经济收益。

伊士曼于是在企业内逐级实施这些标准。"相互维系"的团队建立相互维系的标准；高层团队是由11位成员组成的领导人团队，为整个企业制定高标准。领导人团队的每位成员又分头带领一个团队，制定出自己的标准。这些标准都是依据相关高层标准制定的，如此这般逐级落实到第一线。

每个访问过伊士曼的人几乎处处都会感受到这种观念。在工厂的控制室里，告示牌上是手画的控制图。到领导人团队会议室里，又会看到滑动墙板上展示着许多手工填写的最新信息图表。其中两个图表追踪的是安全性，6个图表显示高层领导拜访顾客的追踪记录。还有一些图表则反映了影响投资回报的所有标准项，如顾客满意度、销售收入、人工开支等。

这种对业绩测量的追求给伊士曼的领导人带来价值无限的益处。他们可以用一种可靠的数据库方式来监控战略，并在需要时中途予以修正。还有一项主要的好处是，使大家有动力、众志成城地一心支持各项决策。

以前，伊士曼在不同部门为不同员工制定不同的标准，并根据这些标准确定浮动薪酬。1994年年初，伊士曼决定对所有员工采用一种浮动薪酬标准，那就是投资回报。他们相信，这样会使公司上下心系一处。在公司制定重大决策，如关闭一间企业时，员工就能更体贴公司，会意识到良好的资金运作有利于他们的切身利益。即使公司小有举措，员工也会这样想，会更在意钱花得明智与否。

财务总监弗吉尔说道："这就是员工的主人翁精神。"之所以有这种主人翁意识，是因为公司有一种管理体制，把高层战略和基层行动结合在一起。也许，这就是为什么伊士曼1995年能够获得3.46亿美元的经济收益，比投资成本高出13.2个百分点。对于一家相信挣大钱的捷径就是紧抓影响企业底线收益的一系列测量标准，而不是着眼于底线收益的企业来说，这种收益的确不错。

第9章　凡事预则立不预则废

——领导者的危机管控能力

领导者最重要的一项任务就是对危机做出预测，即便不能避免危机，也一定要预测到危机。领导虽无法阻止大灾难降临，但至少可以建立起一个可以打硬仗、士气高昂并且信任的组织团队。

居安思危，有备无患

在我们中国有句老话："居安思危，思则有备，有备无患。"正是因为如此，我们才会不断的进步，也会在遇到困难时有解决的办法。

一只狐狸看见野狼卧在草上磨牙，便劝它说："天气这么好，大家在休息娱乐，你也加入我们队伍中吧。"野狼没有说话，继续磨牙，把它的牙齿磨得又利又响。

狐狸奇怪地问道："森林这么静，猎人和猎狗都回家了，老虎也不在近处徘徊，你何必那么用劲地磨牙呢？"狼停了下来回答说："我磨牙并不是为了娱乐，你想想，如果有一天我被猎人或老虎追逐，到那时，我想磨牙也来不及了。而平时我就把牙磨好，到那时就可以保护自己了。"

从这个故事中我们可以看出，一个人做事应该未雨绸缪，居安思危，只有这样当我们遇到困难或危险时，才会有心理准备，有应对的办法。如果我们不这样的话，那么当困难来时只能是，临阵磨枪，"临时抱佛脚"，不会有一个好的应对方法，也不会有成功。未雨绸缪，看上去是十分简单的事，然而有许多人不屑去做。我们在做事情时要想周全，制订一个完整的计划，才会把事情办好。

春秋时，有一次宋、齐、晋、卫等十二国，联合围攻郑国。郑国慌了，就向十二国中最大的晋国求和。晋国表示同意，其余十一国也就停止了进攻。

郑国为了感谢晋国，给晋国送去了大批礼物，有著名的乐师三人，配齐甲兵的成套兵车和其他兵车共一百辆，歌女十六人，还有好多钟磬之类的乐器。晋国的国君晋悼公见了礼物，非常高兴，并把歌女的半数分赠给他的功臣魏绛，说："你这几年为我出谋划策，事情办得都很顺利，好比音乐一样和谐合拍，真是太好了。现在让咱俩一同来享受享受吧！"

可是，魏绛谢绝了晋悼会的分赠，并且趁机向晋悼公进行了一番劝告。魏绛的这番话，载《左传·襄公十一年》，大意说："咱们国家的事情之所以办得很顺利，首先应归功于您的才能，其次是靠同僚们的齐心出力，我个人有什么贡献可言呢？但愿您在享受安乐的同时，能想到国家还有许多事情要办。《书经》上有句话说得好：'居安思危，思则有备，有备无患。'谨以这句话奉献给您！"

后来"居安思危"也就成为一句成语。它告诉我们：安居的时候，要随时想到可能发生的危难。这样警惕，才能有所准备；事先有了准备，就能避免突然的祸患，这就叫做"有备无患"。

当我们某方面有所成就时，不要因为自己的一点成就觉得足矣了，要想

到取得大的成就，就必需居安思危，为长远考虑制订计划。不管做什么事我们都要预先有所准备，居安思危，处盈虑亏，并作好最坏的打算，这样才不会在招致变故时乱了阵脚，弄得一事无成，只有先想到不好的，找到解决的办法，等事情发生的时候才会处理得当。

一个企业就算是处于飞速发展的顺境状态下，也要保持清醒，对顺利的主观条件冷静分析，发现其中的危险因素，才会在遇到困难的时候找到解决问题的办法，不至于使企业亏损或倒闭。万不可被暂时的胜利冲昏头脑，更不能被虚假的繁荣迷惑了双眼。须知，市场是一个怪物，顺起来可使你一蹴而就到达顶峰，逆起来则使你眨眼间跌入谷底。只有做到"不为浮云遮望眼"，做事要居安思危事有先见，才能走向成功。一个企业的经营活动受到许多方面的影响，因此当我们处在顺境中看到潜伏的危机，不是一件容易的事。企业经营者必需有广博的知识，敏锐的眼力和缜密的思维。同时，要特别注意研究世界和国内大的经济变动的历史，从中发现一些规律性的东西，为预测危机奠定坚实的基础。比如经济危机、能源危机、资源短欠、滞涨加剧等会给企业带来哪些影响和威胁，看看那些在这类经济浪潮中翻船的企业的教训，必能使我们引以为鉴，做一些防范措施，虽然现在没有面对这些困难，但这是不可避免的，所以要做到未雨绸缪。

无论对国家还是企业，保持活力，居安思危，未雨绸缪，是必要的，都应坚持进步，坚持不进则退的理念，只有在这种自省和清醒状态下才能保持健康和竞争力。

居安思危，也是对未来的事情有一定的预见性，准确的预见性会让一个人走向成功，也会使一个企业或公司得到发展。

在日本大阪市有一家规模不大、从业人员也只有43人的铸造厂，从1919年成立到现在，它们依然能在激烈的市场竞争中始终应付自如，战而不败，其中成功的秘诀就是"有备无患"。这个企业在建厂初期的时候，主要以生产刨床为主，第二次世界大战以后，机械工程师出身的大屿先生当了厂长，他科学地预见到，随着日本经济进入恢复时期，城市地面密如蜘蛛网的电缆必将转到地下，地上电缆要被地下电缆所取代。于是他调整生产格局，集中全厂生产能力来生产地下涵道所需要的地面井盖。后来果真赢得了市场。

在我们的现实生活中，这样的例子也是存在的。一些人或企业，没有生存的危机感，便自然而然地会放松，轻敌，到最后就只能被残酷的现实淘汰。

比尔·盖茨经常说："我们的企业离倒闭永远只有18个月。"只有居安思危，才可以冷静、清醒地面对现状，预测下一步的计划。面对竞争不能松懈，否则就会退步。

大家都知道，鼹鼠是完全生活在地下的地鼠。它们最擅长的是在地下挖洞，而且它们挖的不止一条，而是四通八达、立体网状的坑道。要挖出这样的坑道当然很辛苦，但一旦完成，就可以守株待兔地等食物上门。同样在地底钻土而行的蚯蚓、甲虫等等，常会不知不觉闯进鼹鼠的坑道中，被来回巡逻的鼹鼠捕获。鼹鼠在自制的网状坑道里绕行一周，就可以抓到很多掉进陷阱的猎物。如果俘获的昆虫太多，吃不完的就先将它们咬死，放在储藏室里。有人就曾在鼹鼠的储藏室里发现数以千计的昆虫尸体。

在某种程度上，领导者也该向鼹鼠学习，做事要有所准备，多花一点时间，未雨绸缪，只有这样才可以不惧怕任何风暴来袭。

"人无远虑，必有近忧"，在这弱肉强食的竞争时代，一切都在瞬息万变，每一个人都不能保证自己时刻立于不败之地。领导者必需要有一个长远的打算，为自己制订一个计划，才能在不同的环境中立足。

培养远见卓识的洞察力

古人云，"凡事预则立，不预则废"。意思是在和平的时期要保持清醒的头脑，在大势远未形成的时候做好准备，只有这样我们才能立于不败之地。英国危机管理专家迈克尔·里杰斯特认为，预防是解决危机的最好方法。只有居安思危，才能有备无患，关键时刻力挽狂澜，展示卓越领导者的过人谋略。

在人生和事业的岔路口，只有具有睿智远见的人，才会是获得成功的人。远见就是在一个机会还没有显示出它的价值的时候，在别人都不以为然的时候，你能够发现它潜在的趋势。就像做生意一样，大家都去做同样的生意你可能挣不到钱，甚至会被套住，原因是你到了大家都发现它价值的时候才发现它。只有当所有的人都没有发现它有投资价值的时候，才会有机会来临。这就需要睿智和远见。

经营奇才王永庆，在20世纪50年代初世界塑料工业处于发展初期的时候，凭借其非凡的预见力，看出了发展塑料工业的远大前景，果断举债67万美元，筹建塑料厂，迈出了成功的第一步。如今他的台塑公司早已成为一家跨国大企业，王永庆也成为全球有名的华人大富豪。王永庆具有远见卓识，所以他可以先别人而取得先机。

远见卓识就是有远大的眼光和卓越的见解。领导者如果有着远见卓识，收益的会是整个公司；相反，如果公司的领导总是模仿别人，而没有远见，那这个公司早晚会被淘汰。一个企业要根据时代的进步而发展，不能总是跟着别人的公司走。

威勒是18世纪美国最负盛名的房地产商和银行家，但他在发家之前不过是一家银行的小职员。由于他勤快肯干、机灵诚实，得到老板的信任，很快升为主管，负责对房地产方面的投资。凭着对房地产方面的了解，他对行业发展前景有着独到的见解。

18世纪是美国历史上大规模的开发建设时期，房地产炙手可热。在华盛顿的近郊有一块地皮，威勒认为有无限的开发前景，应该买下来，但同事们不同意他的观点，老板也拿不定主意。

威勒坚定地说：美国的经济正处在大发展时期，无数的农民涌到城市里来，华盛顿用不了几年将会人满为患，就必需扩大城市规模，而那块地皮将成为开发建设的首选。老板凭着对威勒的信任，最终同意让他买下这块地皮，并由他负责那里的开发工作。

也就在威勒买下地皮后不久，华盛顿政府作出了一个决定，要在那里兴建新的商业中心，作为华盛顿的新城。一年后，威勒买下的那块地皮一夜间飞涨了10倍。所有的同事都对威勒佩服得五体投地，威勒的那个决定让老板一夜间挣了数百万美金，威勒也因此获得了10万美金的奖励。

在那个时候的美国10万美金已是一个不小的数目。威勒决定以这10万美金为资本，自己干一番事业。他从自己熟悉的房地产开始，逐步扩大到其他许多行业，后来成为美国著名的房地产老板和银行家。威勒的成功在于他与众不同的见解和远见。

具有远见，就会给整个企业带来好处，没有远见就总是落下一步。一个领导者最重要的就是要有远见卓识。市场竞争十分激烈，千变万化的市场形势随时都会给企业的生存和发展带来机遇，也随时可能带来威胁，甚至灾难。这就决定了企业家必需有远见，具有敏锐的洞察力和先见之明，能够审时度势，超前地对市场变化的趋势、进程和结果作出正确的判断，从而趋利避害，抢抓商机。

企业家应该对当前和未来的市场有一种敏锐的洞察力，有了这种洞察力就可以预见市场的发展模式，从而由被动变主动。

苹果公司在20世纪70年代起家后3年之内就进入了世界500强，这是空前绝后的。当时靠的是最早的个人电脑，比IBM的PC还早，叫苹果II号。它的设计师史蒂夫·渥兹尼克，机器设计得非常好，但缺乏远见卓识，也没有敏锐的洞察力，认为所设计的电脑一年只能销售几百套。当时的企业家、苹果公司的另一位创始人叫史蒂夫·乔布斯，20岁出头创业，他的看法就完全不一样，认为苹果电脑将带来一个巨大产业，一年可销售几十万台。事实果然

如其所料，个人电脑成为一个大产业，史蒂夫·乔布斯后来被里根总统称为"人们心目中的英雄"。

对未来市场的敏锐洞察力是企业领导者极端重要的素质，领导者的境界是决定企业前途和方向的根本。培养企业家的远见、智慧与精神，是这个时代提出的新课题。一个不断壮大的企业需要有敏锐的洞察力和战略判断力的领导。

今日的世界，孕育着巨大的发展机会，也是企业家发挥雄心和实现梦想的绝佳时代。企业家要有战略洞察力，任何有理想的企业家都不应该仅满足于亦步亦趋和摸着石头过河，也不应该仅着眼于一时一地的得失，而应该站在全球化竞争的角度，在纷繁复杂中找到线索，在混沌不清中抓住先机。美国有句谚语：如果你明确了目标，世界都会为你让路。

一个成功的领导者应该有着远见卓识和市场敏锐的洞察力。知道了企业的发展方向和市场的发展前景，还要洞察客户群的心理，洞察市场里的一切可行与不可行。一般来说，有了远见卓识，洞察力就自然有了，因为两者是联系在一起的，两者相连可以发挥更大的效力。

那么怎样才能做一个有远见和洞察力的领导者呢？

首先，一个有远见的企业家是靠机会驱动的，机会来源于环境中的变化，企业家就是善于捕捉这些变化的人。而没有远见的人是依靠资源驱动的，他们的思维模式经常是：如果我有什么资源，我将能干成什么事情；而企业家则首先问环境中有什么机会，然后才会想到自己拥有什么资源，并想方设法去获取这些资源。

其次，在信息化的社会中，信息流动如此之快，信息的不对称性也大大降低，这些所导致的直接后果就是新技术、新工艺很快就会被模仿。所以，企业家应该不拘一格地利用资源、人才和制度安排，在企业内形成一种新的氛围，让企业变得有远见和洞察力，从而在全球竞争中形成企业独特的竞争优势。

未雨绸缪，化解潜在危机

一只母鸡发现自己所孵化的蛋里，有一只蛋的外观与其他蛋有明显不同。母鸡心想：可能是天生的吧。过了几天，它的孩子们开始破壳而出。那只外观不同的蛋钻出的小动物和其他孩子长相悬殊。但母鸡心想：可能它比较难看吧。一天天过去，孩子们慢慢长大了，而那只与众不同的蛋也显出了本来面目：那是一只老鹰。但是已经来不及了。母鸡和它的孩子们都被母鸡自己孵出的鹰吃掉了。

一头敏捷的鹿不幸被猎人发现，虽然逃脱了追杀的噩运，但却被箭射瞎了一只眼睛。一天，它小心翼翼地来到湖边，一边低头吃草，一边用那只完好的眼睛密切注视着陆地，防备猎人的攻击，而用瞎了的那只眼对着湖，它认为海那边不会发生什么危险。不料有人乘船从可以经过这里，看见了这头鹿，一箭就把它射倒了。它将要咽气的时候，自言自语地说："我真是不幸，我防范着陆地那边，而我所信赖的湖这边却给我带来了灾难。"

以上两个小例子清楚地告诉我们，不要对潜在的危机视而不见，更不要纵容危机！

危机，可以诠释为："一件事的转机与恶化的分水岭"，又可阐释为"生死存亡的关头"和"关键的刹那"，可能好转，可能恶化。由此可知，"危机"是在一段不稳定的时间，与不安定的状况下，急迫需要做出决定性而有效的措施。所以，危机处理往往存在于一念之间。达尔文说："适者生存不适者灭亡"，用危机处理的角度思考"适者"是指能够面对危机、解决危机，最后能够继续生存下来的主体；"不适者"正是那些无法适应危机挑战而被淘汰的主体。

在市场经济中，每一个企业在生产经营管理过程中都面临着多种危机。

无论危机是来自企业内部的或来自企业外部的，无论是何种危机的发生，都可能给企业带来致命的打击。近年来中国的巨能钙、创维集团、中航油等和外国的宝洁公司、肯德基、麦当劳、立顿红茶等企业都不同程度地遭受到危机的重创，预示着企业"危机多发期"在中国的提前到来。因此，对于我国的每一个企业来说，都不能掉以轻心，都必需居安思危、未雨绸缪、加以防范，加强危机管理，预防企业潜在的危机。因为，预防和避免潜在危机的发生是企业危机管理成本最低、风险最小的办法，也是企业最明智的选择。

企业潜在危机的特点主要有：第一，突发性。如果不重视并处理企业的潜在危机，企业潜在危机就可能变成企业的现实危机，而且往往是在企业毫无思想准备的情况下爆发，出乎人们的意料，使人措手不及。第二，严重性。当潜在危机变成企业的现实危机时，将使企业的正常活动陷入混乱，而且很可能给公众带来恐惧和惊惶，从而给企业带来不可估量的损失。第三，余波性。当企业潜在危机爆发时，有时很长时间以后，公众一遇到类似事件还会浮想联翩、旧话重提。

企业潜在危机的根源主要有以下两方面。

1. 企业内部根源

（1）企业素质低下。企业素质低下的核心是人员素质低下，既包括领导者也包括员工。这两类人员素质低下都有可能引发企业的公共关系危机，特别是领导者如果素质低下的话，那么导致企业公关危机的可能性就更大。

（2）企业管理缺乏规范。

（3）企业经营决策失误。经营者决策失误的情况很多，主要体现为方向性失误、时机性失误和策略性失误等。其中，方向性失误和策略性失误是导致企业潜在公关危机的关键因素。

（4）企业法制观念淡薄。现代社会是法制社会，市场经济是法制经济，企业员工是否具有法制意识，是否知法、守法，是否将企业的经营活动置于法的监督、保护之下，这对于正常地开展经营活动，规范企业管理行为，树立良好的企业形象都有着十分重要的意义。

（5）企业公关行为失策。具体体现为：策划不当，损害公众利益。以公众利益为出发点是公共关系策划必需遵循的基本原则。公共关系活动缺乏必要的准备，准备工作做得越差，公共关系的成功率就越低。企业疏于传播沟通，忽视与公众的信息交流。传播沟通可以优化组织结构，增进人际关系的和谐，取得对组织活动的谅解和支持。忽视公关调研，就会损害企业声誉，调研是公共关系运作程序中重要的一步。

2. 企业外部根源

（1）自然环境突变。包括天然性自然灾害和建设性破坏两个方面。天然性自然灾害，如地震、海啸、旱灾、涝灾、火山爆发、河流改道、山体滑坡等，这些灾害具有很大的突然性，往往无法回避、损失巨大，常常使遭受打击的企业面临灭顶之灾。建设性破坏是一种人为的灾害，指某些人由于短视、无知、疏忽、失误等原因，未按客观规律办事，酿成人为破杯的大错。

（2）企业恶性竞争。即不正当竞争，是指市场经济活动中，违反国家政策法令，采取弄虚作假、投机倒把、坑蒙诈骗等手段牟取不正当利益，损害国家、经营者和消费者的利益，扰乱社会经济秩序的不良竞争行为。

（3）政策体制不利。比如，传统经营观念的影响、行业封锁、产品垄断等种种弊端，这些弊端甚至可以把一个企业逼向绝境。

（4）科技负影响。表现为：技术本身的危险性导致的危机，往往表现为重大技术设备的严重事故，技术进步带来技术标准变化导致的危机。

（5）社会公众的误解。包括：服务对象对企业的误解；内部员工对企业的误解，传播媒介对企业的误解，权威性组织或人员对企业的误解等。

（6）全新传媒出现。计算机技术和互联网的出现使人类进入了网络时代，使人们的沟通呈现范围广泛、双向互动、个性化、低成本等不同于其他电子媒体的传播特征。

要想保守秘密，就必需尽量使接触到它的人减到最少，并且只限于那

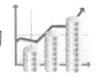

些完全可以信赖且行事谨慎的人；应当要求每一位参与者都签署一份保密协议；要尽可能快地完成谈判；最后，在谈判过程中尽可能多地加入一些不确定因素（工程师们称之为"噪音"），这会使窃密者真假难辨。即使做了这些，也应当有所准备，因为任何秘密都可能会泄露。

2003年2月8日，一条令人惊惧的消息在广东以各种形式迅速蔓延——广州出现流行疾病，几家医院有数位患者死亡，而且受感染者多是医生。"死亡"让不明真相的人们大为恐慌，谣言四起。2003年2月9日，罗氏制药公司于广州召开媒体见面会，声称广东发生的流行疾病可能是禽流感，并告之其产品"达菲"治疗该病疗效明显。罗氏公司的医药代表也以达菲可以治疗该病而敦促各大医院进货。该媒体见面会的直接后果是为正在浪尖上的谣言推波助澜，广东、福建、海南等周边省份的食醋、板蓝根及其他抗毒药品脱销，价格上涨几倍乃至十几倍，投机商大发"国难财"。"达菲"在广东省内的销量伴随谣言的传播而扶摇直上，2月8日前广东省内仅1 000盒，2月9日后飙升到10万盒。曾有顾客以5 900元买下100盒"达菲"！

2月15日，《南方都市报》发表《质疑"达菲"："禽流感"恐慌与销量剧增有何关系？》的署名文章，指责罗氏制药公司蓄意制造谣言以促进其药品的销售，并向广东省公安厅举报。罗氏制药公司的商业诚信和社会良知受到公众质疑，其形象一落千丈。同时，罗氏制药公司还将面临严重的市场危机，直接的后果是"达菲"销量的直线下跌。《南方都市报》的消息发出后第二天，广州某医院"达菲"的销量就下降到不到10粒（以前每天要售出100多粒）。更有消费者提出了退货要求。

将潜在危机预防作为企业危机管理的重要方式之一并不奇怪，令人奇怪的是许多人往往忽视了这一既简便又经济的成本降低办法。

要预防潜在危机，首先要将所有可能会对商业活动造成麻烦的事件一一列举出来，考虑其可能的后果，并且估计预防所需的花费。这样做可能很费事，因为公司内数以千计的雇员中的任何一人，都可能因为失误或疏忽将整

193 ▷▷

个公司拖入危机。但是，这个方法却很管用。

谨慎和保密对于防范某些潜在商业危机至关重要，比如由于在敏感的谈判中泄密而引起的危机。

1993年马丁—玛丽埃塔公司与通用电气宇航公司通过多轮磋商终于达成了30亿美元的收购案，这一秘密消息在高度紧张的日子中被保持了27天，结果却在预定宣布前两小时泄露给了媒体，给公司带来不必要的麻烦。

 正确认识危机

只要在地球上生存，人人都会面临危机。生物会面临危机，企业也同样会面临危机。企业经营活动的发生总是伴随着企业与外部世界的交流以及内部员工与股东间利益的调整行为。由于各种组织与组织之间、个体与个体之间的利益取向不同，从而不可避免地导致各种利益冲突。当这些冲突发展到一定程度并对企业声誉，经营活动和内部管理造成强大压力和负面影响时，就演变成了企业危机。

危机处理的第一步是正确认识危机，这是极其重要的一步。往往因为无法正确认识危机，导致在处理上产生极大的误差，徒然扩大损失，增加处理成本。危机处理者应能在"关键的一刹那"认识危机已经降临，并立即辨认是何种危机，随即确定处理方向，若如此方能在危机处理上奠定良好的基础。

2006年4月29日，武汉市中院公开对涉嫌变相吸收公众存款和操纵证券交易价格非法获利的德隆主案作出一审判决。德隆总裁唐万新因非法吸收公众存款罪被判处有期徒刑6年零6个月，并处罚金40万元；因操纵证券交易价格罪，被判处有期徒刑3年；决定执行有期徒刑8年，并处罚金人民币40万元。

另外，本案中起诉的3家企业和德隆的6位高管也分别受到惩处。上海友联管理研究中心有限公司因非法吸收公众存款罪判处罚金3亿元，德隆国际战略投资有限公司、新疆德隆（集团）有限责任公司因操纵证券交易价格罪，判处罚金各50亿元。这是涉及证券市场额度最高的一次罚款。

法院审理查明：上海友联通过金新信托、德恒证券等6家股权托管公司，以向客户承诺按期还本并支付高于银行同期利率的固定收益率的方法，吸收公众存款32 658笔或与693个单位和1 073名个人签订合同，变相吸收公众存款437亿余元，其中未兑付资金余额为167亿余元人民币。在操作过程中共动用了24 705个股东账户，并采取连续买卖、自买自卖等方式，长期制造"老三股"价格异常波动，股票价格长期居高，获取大量不正当利益。德隆被认为非法获利98.61亿元。

相信对于德隆案，业内人士都十分清楚，德隆危机，有人估计损失不会少于200个亿，连带十余家上市公司陷入危机之中，多家银行被卷入，无数民间委托理财机构被套牢，被人推崇备至的德隆模式被颠覆，民营企业开始反思，上市公司开始反思。

企业危机包括诸多方面，不仅仅指企业面向公众或顾客的重大事故处理，而是指不论客观还是主观因素、抑或是不可抗力所引发的能够导致企业处于危险状态的一切因素。从分类上，包括人力资源危机、产品服务危机、客户危机、行业危机、财务危机、媒体危机、计算机技术危机、工作事故、诉讼危机、侵权危机、合同危机、政策法规变更、天灾人祸、破产危机、并购危机、保卫工作危机、企业战略危机、供应链危机、文化冲突、多元化危机、权力交接危机等20多种危机模式。

零点调查、清华大学公共管理学院危机管理课题组和中国惠普有限公司2003年8月共同合作完成了一项关于"企业危机管理现状"的调查结果表明，45.2%的企业处于一般危机状态，40.4%的企业处于中度危机状态，14.4%的企业处于高度危机状态。也就是说，一半以上的企业处于中度以上的危机之中。当前企业最常面临的前3种危机依次是人事危机、行业危机、产品和服务危机。

每一种危机都可以给企业带来巨大的危害，其中影响最为严重的则是财务危机与媒体危机。这两种危机足以在顷刻间置企业于死地。西方国家流行的"现金流为王"思想就是财务危机的重要表现，原百富勤、爱多、巨人等企业的破产都是缘于现金流的困难。媒体危机常常是导致企业一切危机总爆发的导火索，以前的蓝田危机、近期最典型的德隆危机都是缘于媒体导火索的起爆。这两种危机，一旦爆发，甚至企业都来不及采取补救措施。

德隆出事之前，相信与之关联的诸多大公司老板都可以自信地拍胸脯：德隆，楷模呀，我们的经营十分正常，我们的合作十分愉快。事实上，如果看公司的财务报表、访问公司的员工或者听有关人士的介绍，大体都会得出相似的结论，甚至在德隆崩盘之后，公司内很多员工还抱有天真的幻想，通过自己购买公司股票、帮公司渡过难关。

企业进行对在危机发生之前有效辨识，预先防备、防危机于未然是必需的。有人认为，只要企业建立自己的危机预防与处理系统，就可以高枕无忧。从零点调查的结果来看，52.3%的企业中设有专门的危机管理团队，其中46.8%的管理团队由高层管理人员全权负责，34.1%由高层管理人员和高级公关经理组成。好像已经搞得很不错了，为什么还会出现许多致命的危机？有道是"医生都难治自己的病"，问题在于"只缘身在此山中"。因此，借助于"外脑"帮助诊断是企业绕不开的必经之路。

如果说咨询公司是企业医院，那么咨询顾问就是企业医生。企业生病，当然愿意找名牌医院、专科医院、知名医生。一些专门的咨询公司在诊断过程中，常采用的方法主要包括：结算表危机测试法、收益表危机测试法、资产负债表危机测试法、野田式危机测定法、商品结构危机测定法等。通过一系列的检测手段，对企业危机的各项指标就有了十分翔实的数据，都可以换算为企业在各项经营管理方面的危机指数。在对企业危机程度进行诊断评测之后，一方面为企业领导指出了企业当前存在的主要风险；另一方面也会提出企业解决主要危机的一些策略；同时，还可以帮助企业建立企业自身的危机预警系统。

企业在危机辨识上首先要提高危机预防的警惕性。通过日常管理，防患未然，消除危机于萌芽。预防的关键要从危机类型入手，顺藤摸瓜，找出对策。

以负责的态度面对危机

危机是每个企业都不愿面对的事，但是在发生后，如果刻意隐瞒或消极对待，危机对企业的发展将是致命的。因此当危机不幸来临时，千万不要只是怨天尤人，而应诚意面对问题，寻找适当的解决方案，才能借此将危机化为转机。

在危机处理中，最忌讳的是回避。你越是回避，别人越觉得你的确有问题，因此，勇敢地面对问题、真诚地承认问题是非常重要的。另外，无论企业一方是对的还是错的，在一开始就进行辩解也是错的。由于公众接受的是一个错误信息，在没有证明到底谁对的前提下，即便你认为自己是对的，公众也会认为你是在狡辩。所以，先坦诚地承认问题，然后承诺一定会认真地调查此事，并给公众一个满意的答复是最正确的处理方式。

企业出现危机时，特别是出现重大责任事故，导致社会公众利益受损时，企业必需承担起责任，给予公众一定的精神补偿和物质补偿。在进行善后处理工作的过程中，企业也必需做到一个"诚"字。只要顾客或社会公众是由于使用了本企业的产品而受到了伤害，企业就应该在第一时间向社会公众公开道歉以示诚意，并且给受害者相应的物质补偿。对于那些确实存在问题的产品应该不惜代价迅速收回，立即改进企业的产品或服务，以表明企业解决危机的决心。只有以诚相待，才能取信于民。

中毒休克综合征是一种与使用妇女卫生棉条有关的疾病。1980年5月美国疾病控制中心报告称：一种可能对经期妇女造成致命危害的疾病正在蔓延。不久英国新闻界对这一问题也发难了，媒体开始进行有关报道，他们臆断卫生棉条的材料是塑料制品，这种制品受过污染，是疾病的根源。不管怎么分析，这种疾病至今仍是个谜，已有不少妇女死于中毒休克综合征。

当时，英国的商场上有这样几个牌子的卫生棉条：丹碧丝、LIT–LETS以及强生公司的保险牌等。当一切都过去之后，当时生产丹碧丝的公司市场部经理桑顿告诉英国的《市场营销周刊》说，当时公司面临三个问题，分别是：

该产品是否真的对消费者有害？

公司对此未理睬英国的医药权威机构的非正式评论。公司每年在英国销售数以百万计的卫生棉条，几乎从没有人把卫生棉条与中毒休克综合征联系在一起，因此生产厂家不应该对感情用事的媒体报道负责。

是否要削减广告费用，采取低姿态，直到危机解决？

但是大幅度消减促销费用可能有掩饰事实真相的嫌疑，因此公司还是决定增加广告费用。

从旁观者的角度来看，丹碧丝这样做的决策是非常正确的。当危机爆发时，消费者肯定已有所耳闻并正在不断地猜测。一旦发现该公司的广告大幅度减少，甚至彻底销声匿迹了，肯定以为发生了什么不好的事情，弄不好产品确实有问题，说不定该公司已经垮台了，一时谣言四起。当危机过后，企业想重整旗鼓、东山再起时，已经物是人非了，它的信誉在消费者心目中已经完全丧失，可能消费者已经转成为另一个品牌的忠实消费者了。

如何应付媒体的询问？

当时丹碧丝公司接连不断地接到公众的电话问询，公司决定，总机和所有工作人员只可简短地回复询问电话，媒体打来的所有电话由公司一名高

级官员专门负责处理。媒体的电话应优先处理，公司内部不管如何重要的会议，一旦有电话询问就应中断；公司的高级官员外出时，应该有他们完整的工作日程安排表，以便随时与他们保持联系。这样也就确保了媒体电话能及时得到回复，而不会让人觉得公司在躲躲闪闪。桑顿说，有时媒体的询问是影射性的，以暗示公司在市场上销售的卫生棉条有问题，除非公司能证明自己是清白的。因此根据桑顿的观点，在直接回答问题前，有必要先考虑一下最重要的问题。一个简单的"是"或者"不是"都可能给人造成错误的印象。由于处理得当，丹碧丝终于在这场突如其来的危机中涉险过关。

危机是危险，更是转机。当你很适当地处理危机时，机会自然会随之而来的。如果企业自始至终都是在本着为消费者负责的态度处理危机，这样做的结果不仅不会损害消费者的忠诚度，还会增加消费者对它的好感。

不少人还记得三菱公司的帕杰罗出现的质量危机事件。对一个汽车厂家来说，出现如此严重的质量问题无疑是非常严重的危机，然而三菱公司并没有逃避，没有因为怕影响企业的声誉而想方设法掩盖，而是本着对消费者负责的态度，下令召回所有销售出去的三菱帕杰罗，免费检查，免费维修。虽然，三菱为此付出了高昂的费用，但三菱赢得的是消费者的信任和认可，三菱的销售额不降反升。反之，若三菱处理不当，坚决不承认存在质量问题，待安全问题真正出现时，三菱无疑会面临灭顶之灾。汽车的安全直接关系着消费者的生命安全，安全性能是大部分消费者买车时的首要考虑因素，若汽车厂家对消费者的生命安全都漠不关心的话，你还能指望它能为你负什么责任？

再如泰诺止痛胶囊也是一个很好的典范。它面对媒体危机时，不是竭力辩解，而是承认问题，下令所有药品停止销售，然后再调查问题，查明真相。它尽可能地解决问题，让消费者觉得被重视，并且诚实地面对及解决问题，消费者还是会愿意购买它的药，因为它表现了关心和承诺。努力开发出更好的药，在危机中展现对消费者的重视，机会就在于此。

总之，当企业面对危机时，应该以社会公众和消费者利益为重，迅速做出适当反应，及时采取补救措施，并主动的、有意识的以该事件为契机，变坏事为好事，因势利导，借题发挥。不但可以恢复企业的信誉，而且还可以扩大企业的知名度和美誉度。正如人们所说的：一个优秀的企业越是在危机的时刻，越能显示出它的综合实力和整体素质。一个成熟的、健康的企业与其他企业的区别就在于此。

不惧危机，险中获胜

美国《危机管理》一书的作者菲特普曾对《财富》500强的高管进行了一次调查，高达80%的被访者认为，现代企业不可避免地要面临危机，就如人不可避免地要面对死亡。学会预防和处理危机对企业来说也是一堂"必修课"。医院除了有一般的门诊室，还专门设一个急诊室，以及时医治白天或晚上来的危急病人。企业当然很难像医院那样常设一个危机管理机构，但危机意识及一套危机管理体系是应具备的。在充满变数的市场经济社会中，危机管理已成为领导开展工作的重要一环。

危机管理，重在预防，正所谓防患于未然。"凡事预则立，不预则废。"事实上，几乎所有的危机都是可以通过预防来化解的。因此，危机管理成功与否的一个决定性因素在于事前的准备工作是否完善。面对危机，不能坐以待毙，应该在危机发生之前，做好充分的准备工作，对各种可能发生的危机做到通盘考虑，才能从容不迫地应变。

在激烈的市场竞争中，企业要鹤立鸡群，就必需要有一位具有智谋和胆识的企业家来领导。

鞍山钢铁公司总经理李华忠就是凭着智谋和胆识，与鞍钢其他领导同志一道，驾驭着具有70多年历史的"钢铁联合舰队"，沿着改革开放的航标前

进，驶向一个又一个丰收的港湾。

1986年1月，李华忠受命从上海宝钢回到离别4年的鞍钢任经理。此时的鞍钢是怎样一种情形呢？炼铁与炼钢生产严重脱节；关系鞍钢命运的技术改造，规划10年，争论10年，难以作出决策等。面对困境，李华忠凭着自己的智慧和胆识作出这样的决策：坚持走自我积累、自我改造、自我发展的道路，并确定了"以炼铁为中心组织生产"的战略方针。

但是任何一项新的决策的实施都不是一帆风顺的，李华忠这位企业家也无法摆脱困难的缠绕。在他作出上述决策之后，为了调动各方面的生产积极性，在党委和工会支持下，决定在全公司发动一个以"55018"（综合焦比降到550千克以下，高炉利用系数达1.8以上）为代号的夺铁保钢竞赛活动。没想到竞赛进行到第三天，一起罕见的高炉事故从天而降。由于操作者的失职，11号高炉5小时未加焦炭，只加矿石，结果是几千吨冷料凝固在炉膛内。高炉"难产"，大大影响了鞍钢本来生产就不足的铁产量。

面对鞍钢这一重大的事故，李华忠急中生智，很快想出两种解决问题的方案：一是扒炉子，把矿石、铁水拿出来；二是采用继续送风加温。并对两种方案迅速加以比较，得出前者时间长、损失惨重；后者时间短、风险大的结论。经过短时间的冷静考虑，李华忠毅然果断地作出三条既冒险、又留有后路的科学决策：一是先处理事故，后追究责任者，立功者可将功补过；二是立即送风抢险；三是同时研究并提出扒炉子方案。

9天之后，李华忠终于在险中获胜。

俗话说："病来如山倒，病去如抽丝。"危机的到来也和疾病一样是突如其来的，对待危机有时也如对待疾病，先得"看、闻、听、问"查出危机的症结所在。危机并不是一个单发性的因素，有其起因、积累和爆发过程。只有了解了危机的本质，才能对症下药，见鱼撒网，研究出解决方案，然后在这几个解决方案中寻求一个风险和收益比较适中的方案，果断实施。

"打蛇要打七寸"，对待危机亦是如此，因为打蛇打错了，就要惊蛇，可能危及生命，而危机处理错了却足以亡企业。

一般说来，危机事件的发生多半与企业自身的行为错误有关，或是因为违反法令、不解民情、管理失当、产品以及服务缺陷所致。当然，其中偶然也有因政府行政过失、媒介妄言轻信或消费者贪婪鲁莽引起的，但多数还是根在企业，责在自身。正因为如此，企业才能通过预防措施，减少甚至杜绝危机事件的发生。

1.建立预警机制

建立一套切实可行的危机预警机制非常重要。企业如何来建立危机预警机制呢？通常有以下五个步骤。

（1）组建危机管理小组，小组领导由企业最高领导者来担纲，以企业各职能部门负责人为主，兼收一部分基层员工介入。当危机出现时，可以主要由这一部分人负责，并指定2~3个主要负责人，当危机出现时，可避免因一个人可能不能出现而延误了危机处理。国内一知名食品企业发生危机时，就是因为危机唯一负责人即公司最高领导恰好出国了，最后弄得一团糟。

（2）小组成员要经过讨论分析，确定企业最有可能在哪些方面出现危机。

（3）分析当发生危机时，公司会受到什么损害。必需要先作好"被害预测"，然后才能进行危机分级管理，制订解决方案。

（4）根据这些"预测"制订每一项危机的应对解决方案，明确具体步骤与时间安排，并落实到文字上，人手一份。普通员工也应有基本的危机防范意识，并掌握基本的危机应对措施。

（5）确保企业内部对话渠道畅通，并与外部世界建立良好的互动、协作关系，改善企业外部的生存环境。如果缺乏内外部的沟通，危机可能会放大百倍以上。

2.对员工进行教育和培训

企业任何行为都是通过人的行为来实现的，对企业员工进行危机管理、

教育和培训就显得十分重要。而危机管理教育首先在于培养危机管理意识，也就是说让所有企业员工都明白危机管理的重要性和必要性，提高员工对危机事件发生的警惕性；其次在于培训员工的生产和服务技能，保证企业产品和服务的质量，减少企业自身出错的机会；最后为培养员工合作与奉献的精神，即与同事合作，减少内部管理摩擦。其实，所有这样做的目的只有一个，即企业尽最大可能减少危机来自企业内部的可能性。

3. 建立组织保障机制

符合危机管理要求的组织保障，要求企业在进行组织设计时，必需考虑到以下几个问题：一是确保组织内部信息通道畅通无阻，即企业内任何信息均可通过组织内适当的程序和渠道传递到合适的管理层级和人员；二是确保组织内信息得到及时的反馈，即传递到组织各部门和人员处的信息必需得到及时的反应和回应；三是确保组织内各个部门和人员责任清晰、权力明确，即不至于发生互相推诿或争相处理；四是确保组织内有危机反应机构和专门的授权，即组织内须设非常设的危机处理机构并授予其在危机处理时的特殊权力。如此一来，组织内信息通畅，责权清晰，一旦出现任何危机先兆均能得到及时的关注和妥善的处理，而不至于引发真正的危机。

4. 准备充实的资源

企业的资源准备可分为人力资源和财力资源两个部分，但其中最为关键的是人力资源准备。处理危机事件，关键在人，而不在物或其他。这种人力资源的准备既要有企业内部的人力资源，也要充分利用社会上的人力资源即外部人力资源。企业内部的人力资源准备主要集中在建立企业自身的精英队伍，其中包括产品技术精英、生产行家、售后服务专家、法律顾问、人力资源专家和谈判高手；外部人力资源的准备则在于行业专家、学者、媒介精英、政府官员和专业人士等。由于危机处理对于参与人员的素质要求很高，这些人员如果不能进行提前准备，就很难在危机发生时找到合适的人员，从而贻误战机并导致处理失败。

当然，财力的准备也很重要。从前面的案例中我们可以看出，红极一时的巨人的倒塌正是由于财力枯竭造成的。财力对企业来说，相当于人的血液，是企业生存和发展的根本。因此，在应对危机时，企业应准备充足的资金，以便在危急关头能拿得出来，渡过难关。企业不可以没有防范意识，以为公司的产品卖得很好，将预期的收益当成企业既得的收益来安排和使用，一旦产品销售出现问题，必然陷入财务危机。如果企业没有充足的自备资金，则应与银行建立好良好的关系，能在需要的时候从银行获得贷款也可以，或当企业陷入危机后，银行不是逼债，而是能宽限还款日期也很好。凡是做企业的人都知道，资金对企业来说实在是太重要了，在危机中则显得尤为重要。

5.建立沟通机制

沟通对于企业的意义也非同寻常。很多企业在危机中失败正是由于不会沟通，而陷入本不该陷入的危机，或错失挽回败局的良机。经常与政府沟通，可以及时了解国家的政策法规及变动趋势，减少企业违反法令的机会；与商业伙伴沟通，减少与商业伙伴之间的争执与纠纷，努力建立和睦共处的机制，当危机出现时，合作伙伴能做到同舟共济，而不是落井下石，特别是与供应商、经销商和银行建立好关系；与消费者沟通，减少消费者对企业产品与服务的不满与抱怨；与新闻媒介沟通，减少媒介对企业的误解与曲解，经常主动向媒体提供一些利好消息，另外良好的沟通机制可保证企业在第一时间从媒体那里了解有关企业的负面消息，在消息散发出去之前就设法将其解决，可有效地避免多种危机的产生和扩大化。

危机中的实用应变术

突发事件与危机常常使领导者周围环境中某些因素发生重大改变，从而

使环境对领导工作产生极其不利的影响。这使领导者决策的不确定性增大，同时，由于突发危机对组织具有突发的破坏性等，对领导的应变能力是个考验，领导艺术是能从大量事物的复杂关系中判断出最重要最有决定意义的东西。这种才能在领导处理突发危机时表现得非常明显。

突发事件是突然发生的无章可循的事件，总是令人难以预料，措手不及，但又关系到组织的安危，不仅要处理，而且还要处理得好。相对于组织的日常工作而言，突发事件实属意料之外的事，但在这种偶然性、意料之外的背后，总是有着深刻的必然性在起作用。从这个意义上说，突发事件是可以把握的，在给领导者制造困难的同时，危机也是挑战和机遇。如果领导者善于抓住机遇，以创新思维与行动迎接挑战，那么领导者将能避免突发事件造成的损失，提高领导效能，推动组织发展与进步。

1. 先发制人的危机处理艺术

在中国古代政治斗争中，运用先发制人最典型的是秦王李世民发动的"玄武门之变"。天下统一归唐后，李世民与太子李建成之间，便开始了皇位继承权的争夺。李建成以嫡长子被立为皇太子，取得了传统的合法地位。李世民虽说是李渊的次子，但从最初的谋划起兵，到统一天下，他都起着非常重要的作用，实际上是大唐的真正缔造者。长期的征战，使他的手下人才济济，既有尉迟敬德、秦叔宝、程咬金等威名赫赫的骁将，又有房玄龄、杜如晦、徐茂公等足智多谋的文士。他们都希望李世民取代建成，成为太子。此外，李渊的四子齐王李元吉也对太子之位虎视眈眈，并扬言："只要除了秦王，做太子易如反掌。"李世民早已看到自己处在这场权力之争的旋涡之中，或者鱼死，或者网破，但时机尚未成熟，李世民未敢妄动。正当这场政治风暴蓄而未发之时，恰好赶上突厥又一次进犯大唐边境，太子建成借机加快了对李世民的迫害。于是，李世民以其超群的智谋，沉勇果决，先发制人，夺取了皇太子地位。首先，他命令长孙无忌将房玄龄、杜如晦从宫中召回王府协同议事，其次，授意朝臣傅奕上奏李渊：太白星出现在秦地分野，

205

预示秦王执掌天下；最后，他亲自面见李渊，抛出掌握已久的一张王牌：揭发建成、元吉淫乱后宫的事实。促使李渊决定早朝审讯太子和齐王。武德九年（626年）六月四日，李世民与部将潜入禁宫，伏于玄武门。当建成和元吉走到临湖殿，发觉情势不对，拨马回转时，李世民率众杀出，李世民弯弓搭箭，将建成射死，尉迟敬德也一箭射死元吉。随后，逼李渊下达"诸军并受秦王处分"的诏旨。6天后，唐高祖李渊立李世民为太子。当年8月，高祖退位，李世民登基为帝，称唐太宗。

在军事活动中，采用突然的战术，实际上也具有先发制人的意义。

1939年9月1日凌晨4时50分，当波兰军队还在酣睡的时候，德军出动了2 300架飞机和上万门大炮，向波兰全境进行猛烈的轰炸和炮击。随即，德军64个师以每昼夜30~50公里的速度向前推进，不到一个月就使波兰军败国亡。1941年6月22日4时，德军出动181个师218个旅，4 980架飞机，3 350辆坦克向前苏联发动"闪电式"进攻。一周之内，攻入前苏联境内数百公里，使前苏联在战争初期蒙受了重大的损失。1968年8月20日深夜23时至21日凌晨，前苏联纠集波兰、东德、匈牙利和保加利亚等国，出动25万军队，800架飞机，7 000辆坦克，联合从地面和空中向捷克斯洛伐克进行了突然袭击，短短6个小时就基本上控制了捷克斯洛伐克。

以上这些军事行动，虽然都是非正义的，但是，他们在军事应变中运用先发制人的成功经验，对我们却不无启迪。

2. 亡羊补牢的危机处理艺术

唐朝肃宗时，史思明再次叛唐，战局开始逆转。大唐多谋善战的平乱名将李光弼上书唐肃宗，请求下令调集朔方兵与自己会合，逼攻史思明驻地魏城，向史讨战。然而，这一战略决策由于宫监鱼朝恩妒忌李光弼的战功，横加阻挠，未得实施。乾元二年（759年）三月，郭子仪、李光弼等人率60万大军，在安阳河北与史思明的50万精兵交战。正当两军伤亡各半，胜负未分时，大风突起，飞沙走石，天昏地暗，两军对面无法辨认，各自溃走。由

于唐肃宗不设统帅，只以宦官鱼朝恩为观军容使，60万大军没有一个统一的指挥，无法应付这种变化，军队损失尤为惨重。唐军陷入被动。同年7月，唐肃宗召郭子仪回京，拜李光弼为天下兵马副元帅，接替朔方军务。李光弼率五百骑兵驰赴东都洛阳。素以治军严整著称的李光弼，到任之后，号令一施，士卒、壁垒、旌旗为之焕然一新。此外，李光弼运用计谋多次挫败史思明的进攻，节节取胜，扭转了唐军的被动局面。

亡羊补牢作为应变术，关键是善于从差错、失误中吸取教训，吃一堑，长一智。这样，即使先付出了代价，也可以从中得到教益，以便东山再起。

美国玛丽·凯化妆品公司董事长玛丽·凯，在创业之初，也经历失败，走了不少弯路。然而，她不灰心，不泄气，终于成为一名大器晚成的化妆品行业的"皇后"。那是20世纪60年代初，人到中年的玛丽·凯退休回家，过分寂寞的退休生活使她突然决定冒一冒险。于是，她把一辈子积蓄下来的5 000元钱全部用来投资，创办了玛丽·凯化妆品公司。两个儿子为了支持母亲实现"狂热"的理想，一个毅然辞去一家月薪480美元的人寿保险公司代理商的工作，另一个也辞去了在休斯敦月薪750美元的职位，都加入到母亲创办的公司，宁愿只拿250元的月薪。玛丽·凯深知这是背水一战，是在进行一次大冒险，弄不好，不仅自己一辈子辛辛苦苦的积蓄将付之东流，而且还可能葬送两个儿子的美好前程。在创建公司后的第一次展销会上，她隆重推出了一系列功效奇特的护肤品，原想会引起轰动，大获成功。可是，谁料到整个展销会只卖出1.5元的护肤品。残酷的失败使她无法自已，失声痛哭，回到家后，她对着镜子反省自己。她检讨到展销前，公司从来没有主动请别人来订货，也没有向外发订购单，而只是企望女人们来上门买东西，难怪展销要失败。于是，她擦干眼泪，从第一次失败中站了起来，在抓生产管理的同时，加强销售队伍的建设。经过20多年的苦心经营，玛丽·凯化妆品公司由初创时9人，发展到现有5 000多人的国际性公司，并拥有一支20万人的推销队伍，公司销售超过3亿美元。

当然，亡羊补牢毕竟有些"马后炮"的味道，尽管这种"事后诸葛亮"是十分必要的。但是，我们还是应提倡在事前就有周密的思考和切实可行的措施，补牢于亡羊之前。这样不仅减少一些不必要的损失，而且，从应变的角度来看，也可以占据主动，不至于走弯路。

3. 主动解脱的危机处理艺术

当危机的起因与自己密切相关时，运用主动解脱的方法来摆脱危机，是一种十分有效的应变术。

相传，秦汉时期的著名谋略家陈平年轻时，在一次战斗失败后，独自一人带着剑从小路逃亡，要渡黄河。船夫见他相貌堂堂，一人带剑独行，知道他是逃亡的将领，猜他腰中一定会带有金银玉器，因此，不停地用眼光打量他，想杀掉他夺取财宝。陈平也看出了船夫的企图，虽然十分着急，但仍沉着应付。他主动解下上衣，光着膀子帮助船夫撑船，船夫见他身上并没有藏财宝，就顺利渡陈平过了黄河。还有一个故事，一艘大船在江上航行，有个旅客拿出一只黄铜杯子喝酒，船夫以为那酒杯是金的，多次注视，图谋不轨。这位旅客也看在眼里。一会儿，旅客靠近船舷洗杯子，故意把杯子掉落到江中，船夫以为是失落了金杯，感到十分惊骇和惋惜。旅客乘势解释说："这是一只黄铜杯，不是金的，不值得惋惜。"这位旅客和陈平一样主动解脱，免去了一场灾祸。

主动解脱最具特色的作用，是官场上的急流勇退，以免兔死狗烹的结局。

越王勾践灭吴班师回越后，君臣共宴庆功，乐师作《伐吴》之曲，曲中有词赞文种、范蠡之功，群臣大悦而笑，勾践却面无喜色。范蠡观察到这一细节，立刻引起了深深的思索：勾践为了灭吴兴越不惜忍辱负重，卧薪尝胆。如今如愿以偿，功成名就，他便不想归功于臣下，猜疑嫉妒之心已见端倪。大名之下，难以久居。不如及早急流勇退，恐怕日后无葬身之地。于是，次日范蠡便向勾践提出了辞官申请。勾践不允。当晚，范蠡便不辞而别，携带家眷私属和珍宝珠玉。乘着一叶扁舟，涉三江，入五湖，辗转来到齐国。范蠡到齐国后，与儿子们耕作于海边，苦身戮力。没有多久，由于经营有方，家产竟然多达数十万后移居定陶，以经商为业，时间不长，又积聚了巨万资财，成为首富，人称陶朱公。而另一功臣文种，不听范蠡要其离开越国的劝告，不久即遭到越王猜忌而伏剑自杀。

4. 破釜沉舟的危机处理艺术

破釜沉舟是人们在危难面前使用的一种极端的应变策略，其极端之处在于，它用置自身于死地的方法，来激励士气，团结奋斗，共求同生。这种"陷之死地而后生"的方法，对于既定目标的实现，往往起到极大的推动作用。

在中国古代军事史上，运用破釜沉舟最出色的是项羽与秦军的河北之战。秦末，各地纷纷举兵反秦，项羽和他的叔父项梁也在其列。项梁率领大军和项羽等人在山东、河南一带，连续击败秦军，打了好几个胜仗。可是，定陶一战，秦将章邯却将楚军打得大败，项梁也在此战役中战死。章邯击败楚军后，便渡过黄河北攻赵地。楚王命宋义为上将军、项羽为次将军，率领楚军前去救赵。楚军开到安阳（山东曹县东南），停留不进，直等了46天。项羽忍耐不住，催宋义快快渡河，同赵军里应外合，打垮秦军。宋义迟迟不下命令。此时正值冬季，天气很冷，士兵们饥寒交加，而宋义只顾自己吃喝，项羽十分气愤，第二天清早去见宋义时，就在宋义营帐中将其杀死，还割下他的头，号令全军，将领们见项羽杀了上将军，个个惊惧，表示愿意服从其指挥，项羽报告给楚王，楚王即命项羽为上将军。于是，项羽立即行动，亲自率领全军渡河北上。过河以后，项羽命令将渡船全部凿沉，饭锅全部砸破，岸边的房屋也统统烧光，每人只发3天的粮食。项羽以此表示这一仗只有拼命，誓不后退的坚强决心。楚军一到前线，立即把秦军包围，截断了其运粮的后路，经过一场恶战，秦军被打得落花流水，这一战役胜利结束后，项羽召见各地援军的将领，他们都拜伏在项羽脚下。从此，项羽便成了抗秦队伍中的首领。

破釜沉舟不但是政治上、军事上的一条重要的应变术，在经济活动中，也有广泛的运用。

1988年，山东省博兴县酒厂看到啤酒、汽酒市场较好，便急急忙忙生产了一批汽酒。可是，由于质量不过关，销不出去，积压了10.8万瓶。这些积压的汽酒，既占用了厂里的资金，又占着仓库。怎么办？厂部决定："倒掉！"倒酒搞得非常隆重，其目的是借这种方式激励全厂职工，也鼓励社会对他们厂的产品质量进行监督。酒厂这种"破釜沉舟"之举，在人们心中深深地打下了"质量第一"的烙印。此后，该厂注重质量工作，研制出一批优质酒。他们生产的"玉液佳酿"投放市场后深受消费者欢迎。1984年下半年就扭转了亏损局面。到1987年，该厂年利税已近千万，产品销往大半个中国。

破釜沉舟策略，实际上是斩断人们的退路，使人产生危机感，以此激励人们奋发进取的策略。因此，通过人为的方法制造危机，也是对破釜沉舟的计谋的一种巧用。

日本日立公司以生产家用电器著称于世。自20世纪60年代以来，由于国际市场对家用电器需求的持续增长，日立公司也发展顺利，产品畅销不衰。为了克服下属的自满情绪，激励下属努力进取，日立公司采用一些措施，人为地制造危机来保持企业的危机感。例如，1974年9月，公司宣布境况不佳，有2.2万名下属需暂时回家待业一个月，待业者可领到工资80%左右的待业金；1975年1月，公司又决定对4 000名管理人员实行减薪，从上层到下层按不同比例减；总经理减15%，部长级减10%，科长级减5%，通过这些手段，使全体下属都感到危机的存在，不敢懈怠，只有不断进取，才能保住工作，保持全额收入。这无异于破釜沉舟，不进则退。日立公司的这一妙策，难道不值得我们借鉴吗？

5. 明知山有虎偏向虎山行

处理突发事件的非正常程序化决策具有很大的风险性。因此,领导者的政治素质和能力素质起着决定性的作用。领导者要具有探险家的胆识,有敢冒风险、敢担风险的精神和能力。

首先,领导者要有政治品德,既有胆有识又有高度的责任感。其次,领导者要有冒险的精神。

能力所涉及的因素有很多,例如知识、技能、智力以及情感等等。在这里,领导者之所以敢于冒风险是在有着丰富知识的基础上的厚积薄发,领导者的想象能力尤其重要。处理突发事件的决策是全然没有把握、难度最大的决策,进行这种决策比其他非程序化决策所承担的风险要大得多,领导者必需具有预言家的想象,充满乐观和自信,从对立思想的交锋和不同观点的碰撞中及时、果断、慎重地决策,这样,即便是"摸着石头过河",也一定能顺利到达彼岸。

1995年6月22日,英国首相梅杰宣布辞去保守党领袖职务,要求保守党提前举行领袖选举,并声明他本人将参加竞选。如失败,将辞去首相职位。此举震动了英国政坛。舆论认为,这是梅杰政治生活中最大的"赌博"。

促使梅杰作出这一决定的导火线是他1995年6月13日与保守党内60余名"欧洲怀疑派"的一次会见。在这次会见中,这些议员猛烈攻击梅杰的欧洲政策,强烈要求他保证英国不参加欧洲货币联盟,不加入欧洲单一货币计划,对梅杰进行了很不客气的围攻。这次会见给人的印象是,梅杰已失去了对他们的控制,他们会在11月份的保守党年会上或在这以前对他的地位提出挑战。梅杰深感自己的权威受到严重损害,在这种情况下,自己的政策无法推行,于是,为了应付危机,梅杰开始考虑如何对付这些反对派。随后,梅杰在加拿大的哈利法克斯出席七国首脑会议期间也用了很多时间考虑这个问题,其指导思想逐渐明朗,与其坐以待毙,不如冒险一搏。他于6月18日回国后,立即与亲信大臣和助手们商讨具体办法,经过几天的讨论,决定采取辞去保守党领袖职务这种先发制人、以退为进的战略。在所有内阁成员表示支持和理解并保证不参加保守党领袖的竞选后，梅杰于6月2日在唐宁街10号举行的记者例行会上正式宣布了这一决定。

梅杰多年来一直无法解决与欧洲怀疑派之间的矛盾，使保守党长期处于分裂状态。自梅杰上台以来，政府一直无法兑现当初减税的许诺，相反却增加税收，使选民非常不满；并且，保守党内部各种腐败丑闻不断，使保守党大失民心。而反对党工党自布莱尔当选领袖以来，宣布的诸如修改工党党章，公有制条款等新政策主张，很受欢迎，多次民意测验表明，保守党在选民中的支持率仅为20%左右，落后于工党近40个百分点，并在4月、5月两个月的地方选举中先得到验证。不少保守党议员担心，在梅杰执政的情况下参加大选，他们很可能会失去席位。保守党的一些后座议员正是基于这种形势才对梅杰失去了信心。他们估计，换一个合适的人接替梅杰，他们在下次大选中落选的可能性会小一些。于是"欧洲怀疑派"以梅杰的欧洲政策为契机，使这种潜在的危机表面化，迫使梅杰进入险境。

梅杰宣布辞去保守党领袖职务后，原以为只要内阁成员不参加竞选，他就可以稳操胜券。只要重新当选保守党领袖，他就可加强其地位，重树权威，带领保守党在1997年上半年大选中与工党一决高下，但出乎梅杰意料之外的是，被认为有才干的属于"欧洲怀疑派"的威尔士大臣雷德伍德于6月26日辞职并向梅杰提出挑战，宣布参加争夺保守党领袖的竞选，这对梅杰来说是个严重打击，而保守党内部的实力人物工贸大臣赫塞尔廷和就业大臣波蒂洛也开始动摇，并且以往持温和态度的相当数量的保守党后座议员也逐渐对梅杰失去信心和耐心，对梅杰地位形成了威胁。

在这种情况下，梅杰只能以退为进，孤注一掷，力求先保住自己在党内的地位再说。毕竟梅杰是政坛老手，具有非凡的领导艺术，通过采取种种措施使选民了解英国国情与欧洲政策将给英国人民带来的利益，对英国加入欧洲货币联盟的前景充满乐观和自信，以强有力的证据赢得了选民支持，他

和保守党的选民支持率稳步上升，并利用这一点争取了广大保守党议员的支持，使保守党内部矛盾得到了缓解，梅杰仍当选为保守党领袖。

梅杰阅尽政坛风云，正是在高超领导艺术基础上，他以丰富的知识、敢于冒险、勇于担责的精神，及时果断地抓住危机这一机遇，赢得了这场政治赌博的胜利。

第10章　大主意自己拿

——领导者的决策艺术

完全相信身边的人，不如不听身边的人；完全相信别人说的话，不如没有别人说的话。无论是谁，都容易受身边人的影响，尤其亲戚朋友或信任的人，这些人在有形无形中影响思维，影响决定，一个伟大的领导者，会极力避开这些人。人才招揽与举荐，工作的计划与建议，这些可以交给干部们去处理，但是，领导必需具备辨别是非、善恶的能力，必需掌握决断、取舍的权力。

决策是领导工作的核心

领导者的职能是多方面的。而在领导者诸多的职能中，决策的职能居于首要和核心地位。这是因为，领导者其他职能的行使，都要围绕着决策目标的实现。不制定决策，其他职能的行使就失去了目标和方向。

任何领导都是人们有目标的活动。在这一过程中，决策是它的起点。也就是说，一切领导活动，都必需首先解决打算干什么、怎么干和怎样组织干的问题。而所有这些问题都要通过决策来解决。决策一旦制定出来，一切领导活动都要围绕决策的实施来展开。

从一定意义上说，领导过程就是一个不断做出决策和实施决策的过程。决策决定并制约着领导过程的一切活动，决定并制约着整个领导过程的最主要的内容、组织和方法。所以，领导决策，决定着领导活动的各个阶段、各个方面、各个环节，决定着领导活动的全过程，是整个领导活动的核心。决策决定领导活动的目标，决策目标一旦确定，一切领导活动就要遵照决策目标而协调动作；决策决定事业成败的关键，决策正确，工作顺利，事业发展；决策错误，一错百错，事业受挫。

21世纪，社会生活领域每时每刻都在发生着令人眼花缭乱的新奇变化，都在为急欲改变自己现存生活状况的各界人士提供着各种机遇：一方面是一步登天的飙升良机，另一方面是一失足成千古恨似的无奈陷阱。对于汲汲求取功名的进取人士和无时无刻不求发展壮大的公司、企业，如何作出成功决策，规避错误决策，已是众多领导日思于心、夜虑于梦的"重大主题"。

每个领导都有最后的决策权

领导者的致命弱点莫过于犹豫不决、动摇不定和优柔寡断。请求别人帮你做决断不仅无益，而且有害。姜子牙告诉周武王说："无法独自做出决定，依靠别人的意见做决定的领导，是失败的领导。"不能独自决定是否抛弃，依赖众人的建议决定抛弃；不能独自决定是否获取，依靠众人的建议决定获取；不能独自决定是否实行，依赖众人的建议决定实行；不能独自决断是否惩罚，依赖众人的建议决定惩罚；不能独自决定是否奖赏，依赖众人的建议决定奖赏。贤能的人不重用，不肖的人不辞退，德高望重的人不尊敬，这样的领导如何做好自己的工作？

历史上无数的圣明君主和伟大领导，每当遇到重大决策问题时，开始都会广泛地征求众人的意见，但最后的决定权掌握在自己手中。历代兴国的贤明君主喜欢采纳身边人的建议。历代亡国的昏庸君主也喜欢采纳身边人的建议。建议相同，而前者使国家强大，后者使国家衰败，出现这样的反差完全在于君主的辨别能力和决断能力。

战国初期，赵国国君武灵王年轻有胆识，继位后决心振兴赵国，锐意改革。他看胡人骑马，身穿紧衣，脚穿皮靴，骑上快马纵横驰骋，何等便捷。再看看赵国，人们讲究穿大袍，干什么都不方便，尤其不适应兵车作战。于是武灵王决定改革服装，改战车为战马。他召集群臣共商改革之事，大夫楼缓表示赞成。可是，一些保守的大臣不赞成，而武灵王的叔父公子成反对得最为强烈。武灵王于是犹豫起来，不敢决断。大臣肥义进言，声称改革是大事，办大事不能犹豫不决，如果犹豫很难成事。大王认为是对的，说了就要下决心干，反对的声音只能做决断的参考，但不能影响决断。武灵王觉得这番话说到心坎上了，对改革的信心倍增。他做通叔父公子成的工作后，赐他一套胡服，次日朝见，大臣们也就跟着改穿胡服了。君臣们又下了一道命令，号召全国人民不分贵贱，一律改穿胡服。改革服装成功之后，武灵王接着对军队兵种进行改革，号召军人武士学习骑马射箭。不到一年，赵国练就了一支强大的骑兵队伍。公元前305年，赵武灵王率骑兵打败了中山、林胡、楼烦等几个国家，赵国在列国中的威望有了极大的提高。赵武灵王改革的成功经验很有影响，临近的燕国、秦国等国家也争相效仿，针对自己的国情进行改革，促进了社会的进步，而这一切，均源自赵武灵王当初的英明决断。

张江陵说："大事在于思虑周详，计划在于身体力行，谋略在于集思广益，决断在于自己。"

领导要有辨别是非善恶的能力，同时要把握住决断、取舍的权力。

美国前总统里根是一位"明星总统"，他在担任领导人期间，个人风格发挥了不容忽视的作用。里根是一位现实主义者，实行的治政方针明确而又有条理，一经确定便坚定不移地加以推行，坚定并不意味着一意孤行。里根是善于博采众长的。出任8年州长的里根不能说没有领导经验，但在许多领域他并不是内行。然而精力旺盛的他喜欢与各界人士进行直接的接触和对话，从中了解情况、增长知识。里根说："一个领袖必需具有能够适应新环境的能力。"早在担任加州州长时期，他就显示了这种能力。在解决某一方面问题前，他总要召集各方会议，遇逢下级来请示什么，他常常反问一句"前任州长是怎样处理的"？在广泛了解了方方面面的意见以后，择其中之精华，自己做最后决定。有人说他不像个州长，倒很像个甩手的"董事长"：小事不管，大事靠别人出主意。里根对此评语不以为然，他对州政府官员们说："当州长就要像当董事长一样，管好大事就行了。至于小事，我相信你们都能管好。"里根出任总统以后，仍然坚持这种工作作风，长袖善舞，广结人缘，顾及公众利益、国会反应、党派利益等等纷繁的因素，不拘成规，果断决策。里根为正在做领导的领导人树立了工作榜样。

巧用决策智囊团

决策中的智囊团，也被称为"外脑系统""头脑公司""思想库"等等，是专门为领导提供决策服务的比较高层次和专业性的咨询机构。在这种组织中，集中了不同专业的自然科学家、社会科学家和其他各个方面的专家或专业人才，他们在各自的专业领域中有自己的专长甚至在年龄上也有自己的特点，他们组成一个庞大的综合知识库，为领导者出谋划策。

曾经大名鼎鼎的美国克莱斯勒汽车公司总裁艾柯卡所创造的神话般的经济奇迹，就曾得益于智囊团的大力相助。克莱斯勒汽车公司在艾柯卡上台之前，由于没有把握住世界石油危机带来的冲击，照样生产耗油量大的大型汽车，结果在1979年9个月中亏损了7亿美元，打破了美国有史以来的最高纪录。艾柯卡上台以后，大胆转型生产哈尔·斯珀利奇领导的公司咨询组设计的K型车，并在K型车的基础上推出了一系列众多车型的车辆，重新打开了市场。经过3年的努力，艾柯卡不仅挽救和重建了克莱斯勒这家朝不保夕的公司，而且该公司在1984年盈利了2.4亿美元，提前偿还了12亿美元的政府贷款。其股票从1981年的每股3美元上升到1984年的30.75美元。

可见，面对激烈的竞争，领导者如果从单一的或纯粹经验的方向出发，采取独裁的决策方式是无效的，必需着力于建立智囊班子及智囊机构辅助自己的决策。

智囊团的工作是根据领导者的目标要求而进行的，但是对智囊团本身而言，它有自己的内在规律和工作程序，并有自己的一套行之有效的方法。就其工作程序来讲，可分三步进行。

第一步，接受决策咨询任务，组建智囊团班子。

智囊团的工作一般都是围绕着领导者提出的研究任务进行的，主要是了解领导者的意图和目标，全面掌握领导者提出该问题的背景和关键环节，明确研究问题的目标。智囊团应根据问题的性质和所要研究的专题内容，选用、配备专业人员，组成智囊班子，并有人专门负责。智囊团应该在接受咨询任务之后，展开初步工作，进行初步调查，并根据初步调查情况制定工作计划。

第二步，全面进行调查研究，设计决策的评估方案。

调查工作计划确定之后，智囊团即可按计划对所要研究的问题进行全面、深入的调查，收集数据、资料。有数据资料库的，可先检索有关摘要，然后根据需要检索原文再了解有关情况。如果展开市场调查，就必需深入到市场中去，只有了解与研究项目相关的信息，诸如价格、质量、产地、性能等，才能够对领导人提出的问题和有关指标体系进行分析、对比、研究，进而制定各种方案，并对各方案进行分析和评估。

第三步，多方征求意见，提出决策参考方案。

首先，在对各种方案进行分析评估的基础上，经过反复论证，提出一个初步的研究方案，并召集有关人员，听取他们对该研究方案的意见和反应，有可能的话还可以与领导者进行思想沟通，听取其初步反应。其次，智囊团再根据各方面的意见和反应作相应的修改和调整，力求整个决策方案能够充分符合领导者的要求和实际情况。最后，大家集思广益，内部再进行反复的讨论与磋商，最终形成一个可行的决策参考方案，送呈领导者，供其决策参考。

当然，智囊团作为领导者的"外脑"，为领导者提供决策参考，他们的职能和任务仅在于研究领导者提出的问题，为领导者提供各种可供选择的方案，领导者则从中择优决断。决断是领导者的职能，也是整个决策过程的最后结果。那么，领导者应该如何对智囊团提供的决策参考方案进行择优决断呢？这其实是领导者如何运用智囊团作正确决策的问题。

领导者在听取智囊团意见时，经常出现的情况是大家的意见大相径庭，这就要求领导者找出共同点。首先，要求领导者对各种方案虚心听取，不作任何判断，并在各种方案的不同点中找出共同点来。其次，设置处理、分析不同意见，使其趋于一致，汇集成为一个新的方案。这种求同存异的方法有几种技巧可用，具体如下：

第一，利弊分析法。

由于各种方案的迥异，领导者可引导大家对各种方案进行利弊分析，促使各方以利补弊，弃弊趋利，互相取长补短，达成共识。

第二，边际分析法。

这种方法是增加决策智囊人员，看他们对不同意见的看法，如果新增人员较多地趋于一种方案，则该方案较优。

第三，冷却法。

让争论双方暂时平息争论，冷静下来进行反思，隔一段时间后再组织起来加以讨论。这样能够使大家有一个清醒的认识，反复权衡，选择出最优方案。总之，领导者既要充分发挥智囊团作用，又要使自己具有最终决策的独立性；既要科学地运用智囊团的参考方案，又要保证自己决策的有效性。在激烈竞争的当今，领导者应该充分发挥智囊团的作用，灵活、有效地运用智囊团，使自己的决策处于合理的构架之中并在实践中立于不败之地。

决策中掌握几种方法

决策过程一般包括以下几种方法：

第一，凭直觉。

从前，几乎每一种主要的ＭＢＡ的培养计划，都要向学生教授大量的决策模型。推动这一方法的指导原则似乎是如果不能使之定量化，它就不存在。

不过，这种理性决策模型教学方法的缺陷是显而易见的。因为实际的情况可能是复杂多变的，理性模型的本质在于用系统性的逻辑取代直觉，以大量的、固定的模型来预测和决定一些未来的事，这可能会有很大的偏差。所以，直觉决策正在赢得商学院和管理人员中许多新的追随者们的青睐。专家们不再不加分析地假定直觉的运用是制定决策的一种非理性的或无效的方法了。越来越多的领导者开始相信，理性分析到了被强调得过了头的趋势，在某些情况下，决策制定能够通过决策者的直觉来改善。

直觉不是要被理性分析所取代——而是这两种方法要相辅相成。在决策开始时使用直觉，决策者努力避免系统分析问题。他让直觉自由发挥，努力产生不寻常的可能性事件，以及形成从过去资料分析和传统行事方式中一般产生不出的新方案。而决策制定结尾的直觉运用，有赖于确定决策标准及其权重的理性分析，以及制定和评价方案的理性分析。在目前，领导者最有可能使用直觉决策的八种情况如下：

（1）存在不确定性时。

（2）极少有先例存在时。

（3）变化难以科学地预测时。

（4）事实有限时。

（5）事实不足以明确指明前进道路时。

（6）分析性数据用途不大时。

（7）当需要从存在的几个可行方案中选择一个，而每一个的评价都良好时。

（8）时间有限，并且存在提出正确决策的压力时。

第二，模糊思维方式。

现代科学证明，企业经营决策不可避免地要涉及大量的模糊问题，采用模糊思维方法进行决策是决策者一项必备的能力。

所谓模糊思维，首先，就其思维的对象而言，它是关于模糊事物的理性认识。越是复杂多变的事物，模糊思维发挥作用的可能性越大。模糊思维的逻辑基础是模糊逻辑，使用模糊概念判断和模糊推理进行思维。其次，就其思维的方法而言，它虽然不像精确思维可以作精确的定量化、完全形式化表述，编成严格的程序，由机器来模拟再现，但它也有量的特征，有形式结构和逻辑顺序性，用近似的、模糊的方法在一定程度上加以形式化、数量化处理，是定性分析和定量分析的综合。

模糊思维是人脑思维的一个特点，也是其优势，这是电子计算机远不能比拟的。人脑能按并行线路进行平行的、整体的思维活动，它希望同时取得尽可能多的信息，同时进行加工处理。虽然只能达到相当低水平的精确度，但却有相当高的可靠性。同样，现代企业面临着瞬息万变的外部环境，如果一切按定量精确计算，反而会贻误时机。相反，学会运用模糊思维方式却往往能避免这种情况的发生。

掌控决策的难易程度

即使最优秀的领导者也会不可避免地做出一些错误的决策。如果掌握了正确的思路，领导者们完全可以把错误率降低。正确的思路即是对决策的难易程度做到心中有数。处理棘手的问题一定要格外谨慎。身为领导，尤其要注意下列四个方面的问题。

1. 在录用新人时一定要反复斟酌

录用职员看似一件十分简单的事情，可一旦选错了人，就很难在短时间内纠正错误。录用一个人相当于把他请进"家"来，把这个"家"的前途与命运托付给他。他身负这样的重任，既能经营好这个"家"，也能毁了它。因此，选人的时候一定要慎重。有的人一开始会隐藏得很好，日子长了，就会露出的马脚。

每录用一个职员，都会对许多人带来影响，有时这种影响甚至是致命的。你雇用了一个看似杰出的新人，可不久后你就会发现，周围的人渐渐远离你，你手上的客户也不翼而飞。或者，一个勤勤恳恳的秘书因你一个错误的决策而丢掉饭碗，取而代之的可能只是一个中看不中用的花瓶而已。

因此，在录用新人时一定要反复斟酌。不善于用人的领导者绝不会是出色的领导者。

2. 决策时务必全面掌握信息，参加竞争必需谨慎

有时候出于种种原因，我们还没来得及掌握全面的情况，就不得不凭直觉做出各种决策。在这种情况下做出的决策极可能是错误的。

3. 切莫过分自负

自信给人勇气，使人做出大胆的决策。自负则是自不量力，毁人毁己。

特别是生意场上会时时传来各种好消息与坏消息。我们常因好消息而忽

略了坏消息的存在。

设想为了把一种新型洗发香波投放市场，我们做了一个市场调查。调查结果显示，58%的消费者对这种洗发香波表示认可。这是一个令人鼓舞的数字，它说明超过一半的消费者会去购买这种产品。

不过，事情还有另一面。42%的消费者不喜欢这种洗发香波，这又说明有将近一半人会拒绝使用这种产品。人们往往只见那58%，而看不见这42%。他们沉浸在58%所带来的喜悦之中。殊不知，如果他们再稍微关心一下那42%，结局也许会更完美。

好消息就这样把你带入自满、自足的境地。它能削弱人的积极性、上进心。

另外，好消息带来的盲目乐观也会给公司经营带来不利。可如果得到的是坏消息，效果就截然不同了。有人组织一场体育比赛，计划获利5万美元。可实际结果却与设想大相径庭，主办者反而赔了5万美元。消息传开，上上下下为之动容，大家会纷纷要求削减开支，裁减冗员，甚至一张纸也不会轻易浪费。令人不解的是，为什么在有利可图的时候大家想不到节约，而非要等到火烧眉毛的时候才作"何必当初"的感慨呢？

4. 不要墨守成规

生意场上最可怕的是认为万事不变，顾客不会变，他们会一如既往地购买自己的产品；委托人不会变，他们永远觉得你真诚可信；竞争对手不会变，他们将永远停留在原来的实力水平上。

成功的领导者绝对不会有这种墨守成规的想法。他们知道敏锐的洞察力和快速的反应能力是事业成功的关键。尤其在当今政治、经济飞速发展的时代，快速的应变能力尤为重要。

许多人在作出决策的时候往往只凭经验，不去想想环境发生了什么变化。他们会凭几年前的失败经验告诉你："老兄，5年前我就这么做了，根本行不通。"他们没有想到，5年后情况发生了变化，以前不适用的做法现

在没准是恰逢其时。

还有一种人，他们死死抱住以前的规矩，不敢越雷池一步。他们顽固地认为："这个方法 5 年前有效，现在当然还有用。"在他们眼里世界是静止的。

因此，每当你作出新决策前，千万不要犯墨守成规的错误。不要以为你以前失败过现在还会失败，也不要以为，你以前成功过现在还会成功。

成功的决策是这样的

成功的决策每天都在上演，尽管是在不同时间、不同地点、不同领导手里。虽然决策内容不一样、决策环境不一样，但这些决策不是无章可循的，而是有一些固定的程序和章式的。如美国的赫伯特·西蒙认为："成功的决策包括四个主要方面：找出制定决策的理由、找到可能的行动方案、在诸行动方案中作出抉择、对已进行的抉择进行评价。"

1. 发现问题，确定目标

领导决策都是为了解决某个问题，那么这个问题是什么，做出某个决策要达到什么目标，这些都是领导决策首先要解决的问题。所以，决策者要善于从繁杂的信息中，确认和发现问题。一个成功的决策者要从全局出发，以战略的眼光，用系统的方法，对诸多问题进行加工、处理，从中提炼出决策目标。这个决策目标要明确具体、主次分明，还要考虑约束条件、最优化、可行性等。

2. 集思广益，拟订方案

制定出多种决策方案，这是决策成功的基础。在制订方案的过程中，要注意决策方案的多样性、差异性、民主性等。

首先，决策时应尽量提出多种方案，尽力避免只有一个方案的唯一选择。因为方案多了才能比较和鉴别，才能从中选出最好的方案。这就要求决策者要开阔思路，大胆地提出尽可能多而全面的方案，尽量把各种因素、各个方面的可能都考虑在内。

其次，要注意使多种方案具有原则上的区别，而不能只有细节上或形式上的差异。只有这样，方案才不会雷同，才具有选择的意义。正如美国管理学家杜拉克所说的：好的决策应以相互冲突的意见为基础，应从不同的观点中选择，应从不同的判断中选择。

最后，要注意决策的民主性。决策时，除了要有专门的决策机构外，决策者还必需有一个健全的智囊团，以及广大的群众群体。尤其是对复杂系统的决策，更要借助群体的智力，充分发挥他们的积极性和创造性，以便产生整体大于部分功能之和的整体优化效应。目标确定以后，就要研究通过什么途径、采取什么方法和手段达到决策目标的问题，这就是拟订方案。拟订方案要发动、依靠群众，做到方案的民主性；要充分利用智囊，保证方案的科学性，从而实现民主决策、科学决策。

3. 综合评估，选定方案

这个阶段就是领导决断的过程，是决策程序中承上启下的最关键的一个阶段。"断"得如何，既决定了前面"谋"的意义，也决定了后面执行工作的命运。

对多种决策方案进行评审，找到最优方案。评审决策方案首先要根据决策目标，制定一组评审的标准或指标体系，这类标准或指标体系要能充分反映决策目标的全部价值。指标体系可按技术指标、经济指标、财务指标、生态效益指标、社会效益指标等进行综合确定。对决策方案进行评审时，要始终围绕决策目标，对方案进行多方面、多层次的评价和论证，考虑决策方案是否实现了决策目标、是否切实可行、是否在整体上最优、是否效益最大代价最小、是否与相关系统协调配合，以及分析方案的风险程度如何，利弊关系如何等等。

总之，对各方面都要进行系统的、综合的权衡比较，以便从各种方案中选出一个整体上最优的方案，或把不同方案综合成一个最优的、可行的方案。

在长期的实践中，不少组织形成了良好的决策标准，如有的单位对重大问题的决策实行"三不原则"：不调查研究不决策；不经过咨询论证不决策；没有两个以上的方案比较不决策。实践证明，这是防止盲目决策、草率决策的有效原则。在决策的这个程序中，决策中心系统处于绝对的中心地位，智囊系统、决策监督系统、辅助系统只处于辅助地位。

4. 实施方案，进行反馈追踪

决策方案经过优选决定、模拟实验及其必要的修正完善后，即进入决策方案的实施阶段。一般来说，实施决策方案，并不等于决策思维的终止。由于现实决策系统的复杂性，在实施决策方案的过程中，可能会出现某些与决策目标有不同程度的偏离甚至完全偏离的情况。这就要求人们在实施决策过程中，不断追踪检查，及时做出必要的反馈调节修正，尤其是当原有决策方案的实施已经不能适应变化了的主客观情况，原有决策的总目标已明显无法实现时，就要对决策目标或方案进行一种根本的修正或更换，这就是追踪决策。有效地进行反馈、追踪，这是科学决策的关键。

美国著名的IBM公司，曾经决定研制一种"未来系统"电子计算机，集中了数位专家，历时数年，花费5亿美元，最后却决定放弃了。因为他们在进行反馈信息分析时认为该项目研究成功的前景渺茫，再继续下去将有更大的损失。同时，他们把该项目已经研究出的许多局部成果和经验运用到其他产品研制中去，使损失减少到了最低限度。事实表明，这项目标反馈的追踪决策是正确的。

总之，决策活动是一项复杂的系统工程，要求人们必需从系统的思想、观点、原则出发，运用系统的方法，按照科学的程序，来进行成功的决策。

圆满地改变不当的决策

坚持自己的决策也要把握一定的前提——当自己的决策明显有偏颇的时候，就不要坚持错误，而是应该果断地寻求改变的策略。许多领导者都觉得改变决策是种无能的表现。而实际上则恰恰相反，及时改变错误决策是明智的举动。这非但不会遭人耻笑还能赢得人们的尊重。当然，如何圆满地改变自己的决策，其中也大有"艺术"可言。

1. 选择一定的时机

如果情况发生变化，那你在一分钟内改变想法也无可厚非。不过在改变决策以前，最好还是选个最佳时机。

一般来说，做出决策与改变决策之间的时间越长，这种变化就越容易被人们接受。因为，时间会使环境发生变化，环境又能让人发生变化，而且时间久了，人们也就渐渐地淡忘了你以前所持的态度。

设想在一次会议开始时你赞成某事，而会议结束时你又持否定意见。那么在别人眼里你没准会是个反复无常的人。但是，如果在会议结束后你改变了决策，情况就发生了新变化，你的改变在别人看来，也许是明智之举。

由此可见，把宣布改变决策的工作放到会后，效果会更理想。在你改变想法之前，经历的时间越长，你的新决策就越显成熟，看起来像是经过了深思熟虑。时间一长，人们会觉得那是你做出的一个新决策，而不是随便改变主意的结果。

2. 要列出充足的理由

明确地罗列出你要改变决策的理由，别人就不会认为你朝令夕改。理由越多，大家就越相信这不是个草率的决策。这个道理再明显不过了，可是许多管理人员只凭直觉就妄下断言。当下属问起为什么改变想法的时候，得到

的只是诸如"因为我想这么做"或"我愿意"等硬邦邦的回答。从这些回答里，人们只能看到一个飞扬跋扈的老板的形象。

总之，当你自己都说不清楚为什么要改变决策的时候，最好不要急于改变自己的想法。

3. 不妨试着作一次武断的决定

假如你既没有拖延时间的借口，又找不出足够的理由，在这样的情况下，不妨试着作一次武断的决定。

也许你手头掌握着一系列事实促使你改变决策。可现在时机未到，还不能把它们公之于世；也许这样的决策会损害公司的短期利益，但实质上却是个大有可为的长线投资；也许这完全是个根据事实推测出来的结论；在这样的情况下，你只好武断一次，尽管这种做法看上去不会很受欢迎，既称不上公道，又不易被人理解。

但你可以请求周围的人相信你。如果在此之前，你一直特别善于运用前面提到的两种改变决策的艺术，那么偶尔地武断一次也无妨。

第11章　给你一个团队会怎么管

——领导者带队伍的艺术

领导是可以学会的，领导力是可以培养的。领导三件事：搭班子、定战略、带队伍。带队伍就是要对下属永远说"我们"，就是让下属变得强大。

创建一支高效团队

一支令人钦羡的团队，往往也是一支常胜军。他们不断打胜仗，不断破纪录，不断改变历史，创造未来。身为领导者的你，要把建立阵容强大的团队这件事列为第一优先处理的要务。

增强团队精神是每位领导者都必需做到的，只有强大高效的团队才能在市场的浪潮中立于不败之地。

1. 使每位员工各负其责

领导者要使团队的每一位伙伴都清晰地了解个人所扮演的角色是什么，并知道个人的行动对目标的达成会产生什么样的贡献。他们不会刻意逃避责任，不会推诿分内之事，知道自己在团队中该做些什么。

2.培养员工强烈的参与意识

领导者要培养和激发员工的参与意识，这样员工身上就会散发出对参与的狂热，他们会相当积极、相当主动，一逮到机会就参与。参与的成员永远会支持他们参与的事物，这时候团队所汇总出来的力量绝对是无法想象的。

3.营造畅所欲言的沟通环境

好的领导者非常信赖自己的伙伴，并全力支持他们的工作。当然他还必需以身作则，在言行之间表现出信赖感，这样才能使成员间相互信赖、真诚相待。团队的领导者会给所有成员提供双向沟通的舞台。每个人都可以自由自在、公开、诚实地表达自己的观点，不论这个观点看起来多么离谱。因为，他们知道许多伟大的观点，在第一次提出时几乎都是被冷嘲热讽的。当然，每个人也可以无拘无束地表达个人的感受，不管是喜怒还是哀乐。

一个高效的团队的成员都能够了解并感谢彼此，都能够做真正的自己。

4.塑造团结互助的风气

领导者还要经常向他的伙伴灌输强烈的使命感及共有的价值观，并且不断强化同舟共济、相互扶持的理念。员工彼此之间应以开放的心态，心平气和地谋求工作的解决方案，满足组织的需求。

培养团队敬业精神

要使团队比传统的工作小组运作得更有效，就要让每个成员都全身心投入到团队及其工作当中。团队成员必需对任务抱有信念，并且能一起努力去完成。

领导者要注重团队整体敬业精神和工作效能的培养，要让每位员工都专注于整个团队及其成功，而不仅仅是某段时间里自己负责的一小部分工作。如果成员们对任务及团队整体并不专注，他们就不可能组成一个真正的团队，而仍旧是一个工作上多少有些联系的个人集合而已。

对团队敬业精神的培养，需要很长的时间，但你可以按下列步骤逐步着手来做这件事情：

首先，如果你想拥有一个高效的团队，就绝不能让团队成员只关注自己个人的工作。

其次，应该帮助团队成员把主要精力放在团队的整体任务上。因此，你所布置的任务必需明确。所有的成员都必需理解团队的任务，并且，他们的理解应基本上是一致的。"使顾客满意"相对来说比较明确，而"生产高质量的产品"就不那么清楚了。

要使团队成员能够全身心地投入一项工作中去，使他们相信为这项工作花费时间和精力是值得的。要让团队成员感到，这是一项现在就必需去做的工作，而不能等到别的什么更重要的工作完成后再动手。

最后，确保团队中每个人都知道整体的任务是什么。

在传统工作团队中，每个员工只知道自己分内的工作，他们可能根本不知道自己的工作在完成整体的任务中有什么作用。领导者应当使每个团队成员都知道整体的任务。一旦大家都明确了整体的任务，就要确保每个人都全神贯注地致力于完成整体的任务。在实际工作中，这意味着有时员工们为了整个团队的利益，要对自己的工作作出牺牲。这样，大家才能齐心协力，使任务顺利完成。

凝聚高于个人力量的团队智慧

彼得·圣吉在《第五项修炼》一书中说："未能搭配的团队，许多个人力量一定会被抵消浪费掉……当一个团体能整体搭配时，就会会聚出共同的方向，调和个别力量，而使力量的抵消或浪费减至最小，发展出一种共鸣，就像凝聚成一束激光，而非分散的灯泡光；它具有目的一致性及共同愿景，并且了解如何取长补短。"

作为团队的管理者，你固然要让每位成员都能拥有自我发挥的空间，但更重要的是，你要培养大家破除个人主义，形成整体搭配、协调一致的团队默契。如果做到了这一点，自然就能凝聚出高于个人力量的团队智慧，随时都能造就出不可思议的团队和成绩来。

近年来在国内十分盛行的拓展训练，主要是通过体验式训练和模拟场景训练来提升团队合作精神，其中有一个项目十分经典，叫盲阵。在一块空地上，将一队人（人可多可少，人越多越难）蒙上眼睛，交给他们一根长绳子，要他们在规定时间内把绳子拉成一个正方形。起初大家往往会乱成一团，每个人都有自己的主张，自由走动，你推我撞，你叫我喊，乱成一片。经过漫长而无为的争吵后大家才渐渐明白必需确定一名优秀者为领袖，还要有一名智者为助手，统一意志、统一目标、统一行动，大家都自觉地做到令行禁止，各负其责，才能完成这个简单的游戏。看似简单的游戏要做好并不容易，这里就有一个团队从组建、合作到完成任务的过程。

培养成员们整体搭配的团队默契，是增进团队精神的另一个不二法门。

将团队定义为"一个联合而凝聚的团体"的管理大师威廉·戴尔，在《建立团队》一书中一针见血地指出近15年来，管理者在组织内的角色所产生的重大改革。他解释说："过去被视为传奇英雄，并能一手改写组织或部门的强硬经理人，在今天日趋复杂的组织下，已被另一种新型经理人取代。这种经理人能将不同背景、训练和经验的人，组织成一个有效率的工作团队。"

英国著名策划专家博比·克茨在《公司协作中的用人术》一书中认为："公司领导的责任不是仅考虑员工个人才能的释放问题，而是应该根据每个员工个人才能的特点，加以组织起来并形成团体协作力量。没有团体协作的个人才能，仅是局部的效应；如果要真正构成重大的竞争优势，必需有效地把彼此分散的个人才能组织起来，构成团体协作的结构力量。"

对企业管理有丰富第一手经验的，以负责教育训练工作而闻名的威廉·希特博士提议，经理人要用"参与式"管理来替代专断式管理。他认为："与其试着由一个人来管理组织，为何不让整个组织一起分担管理的功能？"希特说得可谓直指人心，因为在专业分工发展的环境中，我们愈来愈需要大家一起互动运作、通力合作，唯有这样，才能快速、顺利、有效地完成工作。

海尔的团队是优秀的。有一个平凡的故事令人感动：1999年4月5日下午两点，一个德国的经销商打来电话，要求"必需在两天内发货，否则订单自动失效"。而两天内发货意味着当天下午所有的货物必需装船，而此刻已是星期五下午两点，如果按海关、商检等有关部门下午五点下班来计算的话，时间只有3个小时，按照一般程序，做到这一切是没有可能的。如何将不可能变为可能，此时海尔人优良的团队精神产生了巨大的能量，他们采取齐头并进的方式，调货的调货、报关的报关、联系船期的联系船期，全身心地投入工作中，抓紧每一分钟，使每一个环节都顺利通过。当天下午五点半，这位经销商接到了来自海尔"货物发出"的消息，他非常吃惊，吃惊再转为感激，还破了"十几年"的例向海尔写了感谢信。

一个团队的建设，关键取决于发挥团队的协同效应，协同效应的发挥在于部门与部门之间、员工与员工之间的良好合作。

团队协作好比是人的手，五指虽然有长有短，有粗有细，虽然各司其职，但它们只要紧密合作，挥出为掌，则能裹挟一股劲风；握紧为拳，则蕴蓄虎虎生气。团队可以是拳头或手掌，它的威风来自每根手指的紧密合作。

人与人的合作不是人力的简单相加，而是一种优势互补，精诚协作的过程。在人与人的合作中，假定每个人的能力都为1，那么10个人的合作结果，有时比10要多得多，而有时又比1还要小。因为人不是静止的动物，具有方向各异的能量，相互推动时事半功倍，相互抵触时一事无成。

合作才能产生巨大的力量。因此，经常教导、灌输团队成员了解只有相互依存、依赖、支援才能完成任务的观念，是管理者责无旁贷的重要职责。

融洽的组织气氛可以提升士气

通用电气公司前总裁斯通努力培养全体职工的"大家庭式的感情"的企业文化，公司领导和职工都要对该企业特有的文化身体力行，爱厂如家。从公司的最高领导到各级领导都实行"门户开放"政策，欢迎本厂职工随时进入他们的办公室反映情况，对于职工的来信也能负责地妥善处理。

公司的最高首脑与全体职工每年至少举办一次生动活泼的自由讨论。通用电气公司像一个和睦、奋进的大家庭，从上到下直呼其名，无尊卑之分，互相尊重，彼此信赖，人与人之间关系融洽、亲切。

1990年2月，通用电气公司的机械工程师伯涅特在领工资时，发现少了30美元，这是他一次加班应得的加班费。为此，他找到顶头上司，而上司却无能为力。于是他便给公司总裁斯通写信，说："我们总是碰到令人头痛的报酬问题。这已使一大批优秀人才感到失望了。"斯通立即责成最高领导部门妥善处理此事。

3天之后，他们补发了伯涅特的工资，事情似乎可以结束了，但他们利用这件为职工补发工资的小事大做文章。第一，向伯涅特道歉；第二，在这件事情的推动下，深入了解那些优秀人才待遇较低的问题，调整了工资政策，提高了机械工程师的加班费；第三，向著名的《华尔街日报》披露事件的全过程，在美国企业界引起了不小震动。

事情虽小，却能反映出通用电气公司的大家庭观念，反映了员工与公司之间的充分信任。气氛代表一种士气，存在于企业的团队组织日常运作过程中。

气氛建设也就是氛围营造，与绩效共存于团队活动之中。有些企业，在提高绩效方面舍得花大钱，采用外聘咨询机构、专家等方法，力图达到业界最佳水平。但他们却常常忽视在组织气氛方面的建设，认为自己的下属会一直工作热情高涨，甚至认为"如果谁不认真干就辞掉谁"。忽视了团队的气氛建设，结果可想而知。在现代企业中，随着知识型员工所占比例不断加大，技术创新永无止境，竞争也白热化，团队组织如何能适应高速发展的世界，在竞争中不断取得优势，赶超竞争对手呢？

团队的组织气氛对团队的产出效率产生重要影响，世界范围内成功企业的具体实践以及与之相关的研究表明，组织气氛的质量，直接影响着每一位员工的业绩水平、发展定位、工作满意度！同时也影响着每一个团队的绩效！在良好的团队气氛下，目标明确、流程简洁高效、沟通顺畅、奖罚分明、积极进取，员工有良好的成就感、自信心，能及时认识自身的不足，并具有自我推动的能力；整个团队富有高度的责任感、凝聚力与向心力，每一个人都能够充分发挥自己的潜能，都愿意为实现组织目标而加倍努力。这就是我们追求的高绩效的组织氛围。

融洽、和谐的工作环境可以使员工全身心地投入工作，并充分发挥潜能，同时这也是营造高效型团队的必要条件。相反，如果员工工作士气低落，员工与员工之间、员工与主管之间存在隔阂，工作在剧烈摩擦阻碍下进行，其结果必然导致整个团队处于消极状态，产出率大打折扣。

作为领导者，驾驭团队运作必需关注团队气氛，从小事做起，从自己做起。抽出一些宝贵时间，开个民主生活会，促进彼此沟通；用典型事例激励一下员工；写一篇文章，勾画团队美好的未来……团队的威力在于每一人，并叠加在一起形成"共振"效果。

作为主管领导，要最大可能地引导这种"共振"效果，假如领导者经常把好建议抛在一边，久而久之员工的积极性就衰减殆尽。领导者是团队氛围的主要营造者，团队氛围建设在很大的程度上取决于领导者作风，领导者要高度重视团队氛围建设，把它纳入团队的工作计划中，营造一个良好的团队氛围，这不仅有利于提高员工的工作积极性和稳定性，促进部门工作绩效的提高，还能为推行各项领导工作提供保障。

让团队形成人和气氛

工作的配合与支持不能仅是单向的要求，而应成为双向的给予，领导者要努力改变各部门之间"老死不相往来"的自我封闭状态。

在一个单位或部门，下属们对某项任务或某个问题，在利益和观点上不一致，是常有的事。有时甚至双方会争得剑拔弩张、面红耳赤，搞到十分紧张的地步。这个时候就需要领导者出面调停，做双方的"和事佬"了。

有人估计，领导者要花上20%左右的时间来处理各种冲突，但这并不能证明管理工作上的无能或失败。冲突在人际关系中是固有的、不能回避的，必需予以适当地处理，方能形成"人和"的气氛。

这就需要领导者运用调停纠纷和处理冲突的技巧，协调各方认识上的分歧和利益上的矛盾。那么如何来处理纠纷、冲突和分歧呢？领导者能不能成功地处理冲突主要取决于三个因素：一是领导者判断和理解冲突产生原因的能力，二是领导者控制对待冲突的情绪和态度的能力，三是领导者选择适当的行为方式来处理冲突的能力。解决冲突、保证"人和"一般可以采取彼此谦让的方式。

彼此谦让的协调方式，就是使争执双方各自退让一步，达成彼此可以接受的协议。这是调停纠纷、解决冲突最常见的办法。这种解决办法，关键在于找准协调双方的适度点。要使双方团结起来，共同行动，就不能采取偏袒一方或压制另一方的做法，而应该采用彼此谦让的方式解决问题。

领导者应当鼓励各部门之间互相支持。一个各部门之间相互支持的组织，才是有力量的组织。各部门之间的相互支持，体现在具体的工作中。当某一部门工作遇到困难和阻力时，鼓励另一部门主动去为其排忧解难，在人财物方面给予帮助，是一种支持；当某一部门工作取得了成绩或出了问题时，给予热情的鼓励或提出诚恳的批评，也是一种支持；当某一部门与其他部门发生矛盾，不是置之不理而是出面调解，帮助消除误会、解决矛盾，更是一种支持。各部门之间的相互支持，是避免冲突、消除矛盾和友好相处的重要原则。

把团队建设落到实处

随着社会分工越来越细化，个人单打独斗的时代已经结束。团队合作提到了管理的前台，团队作为一种先进的组织形态，越来越引起企业的重视，许多企业已经从理念、方法等管理层面进行团队建设。以下几种情况的出现在团队建设中发了隐秘的危险信号，容易蒙蔽团队领导的眼睛，如果不引起管理层的重视，团队建设将会前功尽弃。

因此，领导者对员工进行管理必需重视团队建设。团队建设需要领导从三个方面努力：

一是提防精神离职。精神离职是在企业团队中普遍存在的问题。其特征为：工作不在状态，对本质工作不够深入，团队内部不愿意协作，行动较为迟缓，工作期间无所事事，基本上在无工作状态下结束一天的工作。精神离职产生的原因大多是个人目标与团队远景不一致产生的，也有工作压力、情绪等方面原因。

二是控制超级业务员。个体差异导致了超级业务员的出现，其特征为：个人能力强大，能独当一面，在团队中常常以绝对的业绩跃跃领先于团队其他成员，组织纪律散漫，好大喜功，目空一切，自身又经常定位于团队功臣之列。超级业务员的工作能力是任何团队所需要的，但领导必需对超级业务员进行控制，避免其瓦解团队的核心。

三是瓦解团队中的非正式组织。团队是全体成员认可的正式组织。非正式组织短期内能够很好进行日常工作，能够提高团队精神，调和人际关系，实施假想的人性化管理，在团队发展过程中，基本上向有利于团队的方向发展，但长期如此，会降低管理的有效性，致使工作效率低下，优秀团队成员流失。领导必需瓦解团队中的各种非正式组织，让所有的员工都融入企业的工作中来。

亲和力是团队的黏合剂

与人相处中，有些人虽然话不多，但大家却喜欢和他待在一起，因为他能让我们感到轻松愉快；有的人逢人便滔滔不绝，夸夸其谈，这不但不让我们喜欢，反而令我们十分讨厌，总想与之拉开一段距离。有的公司职工和干部精诚团结，公司搞得红红火火，他们尊敬自己的公司领导，情愿鞍前马后

效劳；有的公司，职工和干部工作不积极，互相扯皮，人心涣散，致使工作无法开展。出现这些不同情况的原因是什么呢？

这就是一个领导者亲和力和团队凝聚力问题。研究发现，亲和力强的领导者就是团队的黏合剂。

亲和力就是以领导者个人为载体，以自己的高尚品德和人格魅力联系和带动周围群众，向四周辐射而产生的影响力和组织效能，从而在员工中产生发自内心的信任和拥戴。亲和力是单位形象和团队精神人格化的代表，是领导素质和思想道德的内在体现，是领导艺术和领导方法的独特形式，是领导才能得以充分发挥和事业成功的重要因素之一。凝聚力是指团队对成员的吸引力，成员对团队的向心力，以及团队成员之间的相互吸引。一个领导者及其所领导的团体如果失去了亲和力和凝聚力，就不可能完成组织赋予的任务，本身也就失去了存在的条件。

领导者的工作对象，首先是团结人和用好人的问题。人才使用和人心顺逆，是决定事业成败的关键。人心所向，无往而不胜；人心所背，则会一事无成。作为领导者，必需善于用人、管人，努力凝聚人心，调动人才的主动性和创造性，提高员工的向心力和凝聚力，构建和谐团队。特别是领导者应保持与员工良好的关系，与员工建立一种相互信任、沟通顺畅的工作氛围。领导者不但要关心团队内部的具体工作，而且应将员工视为主人翁、合作者，与员工形成鱼水之情。换句话说，你要想成为领导者必需具备亲和力，你要善于与员工打成一片，真正融入员工之中。领导者特别是具有亲和力的领导者是整个团队具有凝聚力的关键。

下面来回答几个小问题，用通俗的语言表达你是如何处理的，就会知道你是否具有亲和力。

问题一：你的下属生病了，你会怎么做？

你要经常去探望他，鼓励他和病魔作斗争，争取早日重返工作岗位。这里强调的是经常，就是要求领导者不要官场作秀，敷衍了事，而要求的是真诚对待你的下属，也是你领导魅力的体现。可以说这时你的做法是大家都能看到的，你对一个员工的关心，其他员工心里也都感到暖洋洋的，从而激发了员工支持你工作和处处维护你领导地位的热情。

问题二：你有一个非常执拗的下属，但是你想让他按你的意见办事你应该怎么做？

如果你和一个非常执拗的下属特别是副职因为工作意见不统一，这时候如果你想让你的下属按着你的意见办事，首先应该做的就是怎么让这个下属接受你的意见。在这种情况下，不妨这样尝试一下：搁置他的意见，用你的意见合理地说服他，让他接受你的意见，然后再告诉他先这样做，不要怕失败。即使失败了，还可以想别的方法。这样在让他接受的同时也充分体现了你对他的尊重。

问题三：你的下属在给你提出一项工作上的建议，但是这个建议是你已经考虑成熟并且准备实施的，你会怎么对你的下属说呢？

一般人有三种回答方法，即"这个办法我们想到一起了，看来我们有很多默契啊，不过呢，还应该表扬你，因为你真的很用心工作了。"或说："这个办法我早就想出来了，都准备实施了你才来说。"或直接把自己的想法隐藏起来，直接赞同下属和你一样的办法。后两种方法都是不可取的，前者直接表明态度的同时也直接挫伤了下属的工作积极性，那么他的这种与你不谋而合的建议你已经想过了，那么以后下属就不用想了，既然想你早想了，人家还创新什么工作呢？如果你直接赞同下属，说明你隐藏了自己的观点，这就表明你本身是虚伪的，时间久了，对你进一步开展工作是很不利的。

问题四：最近工作很多也很忙，你的下属向你请假，你应该怎么做呢？

在这件事情上，你应该给予下属适当的假期，并询问一下是否需要帮助。因为每人都有自己非常棘手的事情，而有些事情的发生并不因为你工作忙闲而左右的。这时候的下属更需要你的关心和帮助，如果在这个时间你能

给予他假期并把他部分待完成的工作加班完成的话，他一定会对你感恩戴德的，并会加倍努力地工作来报答你的。

问题五：你的下属犯了很严重的错误，上级领导准备处理他，你会怎么做呢？

严厉批评下属的同时与下属一同承担责任，并借此事告诉大家你不但是他们的领导，还要为他们的行为负责，以此来更好地来约束员工的行为。但是千万不要有让员工感恩的心态，你要认为这是你应该做的，就像家长为孩子承担责任一样。事情过去就过去了，如果你总是在员工面前提及此事，久而久之只能增加员工的反感，事情就违背你自己的意愿，适得其反了，那么你多付出的就没有起到预期的效果。

问题六：作为领导者，在推行重要决策之前你认为是否应该首先取得下属的赞同？

应该首先取得下属的赞同，最起码你要取得做这个事情或者执行这件事情的人的赞同，这样事情落实起来就比较容易，尤其在推行重大事情时，更要合理地运用一些方式方法让下属去接受，千万不要武断地行使你手中的权力强制推行，如果强制手段推行不下去的话，你将无办法收场。

问题七：你是怎样表扬和批评下属的？你认为哪样做更有成效？

要经常表扬下属，而且要巧用语言的技巧表扬下属，这样在表扬的同时更有激励作用。例如，你的下属在今天的管理工作中有点小小的创新或小小的成绩，但是无足轻重，这时的你一定要及时表扬他，告诉他不要在乎那一点，星星之火可以燎原，让他觉得好像做了一件很伟大的事情一样，促使他更加发奋努力地工作。不要因为仅仅是无足轻重的一点成绩就不去理会，这也说明"没有一点哪有面"的形成的道理。

问题八：你对能力差的下属是怎么做的？

不要因为下属能力差就蔑视下属的存在，甚至给予不公平的待遇。对待下属一定要一视同仁，不要厚此薄彼，看似能力弱的人，他的爆发力有可能是最强的，也许在你的英明领导下，他可能成为你的左膀右臂，可能证明一句俗语：强将手下无弱兵。

让集体的智慧闪耀光芒

张瑞敏说："企业是什么？说到底就是人。管理是什么？说到底就是借力。你能把许多人的力量集中起来，这个企业就成功了。如果全体员工愿意把力量借给我一起完成同一个目标，这就是成功的管理。"

"小成功靠个人，大成功靠团队。"一个人的力量是有限的，无论你多么优秀，无论你有多么大的能力，一个人的力量与集体力量相比也是渺小的。

优秀的企业向来都十分重视集体的智慧，"不拘一格降人才"。每个平凡的员工身上都有其长处，集众人之所长，这种力量是非常强大的。

松下幸之助经常对下属说："我做不到，但我相信你们能做到。"这种领导方式，就是向下属求助，请求下属提供智慧，也就是利用员工的智慧。

他还曾经说过一个著名的观点：

当他的员工有100人时，他要站在员工的最前面，以命令的口气指挥下属工作；

当他的员工增加到1 000人时，他必需站在员工的中间，诚恳地请求员工鼎力相助；

当他的员工达到10 000人时，他只要站在员工的后面，心存感激就可以了；

而当他的员工达到50 000人或10万人时，除了心存感激还不够，必需双手合十，以拜佛的虔诚之心来领导他们。

松下幸之助的这段话，充分表达了"企业靠大家"的精髓。

有人问松下幸之助先生："请你用一句话来概括你经营的诀窍。"他的回答是："细心倾听他人的意见。"松下幸之助在"松下电器制作"创建之初，尽管买卖成交量很小，然而未到年末他就要将所有的人召集在一起，将全年的财物实情讲出来，讲明赢利多少，征集下一年的经营意见，年年如此。他总是在倾听完各方面人员的意见后，再确立下一步的经营计划，做好思想准备，雷打不动，越挫越勇，向着目标迈进。由于总是及时倾听别人的意见和建议，因此松下幸之助每前进一步，每上一个台阶，他都已想到下一步、下一个台阶。松下公司的精英、员工们都表示："无论多重要的问题，经理松下幸之助先生都当机立断，不管到何时，他那超人的判断力都令人佩服。"

杰克·韦尔奇说："我的成功10%是靠我个人旺盛无比的进取心，而90%，全仗着我拥有的那支强有力的团队。"

李嘉诚说："我之所以能有今天的成就，单靠自己的力量是办不到的，没有公司其他成员的共同努力，我不会取得今天的成就。"

任何组织的成功靠的是团队，而不是个人。

我们发现一个可贵的事实：每位成功的管理者几乎都拥有一支高效的管理团队。在某种程度上，我们可以说，杰出的团队造就了杰出的领导；反过来，也可以说杰出的领导造就了杰出的团队。

提高团队凝聚力的七大手法

在一个企业组织里，团队如果具有高度的凝聚力，那么，员工之间的隔膜就会消失，产量会提高，工作会有效率，而且看重团队的名声，如此一来，整个组织的目标就易于达到，企业也得以生生不息。

一个聪明的领导者要使他的员工具有对工作团队的向心力，可以依照下列七个方法来提高凝聚力。

1. 给予员工全体合一的认同

不论是在会议的场合或指派命令的时刻，要在谈话中强调"我们"、"我们这个部门"或者"我们这个团队"，如此，才能使员工觉得领导者与他们是同一阵线。

2. 强调团队工作的重要性

领导者应该以身作则地表示出"只要我们赢了，功劳属于谁都无所谓"的态度。换句话说，领导者要时时刻刻关心这个工作团队是否能达到目标，而不必担心谁出风头谁居功的问题。

如此，大家就都会全力以赴。

3. 设立清楚容易达到的团队目标

在规划公司的长期目标蓝图后，应该制定一些短期而明确的目标。这些短期的目标应该让人一目了然，而且具体可行。如果目标过于笼统而高不可攀，则员工的斗志容易丧失。

4. 对优秀的员工给予认可和褒奖

领导者必需揣摩员工的心理，观察员工的表现，随时给予其协助、认可、鼓励与赞扬，明确地向员工说明他对团队的重要性。如果有哪一位员工赞美同仁的表现，那么也应该褒奖这位员工的建设性行为。久而久之，这个工作团队的气氛就会显得和谐而融洽。

5. 实施团队激励的措施

除了个人奖金的制度以外，还应该设定一套奖赏的办法，以配合团队激励的政策；此外，公司得到特殊的奖励，也应该与员工共享成果。

6. 心理上与员工保持亲近

要采取参与的态度与员工保持联系，适当参与员工的活动，以了解他们的感觉与想法，拉近与他们的心理距离。

7. 把员工放在第一位

在管理中必需坚持以人为本，处处把员工放在第一位，给予他们应有的地位与尊重，使他们有归属感、视企业为家，以主人翁的态度对待企业，对待工作。如果领导者养尊处优，置自己于员工之上，不把员工放在眼里，组织的凝聚力则无从谈起。

第12章　积极地处理冲突与矛盾
——领导者的协调艺术

　　做好协调工作是领导者的一项重要职责。尤其企业的一把手，作为领导班子的核心，在集体领导中发挥着多方面的作用，协调作用显得特别重要。一个班子内部能否做到关系顺畅，心情舒畅，很大程度上取决于一把手的协调作用。领导者只有提高协调艺术，才能充分发挥组织内各要素的作用，使组织产生系统放大效应，提高组织的整体功能。

敢于直面冲突和矛盾

　　从传统意义上讲，冲突是造成和导致不安、紧张、不和、动荡、混乱乃至分裂瓦解的重要原因之一。冲突破坏组织的和谐与稳定，造成矛盾和误解。基于这种认识，各层次的领导者都应将防止冲突作为自己的重要任务之一，并将化解冲突作为寻求维系现有组织稳定和保证组织连续性、有效性的主要方法之一。毋庸置疑，传统的观点有其合理性的一面，但将冲突完全化解显然是不现实的，也是一种不够全面的理解。

美国西点军校编的《军事领导艺术》一书对冲突的积极作用进行了深入探讨，并指出，群体间的冲突可以为变革提供激励因素。当工作进行得很顺利，群体间没有冲突时，群体可能不会进行提高素质的自我分析与评价，由此，群体可能变成死水一潭，无法发掘其潜力。通过变革促进成长与发展，群体间存在冲突反倒会刺激组织成员在工作中的兴趣与好奇心，这样其实反而增加了观点的多样化以便相互弥补，同时增强了紧迫感。

通用汽车公司发展史上有两位重要人物，由于他们对冲突和矛盾所持的不同看法和做法，给通用公司的发展带来了不同的重大影响一位是威廉·杜兰特，其在做出重大决策时，大致上用的是"一人决定"的方式，他喜欢那些同意他观点的人，而且可能永远不会宽恕当众顶撞他的人。结果，由他领导的由一些工厂经理组成的经营委员会在讨论任何一项决策时都没有遇到一个反对者，但这种"一致"的局面仅仅维持了4年。4年之后，通用汽车公司就出现了危机，杜兰特也不得不离开了公司。对今天的领导者来说，从这件事中引以为戒的是如何看待组织内的冲突和矛盾。既然冲突和矛盾是必然的和普遍存在的，就不应回避、抹杀或熟视无睹，更不要为暂时的"一致"所蒙蔽，甚至人为地营造"一致"的现象。总之，任何一个人的认识能力都是有限的，一个人的意见不可能永远正确。而有冲突和矛盾也许正是弥补这一不足的最佳方案，只要协调合理、沟通及时，冲突会为你的成功铺垫基础。

另一位对通用公司有重大影响的人是艾尔弗雷德·斯隆，他是迄今为止通用汽车公司享有最崇高声望的领导者，被誉为"组织天才"。他曾经是杜兰特的助手，并在后来成为杜兰特的继任者。他目睹过杜兰特所犯的错误，同时他也几乎修正了这些错误。他认为没有一贯正确的人。在做出决策之前，都必需向别人征求意见，他会在各种具体问题产生时阐明自己的观点，但他也鼓励争论和发表不同的观点。这使他取得了极大的成功。

被誉为"日本爱迪生"的盛田昭夫则从自己的亲身经历中进一步说明了

领导者应如何正视冲突。他认为：

大多数公司一谈到"合作"或是"共识"时，通常意味着埋没了个人的意见。在索尼公司，我们鼓励大家公开提出意见。不同的意见越多越好。因为最后的结论必然高明。在盛田昭夫担任副总裁时，曾与当时的董事长田岛道有过一次冲突。由于盛田坚持自己的意见不让步，使田岛很愤怒，最后他气愤难当地说："盛田，你我意见相反，我不愿意呆在一切照你意见行事的公司里，害得我们有时候还要为这些事吵架。"盛田的回答非常直率："先生，如果你我意见是完全一样的，我们俩就不要待在同一公司领两份薪水了，你我之一应辞职。就因为你我看法不一样，公司犯错的风险才会减少。"

通过以上事例的分析，我们至少可以得出这样一个结论：没有冲突的组织是一个没有活力的组织，作为领导者要敢于直面冲突和矛盾，闻争则喜应成为领导者的一种时尚。

避免管理机构的内耗

领导者应力求避免管理机构的内耗，要从全盘来考虑组建高效的管理机构，让每个成员的长处都能得到充分发挥，各自的短处能得到有效弥补，从而形成强大的合力。

将一些开拓型的干部组成一个"清一色"的管理机构，其糟糕程度不亚于一个全是由优秀独唱家组成的合唱团。有时内耗不一定是指产生了矛盾、团结状况不好。凡是由于组合不科学，搭配不合理，影响管理机构整体功能的现象，都可以称为内耗。

有些管理机构，就其每个"零件"而言，都还不错，但组装成"机器"后，却运转不灵。这种现象表明，问题很可能出在"组装"上，形成了"内耗型"结构，其整体工作效能用一个数学式子来表示，就是1+1<2。

例如，组织管理机构3个成员都具有大专以上文化程度，在专业技术上都具有工程师职称。然而，这3个"零件"组装成"机器"以后，管理机构的整体功能却很不理想，工作长期打不开局面，下属意见很大。究其原因，问题还是出在"组装"上。这个管理机构至少在知识结构、专业结构、智能结构和素质结构这四个方面不够合理，因而产生了内耗。它的知识结构是明显的平面知识结构；专业结构也有明显缺陷，3个成员没有一个擅长行政管理的；在智能结构上，缺少一个具有战略眼光的开拓型的管理成员发挥主导作用；而在素质结构方面，3个人都有魄力不够的弱点。

因此，这样组合成的班子，尽管表面看不仅达到了标准，团结状况也不错，但握不成一个强有力的"拳头"，他们各自具有的长处得不到发挥，短处也得不到弥补，管理机构的整体功能比较差。像这样的"内耗型"管理机构，应该力求避免。由于这是一项十分重要而复杂的工作，领导者不能坐在办公室里靠冥思苦想来拼凑最佳组合方案。唯一正确的途径，就是深入到下属中去，多方面听取意见，做好调查研究工作。

总之，当你"组阁"时，要用系统的观点，对整个群体结构作全面考虑、整体设计，不能只强调某些方面而不顾其余。组建管理机构要有一个共同的要求，但不等于说，任何组织都只能千篇一律，分毫不差。不同职能、不同层次的群体，应有所侧重，并且在要求的程度上也应有所不同。这些应根据不同的需要妥善地加以确定。

化解心理矛盾的技巧

被说服者的处境是矛盾的，如果他不服从或不同意你，就会与你产生冲突；但如果他服从你、同意你，又会与自己产生矛盾。在被说服的过程中，

人们的心理矛盾有以下几种表现形式。

1. 猜疑心理

即使人们彼此之间有信任关系，但在感到自己在被对方说服时，也难免疑虑重重。尤其是有些人本身就有疑神疑鬼的毛病，这种情况会更加严重。信任意味着遵守诺言、保密与尊重对方人格等，但在具体情境中，人们的这些信念可能有些动摇，猜疑心理就会油然而生。

美国卡内基—梅隆大学的罗伯特·凯利博士，１９８９年对美国４００位经理的工作进行了调查，结果发现，在这些经理领导的企业中，有三分之二的人感到经理不能给他们提供"对公司观念的清晰理解，任务及目标的明确解释"。如果员工不能通过某些信息来理解自己工作的意义，其工作就不会有更高的绩效。尤其严重的是，如果领导者不去提供信息、解释一下为什么，人们就会自作解释，结果还会产生出领导者不能驾驭的舆论，弄不好会毁掉领导者的职业前程。

２. 防卫心理

防卫心理即戒备心理，这是指一种不作暴露，警觉地注意别人的一言一行，尽量推辞言语及行动上的责任的心理状态。

有效谈话的行为技巧可以医治防卫心理。你如果能造成一种同步的交谈，鼓励对方更多地表达自己的看法，促进他的自我表露，你就可以对症下药，找到突破口。另外，开放地表露自己，更多地积极反馈，表明你与对方的相同之处多于分歧之点，这样就可以缩短心理距离，有利于促进对方的理解，形成评价的一致。

3. 不安与精神压力

人具有保护自己的精神及人格完整性的本能，即使你不存在控制对方的动机，对方在面对要求做出转变时，也会因为这将可能影响自己的人格完整性而产生不安，承受一定的精神压力；同时，在他面对接受你与拒绝其他人的选择矛盾时，接受了你就意味着自己的态度及行为方式的转变，且需要与其他人的关系进行调整，这时也会承担相当的精神压力。被说服者所承受的精神压力会影响说服的效率与成效，因此他们能躲即躲，实在躲不过，也将不置可否。

在涉及一些对被说服者来说是重大问题的说服时，对方的回避是不可避免的。故而要求说服者：第一，一定要有耐心；第二，交谈中要有策略地进行"信息注射"，不要一次把话说完，要给对方留有余地；第三，要让对方认识到他的不安及压力的存在及根源，并就此进行交谈，逐一予以化解，要为对方设想好解释自己之所以转变的理由。更为慎重的方法是委托第三者去说服。而在无计可施、一筹莫展时，攻击对方背后的"精神领袖"与利益关联者也不失为一种方式，不过，这种方式应有一个道德尺度的约束。

谨慎处理下属的抱怨

对于下属抱怨的事，领导者要作出改善的行动，不要拖延，不要让下属的抱怨越积越深。

当下属开始有抱怨、不满，与你有利益摩擦的时候，作为领导者应当充分重视。首先要查明原因。如果下属对薪资制度有抱怨，可能是因为薪资在同业中整体水平偏低或某些职位薪资不尽合理。要找到下属抱怨的原因，最好听一听他的意见。倾听不但表示对下属的尊重，也是发现抱怨原因的最佳方法。对于下属的抱怨应当做出正面、清晰的回复，切不可拐弯抹角、含含糊糊。

身为领导者，善于倾听下属的抱怨是一种责任也是考核领导者综合素质的尺度之一，面对下属的抱怨，绝对不可掉以轻心，漠然视之。下属虽然不会因为心存抱怨而愤然辞职，但是他们会在其抱怨无人听取、问题没人考虑的情况下辞职。因为他们感到自己的人格受到了污辱，因而无法接受。如果

你希望下属愉快、满怀热情地工作，就应当花点时间倾听他们的诉说。多花点时间听听员工的心声，对你是有益无害的。

如果认为某人对某一事情表示不满，会对企业和管理部门甚至对你个人极为怨恨，那就大错特错了。抱怨往往是领导者对待下属的方式不当造成的。实际上，正是抱怨和不满，才使你意识到企业里可能还有其他人也在默默忍受着、抱怨着同样的问题。这种情况下，生产效率会受到严重影响。你的员工常会对工资、工作条件、同事关系以及同其他部门的关系发出怨言。面对员工的抱怨，你必需谨慎地处理，不可置之不理、轻率应付。

你要设身处地地想想员工为什么会产生怨言，尽量考虑问题产生的原因，避免因操之过急而引起矛盾激化。你应当做出一种姿态，向下属的抱怨敞开大门。即使一时没空，也要约定一个时间让他来说。不要当即反驳下属的怨言，应让他们先诉为快。如果抱怨的对象中有其他的下属，你必需同时听取另一方的意见，以便公正地解决问题。如果你打算解决问题，请立即采取行动。如果你不准备采取行动，也应告诉抱怨者其中的原因。

在面对下属的抱怨时，你需要有耐心和自我控制能力。尤其是下属的抱怨牵涉你，使你感到很尴尬时，更需要有极大的耐心和自我控制能力。

调节部门冲突的艺术

我们已经知道组织是由若干个部门或团体组成的。组织中，部门与部门、团体与团体之间，部门、团体与组织之间，由于各种原因也常常发生冲突。组织理论认为，组织中团体之间的冲突一般有如下几种原因。

1.各团体之间目标上的差异

组织由于分工划分成不同功能的各个部门、单位，每个部门、单位在组织设计时就已确定目标，各个目标的组合就构成组织大目标。但在执行过程中，各部门和单位的工作行为常以本单位利益为中心，可能会忽视组织大目标与其他部门和单位的协调，使各部门和单位相互隔绝，致使冲突产生。

2. 各团体之间认识上的差异

例如，甲单位的领导认为实施 A 方案最好，乙单位的领导则认为实施 B 方案最好，由于彼此认识上的差异，致使两单位意见一时难以协调，有可能引起部门间的冲突。

3. 各团体之间的职责权限划分不清

如权力交叉或职责缺漏等。

4. 各团体的利益、需要没有获得满足

组织中的部门或单位为了完成各自的任务，总需要一定的资金、原料或人力。而组织领导者一般要从大局考虑，根据该部门或单位对整个组织的贡献大小来分配资源，这就难免造成某些部门没能获得利益满足，可能导致部门或单位之间的指责、争吵甚至攻击。

5. 不健康的思想意识或不良的团体作风

由上述原因而酿成的冲突，不仅会造成各部门之间关系的不协调，而且也会给整个组织系统工作带来不良影响。因此，处理好组织内部各部门之间的关系，对于形成组织系统的合力，发挥组织系统的整体效应，具有重要意义。

组织系统部门之间的关系，在很大程度上是部门领导者之间关系的问题。领导者能否顾全大局，他们之间的人际关系是否融洽，对部门关系影响很大。因此，作为领导者来说，要处理好部门之间的关系，就要加强配合与协调。

这既是做好部门工作的需要，也是处理好部门关系的需要。沟通是双向的，也是多方面的，主要应当从目标上、思想上、感情上和信息上加强沟通，进而取得共识，这是协调各部门领导关系的重要基础。

1. 在目标上沟通

强调整体目标，使他们认识到各部门、个人对整体目标做贡献的重要性，以及相互配合、协调的必要性，力争把部门利益与共同目标联系起来，进而增强各自对组织目标的关切感，减少部门之间不必要的冲突。

要在具体目标上取得沟通和共识，各部门领导，在目标的确立上，要相互理解和关注；在目标的实施上，要相互支持和推进；在目标的冲突上，要相互调整和适应；在目标的成功上，要相互鼓励和总结。

2. 在思想上沟通

各部门领导应避免单纯以本部门的利益得失考虑问题，而应当从各部门利益的互相联系上，也就是全局上，考虑问题，包括设身处地地替其他部门着想，达成彼此可以共同接受的意见，以防止思想认识上的片面性。各部门领导在思想观念、思想方法、思维方式上也是互有差异的，由此而形成的观点上的争鸣和分歧，可以通过平等的交流、启发，缩小认识上的差距，以达到统一。对于因工作关系所引起的误会、隔阂，各部门领导之间应严于律己、宽以待人，必要时多做自我批评，以求得谅解。

3. 在感情上沟通

感情上的联络和加深，对部门领导来说是很重要的。因为很难想象，没有任何感情交流的部门领导之间，工作上可以融洽。要增加感情上的沟通，除了目标思想上的认同外，还可通过工作交流、参观访问、文体活动、公共关系活动等不断加深，从而创造一种和谐共事的情感环境。

4. 在信息上沟通

沟通也是传达交流情报信息的过程。部门之间的矛盾与隔阂，都可以从信息沟通中找到原因。一般而言，凡缺乏沟通的部门，信息传递必然不畅，极易造成部门之间的不了解、不理解和不协调，甚至造成某些冲突，既影响工作，又影响团结；凡主动沟通的部门，必然信息流畅，往往容易赢得对方好感，取得信任，形成部门之间的良好关系。

耐心说服是化解矛盾的最好途径

在试图说服那些与自己意见不一致的人时，领导者不应当把他们当做对手或敌人，而应当做平等的伙伴，不是为了让他们言听计从，而是为了让他们接受那些对他们有益，却因为种种原因还没能理解的东西。

在生活与工作中，领导者们不可能具有同样的想法。在推广新战略，引入新方法、新技术的工作空间中，种种不一致演变为激烈的辩论或冲突是在所难免的，领导者不可能"天天碰到笑脸"，故而也不可能"天天都有好心情"。

在领导者的日常工作中，经常面对意见分歧，经常遇到与自己想法不同的人。怀有分歧、心存反对的人无非就是在方向选择和对利益的认识上与自己有所不同。尽管分歧乃至对立会使人们的关系变得紧张，但黄金准则在这时能帮上忙。那就是，你希望别人如何对待一个持不同意见的你，你就应该如何去对待那些持不同意见的人。

当你不同意他人的观点和看法时，或面对那些与你存在分歧甚至对立的人时，站起来与他针锋相对地争论一番并非上策。在日常生活中我们经常看到，即使是那些无关痛痒的事，如果较起真儿来，都会导致针锋相对的激烈场面。在争论中，每一方都试图压倒对方，但这并不能解决任何问题，相反会伤了彼此的和气，严重的还会破坏彼此的关系。

当我们面对与自己意见相左的人时，一种自然的心理反应就是，试图通过争论战胜对方。之所以会有这种反应，是因为面对不同意见，自己感到受到了一种威胁与伤害，自尊心使我们会变得激动、声高、言辞偏激、好斗、尖刻。如果用这种情绪化的反应对待对方并且对方也反唇相讥，一场恶战势不可免。如果你不愿看到这种火药味十足的激烈场面，那么还是不要挑起异常争论为好。

说服或真正的说服力，就在于形成被说服者的内在服从效应。它与借助权力的威胁的不同之处在于，说服者认为他与被说服者是平等的，被说服者具有某种观点、看法、态度及采取某种行为方式的自由。与利益交换、个人魅力所形成的确认式服从不同，在形成内在式服从的过程中，说服者也许根本就没有什么魅力或利益上的吸引力，被说服者之所以服从并不是因为说服者自身的缘故，说服者提供的信息才真正具有价值，起到修正或者改变被说服者的感知方式、理解及解释方式的作用，从而使服从者最终采取一种新的反应及行为方式。

迂回前进，让矛盾在冲突中缓和

对于公司里发生的冲突，如果从正面不能顺利解决，不妨改变方式，从侧面来处理，也许会更有利于解决问题。

在特定的条件下，对一些无原则的纠纷应采取含糊的处理方法，或者为了解决某些冲突，领导者可进行必要的合作、折中或退让、妥协。

例如，鼓励冲突的双方将他们的利害结合起来，使双方的要求都得到充分的满足；或者在冲突双方的要求之间寻求一个折中的解决办法，让双方都得到部分满足；或者驱使一方放弃自己的观点、利益去满足另一方的要求；或者用暗示或不管的方式鼓励冲突双方自己去解决分歧等等。假若双方都是搞派别斗争，为他们各自小集团的私利而闹纠纷，完全违背整体利益，那么在解决这样的纠纷时，就不必去分清谁是谁非了，事实上也无法分清谁是谁非，可采取各打五十大板的办法来处置。

又如，对某些"闹事"问题的处理。闹事不对，但为了大局的安定，在说清事理之后，可对他们的要求作出一些不损害大原则的妥协，以缓和矛盾。虽然这样处理纠纷的方式，看来显得简单和有点不分是非，但仍不失为一种解决冲突的较好方法。

再如，暂时放下矛盾，等待机会解决。这是指解决冲突的条件还不成熟，需要维持现状，等待时机给予解决；或者经过一段时间的积累，由工作或生活本身逐渐地加以调整。这可以让人们经过一段时间后，逐渐放弃旧有的成见，适应新观念和新事实。

这种解决冲突的方法是十分明智的。因为一个人的信仰、观念和立场的改变，往往需要一个体验的过程。如果采取强加于人的做法，常常会使矛盾激化，隔阂加深，伤害人们的感情，产生不良的后果。而经过一段时间的缓解，则可以自然、顺畅地解决冲突。

例如，当有人对组织的决议持不同意见时，组织上允许其保留意见，而不滥用组织手段强迫其改变观点。当然，前提是在行动上必需执行决定。所谓"允许保留意见"，运用的就是"接受时间"的方式。

"说服"是化解冲突的良好途径

在试图说服那些与自己意见不一致的人时，我们不是把他们当作对手或敌人，而是当作平等的伙伴，不是为了让他们言听计从，而是为了让他们接受那些对他们有益却因为种种原因还没能理解的东西。

不考虑对方利益且又盲目地投入争论的人，会被一种焦躁心理所控制，大有一种过了今天不管明天的偏激心态，但明天总会到来，但那时又该如何呢？

做领导就是要：设定方向，团结员工，密切合作，鼓舞士气。这意味着最终在员工的内心建立起对于组织的理想、远景及由此而来的目标、计划、规章、制度的内在化服从。领导方式也就将由注重权力干预转向注重开放沟通。说服人们建立起奉献的工作态度，对于下属员工之间的冲突进行仲裁调解，

以及培养人们对其他人的一种平等的合作伙伴的态度，纠正他们在人际交往上的行为技巧，这都意味着一个持续不断的内化于领导过程中的说服过程。

因此，说服就是一项领导者的工作任务，这种任务的提出及设计应注意以下几点。

1. 针对性

应针对不同的人来明确任务，确定他们在近期内应实现何种转变，说服他们到底应该做什么及怎么做。如果企业家不为他们树立一个他们认为可以实现的目标，对方就会谈不拢，充其量也只能使他们消极服从。同时还应认识到，任何具有持久效果的转变都是渐进的，想使你的说服工作一蹴而就只会降低你的说服力，而"别人能，为什么你不能"的态度则会使说服者仅有的一点说服力荡然无存。因为，一个只会苛求于人而不理解人的人，人们不会认为他是一个好领导。

2. 系统性

说服人们最终具有奉献精神是一项系统工程，这只有基于企业家本人已被说服，认为人产生奉献精神必需有一定的环境条件。向别人索要一种奉献精神，对企业家没有任何帮助。

3. 关联性

无论你承认不承认，除了领导能影响员工外，员工们彼此也在相互影响。每一个人内在而隐秘的服从模式是复杂的，应认识到每一个人的背后都有更多的人，每一个人的头脑都与他接触到的不同的人享有某些共同观念，这种领导可能根本无从知晓地交互影响局面，既可能强化领导的说服力，也可能钝化、弱化领导的说服力。要对有待说服的对象有更多的了解，要创造服从效应，必需要善于利用这种关联效应。

在如上原则的基础上，形成合理的说服计划，就有可能一步一步地实现说服的目的。循序渐进的说服工作意味着使说服贯穿于领导及交往过程之中，把握一切时机，去影响接受者的态度。

第13章　会说话得天下

——领导者当众讲话的能力

激情澎湃的演讲，掌声雷动的场面，领导者的魅力一定要大胆、全方位地展现出来。当众讲话是领导干部的必修课。

领导者即席讲话艺术

作为一个现代社会的领导者，经常需要作即席讲话。所谓即席讲话，是指在一定场合，没有作充分准备、没有现成稿子的情况下，由他人提议或自认为有必要而当众临场发表的讲话。

在日益开放的现代经济社会，即席讲话是领导者综合素质的一面镜子，是群众评价领导者能力、水平的一把尺子。即席讲话若能讲得生动精彩、引人入胜、打动人心，无疑会给听众留下难以忘却的印象。而成功的即席讲话，不仅可以塑造良好的领导形象，提高领导者在群众中的威信，更能有效地促进各项工作的开展。如果一个领导人员，经常能根据现场主题，针对气氛，围绕某个问题，迅速组织一篇精彩的即席讲话，运用大量的事实和例证，旁征博引，侃侃而谈，且能做到观点鲜明，声情并茂，逻辑严密，听众就会从内心佩服这样的领导。因此，从某种意义上说，善于即席讲话，是作为领导者应具备的一项基本功。

正因为如此，作为一个紧张而又复杂的语言表达过程，即席讲话要想很好地掌握，是非常困难的。它与一个人的思想、思维、生活、阅历、知识、口才等诸多因素有着直接的关系。但是，即席讲话作为领导工作中经常使用的一种讲话形式，也并不是高深莫测无法掌握的，其本身也有一定的技巧和规律可以学习。

（1）必需学会充分把握主题的能力。当领导者应邀进行即席演说时，应能立刻对会议主题加以论说，并由此而将听众的注意力吸引过来。

（2）必需具备别人无法比拟的组织能力。当领导者一开口讲话时，便能将听众的兴趣和情绪调动起来。

（3）必需具备一边讲，一边就能思考下一步话题的能力。如此一来，领导者在即席演说的同时也在为后面的下一步内容做准备。

（4）必需具备特别强的记忆力，同时还要精通多方面的知识。也就是说，领导者自己不但要做到词汇丰富，语言流畅，更重要的是，还必需不断地学习文化知识，不断提高自己的综合素质，并对生活充满信心。

领导者要想使即兴讲话达到良好效果，还应该尝试使用"即兴生发点"技巧，即因人生发、因景生发、因物生发和因事生发。

因人生发，就是说领导者在演说时看到眼前某个具体的人，而产生即兴类比，用以说明某种观点。具体讲，可以因眼前人的性别、年龄、外貌、性格、职业、爱好，以及在场人数的多少等各种信息，作为类比的起点。

因景生发，也就是触景生情，产生类比联想。比如有一年，某校欢送干部班的学生毕业，外面忽然响起了雷声，接着是暴雨顿至。正在演说的教师代表灵机一动，临时加进了几句话："你们听，外面雷声隆隆，这是欢送你

们毕业的礼炮！"可谓机智适当。

因物生发，就是说领导者看到眼前某种物体，想到这种物体的某方面特点、特性与要阐述的道理有相似性时，很容易以这种物体作为喻体；或者反过来，看到眼前某种物体的某方面特点特性，而引申出一个论点来。

因事生发，即指在演说的过程中，可能会出现出乎意料的事，如果对阐发某种观点有利，说话的领导者也可即兴把它作为类比的生发点。

当然，即席讲话的技巧还有其他形式，需要领导者在实践中努力提高自己对语言的敏感度，并灵活掌握。

面对媒体不卑不亢

身为领导，经常接触媒体是不可避免的。领导代表组织的声誉和形象，因此在面对媒体的时候就要求领导能够镇定自若，潇洒从容。

新闻界的职业特点是重视新闻报道的客观性、及时性和公正性，而不受其他势力的左右。领导者必需尊重新闻界的职业特点。这就要求尊重新闻记者地位的独立性，而不能把新闻界纯粹当做宣传本组织的工具，诱使或强迫报道有利于本组织的消息。否则就等于轻视新闻媒介的社会地位，结果得不到他们的合作和支持。

领导面对媒体的时候一定要讲究策略，既不能逃避又不能过分地亲近，下面的10条策略可以让身为领导的你在媒体面前游刃有余，左右逢源。

1. 积极主动的媒体策略

努力让媒体从你的角度来关注事件。你可以向所有的媒体同时发布信息，也可以将信息透露给某位记者，使其成为"内部观点"。如果你想先试探一下受众反应的话，后一种策略往往比较理想。

2. 第三方策略

让媒体对某项事件进行报道，但不要突出你的组织。你可以通过其他组织中的评论员提供一些"第三方"的观点或评论。

3. "硬新闻"策略

通过活动、抗议、新闻发布会、社评、游行、研究等方式来制造新闻。或者通过增加"热度"呼吁变革"让事件变得更有戏剧性"等方式来引发媒体报道。如果能够将你的组织刻画成某家公司或政治"流氓"的受害者，这种策略就会产生很好的效果。

当然，这种"硬新闻"的策略也有其消极的一面，它的时效性比较强，其影响力很快就会减弱，而且一旦在受众心目中形成某种印象，你就很难去改变它。通常情况下，这种方法的主要目的在于给政府或相关机构施加压力，或者是攻击你的政治对手。

4. "软新闻"或专题策略

"软新闻"或专题策略属于一种深度报道策略——通常是在媒体的专题版、生活方式等版面或者是访谈节目当中使用。它要求新闻发布者投入较长的时间，要有很大的耐心，并且与相关的编辑、制片人，或记者保持一定的关系，而且双方能够就当前的事情达成一定的共识，或者至少双方都认为这件事情很重要。

5. 快速响应策略

当所有的因素都已经准备就绪的时候，你可以考虑使用这一策略。

如果执行得比较到位的话，你可以通过这种策略使那些攻击你的人反受其害。尤其是当你以"从大局着眼"或者是"直面真正的问题"等角度作出响应，并且是用一种"悲伤而非愤怒"的口气表达出来的时候，其作用更加明显。

6. 低调策略

低调策略的目的在于使你的组织保持在媒体视线之外，只要媒体不把你

的组织放到焦点位置，该策略就会有效。在使用该策略的时候一定要小心，它很可能会成为对方向你发起攻击的武器。

7. "你可能永远不爱我们，但我们希望你恨我们的敌人"策略

该策略的主要目的是暴露对手的弱点。在很多政治运动当中，这种方法很容易被认为是"违反公平竞争原则"的行为。在使用该策略的时候，一定要保持视角的平衡，要注意去有意识地肯定对方，同时也注意要提出一些具体的问题，而不可一味地泛泛而谈。

8. "要想成为一个好的话题，首先必需成为一个好的资源"策略

在使用该策略的时候，你应该向记者们提供更多的帮助——帮助他们了解相关事件的前因后果，而不只是简单地传达信息。通过这种策略，你可以跟媒体建立一定的信任关系——从而可以更加容易地控制媒体的报道。

9. "教育媒体"策略

如果你要发布的是一条比较复杂的新闻，千万不要试图"快速击中"媒体。相反，你应该向对方提供足够的背景资料，举办相关会议并邀请媒体参加等，并通过这种方式来教育那些你所选中的记者和制片人。

该策略属于一种长期策略，但一旦出现"引发"事件或新的进展，而媒体又从中找到进行报道的机会或理由的时候，它的作用就会立即发挥出来。

10. "累积区域媒体"策略

由于那些全国性媒体的新闻容量都比较有限，所以逐个占领区域性媒体的策略经常也会产生巨大的影响。事实上，区域媒体晚间新闻播报的累积受众要远远多于综合性网络电视新闻节目。从技术上来说，做一则区域性新闻要远比做一则全国性新闻的难度要小得多，而且该策略还可以有效避免"过度曝光"。该策略通常是以面对面采访或通过卫星媒体巡回播报。

言语沟通与非言语沟通

身为领导，在面对媒体的时候既有言语沟通又有非言语沟通，诚然言语沟通对于媒体采访是十分重要的一部分，但是非言语沟通对于树立自己和企业的形象也是必不可少的环节。因此只有把言语和非言语沟通做到协调统一，才能展现给媒体和大众一个最完美的形象。

1. 记者采访中的言语沟通

跟受众当中的一个人进行交流。想象你正在那个人的起居室里。尽量让自己听起来不是那么正式，就像一对一交谈时那样。不要认为自己是在面对一大堆"没有感觉"的受众。语言要有力量、充满热情、保持友好。注意礼貌，但语调要坚定、果断。

（1）语句要简洁。注意言语中不要出现"呃""啊""哦"以及其他重复性的言语障碍。最好能够在每个词之间都保持一定距离。

（2）控制你的语速。如果你的语速太快，受众就会产生一种挫折感，他们会感觉你很匆忙或者是内心充满犹疑。所以在采访过程中一定要随时调整语速，从而使你的讲话更加有趣。

（3）声调要富有变化。通过强调每句话中的关键词，你的讲话方式会更加富有变化，从而可以使你的答案不至于过于单调、沉闷。

（4）时不时地停顿一下。在关键词之前或之后停顿一下，这样可以突出这些关键词，并且会让人感觉你在思考。

（5）尽量简单、直接。清晰、平白的语言对于理解是至关重要的。不要使用专业术语、"官腔"或高度技术化的词语。不要用冗长的句子，那样只会让你的受众感到厌烦。

（6）要有力量。最终观众或听众记住的，是你在谈论该话题时所表现出来的力量。千万不要让你的声音变得越来越小。

（7）口齿清晰。张开嘴巴，清楚地说出每一个字。不要含糊不清。建议你尝试一下我们即将谈到的发音练习。练习语句中不带"呃……"和"啊……"语气词向一个人描述你的房间。告诉他在每次听到你说"呃"或"啊"的时候拍一下手。坚持练习，直到你能够连续一分钟听不到拍手的声音。每个星期将该练习重复3次，直到你能够清楚地意识到自己的问题，并有意识地用沉默来代替"呃"和"啊"。

（8）语调和态度。尽量让受众感觉你：谦虚、理性、开放、放松、友好、积极、自信。不要让人感觉你：自满、狂妄、充满敌意、充满防御心理、过于紧张、消极、很难取悦。

2. 记者采访中的非言语沟通

（1）姿势。通过非言语的方式让受众感觉你开诚布公、心情放松，而且状态很好。

不要耸肩。

穿着外套，但不一定要扣扣子。

上半身要挺直，不要倾斜。

你可以把双脚平放在地上，也可以双腿交叉（但要面向采访者）。

将双肘轻放在椅子扶手上。双手不要交叉在一起，也不可斜靠在一只手臂上。

不可双手抱胸——那会让人感觉你充满防御心理。

不要把脑袋歪向一边——那让人感觉你内心充满焦虑或者感觉你很虚弱。

（2）你的面部表情。生动的面部表情会把你的感情和语言连接起来。比如说你可以挑起眉毛，舒展脸颊。

通过面部表情和肢体语言来传达你的热情。

在适当的时候微笑。

不要用无谓的手势来转移观众注意力。

要把握好沉稳与热情之间的平衡。

注意跟采访者保持目光接触，但不要直愣愣地瞪着对方。

录像时，一定要在采访者提出问题以及你回答问题的时候看着镜头。

（3）衣着和外表。在参加电视采访的时候，观众的第一印象通常是你的外表，而不是你所讲的内容。因此，你首先要确保你的衣着不会削弱——而是强化——你所要传达的信息。

对男性有以下建议：

不要穿黑色外套。它们会使观众对你缺乏信任。

不要穿过于夸张的颜色、花纹或样式。中性颜色——尤其是灰色和蓝色——往往有助于提升你的形象。无论对于任何人来说——除非那些肤色白皙的人（如果是那样的话，我建议你尝试一下炭灰色或中等蓝色）——海军蓝都是最佳的选择。

细纹衬衫会在电视上形成混合的效果，所有的纹路都会混到一起。

可以穿一件浅白色或者是宽纹衬衣。

配一条色彩强烈——比如说酒红色的领带，这样可以在你的脸上映出颜色。确保领带足够长，而且一定要垂直向下。

络腮胡或者是小胡子会降低观众对你的信任，而且会让人感到你非常严厉。如果你不想刮掉胡子，一定要梳理整齐，不要让胡子盖住你的上嘴唇。脸上的毛发会弱化你的面部表情，所以在采访的过程中，你的表情一定要更加丰富。

如果你有些秃顶，建议你使用一些化妆粉来避免反光。

对女性有以下建议：

可以考虑夹克配裙子或一件剪裁优良的外套。

不要穿太短的裙子。

强色珠宝能显出你的自信，比如说皇家蓝、宝石红、祖母绿或者是紫色。

上半身穿浅色衣服，下半身穿稍微深一些的颜色。比如说，你可以考虑用一件红夹克去搭配一件海军裙。

尽量少佩戴首饰。

不要穿纯白裤子（除非跟夹克配在一起），也不要穿细纹或者是任何会影响录像效果的服装。

头发不要贴到脸上。

（4）关于衣着和外表的一些建议。你的衣服应该支持或强调你的信息。选择适当的衣服，以便给观众留下预期的印象。

如果戴眼镜的话，最好不要带会反光的眼睛。不要带半框架镜，或者是任何会挡住你眼睛的镜片。而且要确保你的眼镜不会在采访的时候滑到鼻梁上。

记住，衣着能够强化你的信息和语调，并突出你的自信，反过来说，它也会破坏你的信息以及你的可信度。

如何处理棘手的媒体采访

在采访的过程当中，采访者经常会提出一些可能会给你带来麻烦的问题，下面我们将讨论一下应该如何处理这些问题。

1. 当对方提出一些别有用心的问题的时候

问题："他的指控对你的机构造成了多大的伤害？"

答案："非常抱歉，我并不同意你的说法。事实上……"

建议：不要接受对方问题的前提条件，你可以忽视它。或者你也可以礼貌而坚定地反驳对方问题的前提条件，并接着说出你想要传达的信息。

2. 当对方提出一些诱导性问题的时候

问题："你是否觉得这家公司过于贪婪了？"

答案："我不这么认为。他们是一家非常有竞争力的企业⋯⋯"

建议：不要重复对方的诱导性词语（比如说"贪婪"），你甚至可以予以否认。在不重复诱导性词语的情况下进行反驳。

3. 当对方要求你发表个人观点的时候

问题："你个人怎么看这件事？"

答案："我觉得问题不在于我的个人观点。问题是⋯⋯"

4. 当对方要求你代表其他人发言的时候

问题："你觉得市政府会做出怎样的决定？"

答案："这个你恐怕要去问市政府。"

建议：不要回避问题。只代表你的组织发言。

5. 当对方提出一个你不知道答案的问题的时候

问题："这次的投资金额是多少？"

答案："我现在还不能确定。不过我可以帮你查一下。"

建议：告诉对方你不知道，并主动提出帮对方进行查询。永远不要撒谎，不要猜测。

6. 当对方提出一个你知道答案，但却不能说的问题的时候

问题："你们的报价金额是多少？"

答案："这个我不能说，因为——

这属于机密信息；

这件事情目前尚无定论；

我不适合就此事发表评论；

这个问题非常敏感；

这个问题目前还在讨论/评估/协商。"

建议：告诉对方你为什么不能给出答案。

7. 当对方给你两种选择的时候

问题："你们是要增加资助金额呢，还是要维持现状？"

答案："都不是。我们的目标是提供高质量的服务。"

建议：忽视对方提出的两种选择方案。或者直截了当地说出你的观点。

8. 当对方提出一个情感上带有偏向性或者是带有敌意的问题的时候

问题："你们难道不是在扼杀客户吗？"

答案："当然不是。如果你问我他们是否要多拿出一些钱，那很不幸，答案是肯定的。"

建议：在回答对方问题的时候不要带有敌意或者带任何感情色彩。要立即干脆地否定对方的说法。或者用不带感情色彩的说法来重复对方刚才说过的话。

9. 当对方提出一个带有敌意但却包含一些实情的问题的时候

问题："为什么你们没能赶上最后期限，结果破坏了你们的信誉呢？"

答案："的确，我们没能赶上最后期限，但我们已经跟对方协商了一个新的发货日期。"

建议：用你自己的语言重复对方刚才的话。

10. 当对方在某个问题上一再纠缠的时候

问题："……那么你为什么不愿意公开这项战略呢？"

答案："正像我说过的那样，这项战略已经准备启动，我们会在适当的时候对外界公布。所以我们此刻再讨论这个问题是毫无意义的。"

11. 如果采访者明显表示不愿意放弃

答案："我想我们刚才已经谈到了这件事情……"

或："重复这个问题并没有太大意义。在这个问题上，愿意说的我都已经说了。"

建议：礼貌而坚定地告诉对方你并不准备屈服。重复你的信息，让采访者来解决这个问题。如果是现场直播的话，采访者显然会考虑自己的形象——他并不想让受众感觉他是在对你进行骚扰。如果是录播的话，该记者很可能会坚持提问，直到他得到自己想要的回答。

12. 当对方提出一些开放或模糊的问题的时候

问题："跟我们谈谈你的组织吧？"

答案："请问你对哪一具体的方面感兴趣？"

建议：如果你没有真正理解问题的话，请对方澄清，或者你也可以利用对方的提问来传达一些有利于你的信息。

13. 当对方谈到某些谣言的时候

问题："据说其他团体也想申请证书。"

答案："回应谣言显然是不适当的。只有当问题真正出现的时候，我们才需要去解决它。"

或："到目前为止，我并没有找到证据来支持这个谣言。"

14. 当对方提出一些假设性问题的时候

问题："如果双方不能达成一致的话，你们会怎么办？"

答案："我不想进行假设……"不要假设。表明对方提出的问题只是个假设。

15. 当对方提出一个由很多部分组成的问题的时候

问题："这些变革将会产生怎样的影响……你是否能够同时继续……或者说，你是否将不得不……？"

答案："你刚刚提出了一系列问题……（告诉对方你很清楚他的问题）我们首先谈谈你的第一个问题。这些变革将会使我们更加高效……（然后选出那个你想要回答的问题）。"

建议：你不一定要回答对方的所有问题。

16. 当对方要求你向其他人提出建议或推荐的时候

问题："关于这件事情，你会向主管人员提供怎样的建议？"

答案："主管人员会听取来自许多方面的建议，而且，如果想知道我的想法的话，他会通过适当的方式来接洽我的。"或"我可不想通过媒体来对主管人员提出任何建议。"

建议：不要当众提出建议或进行任何推荐，除非你希望给对方施加公众压力。

17. 当对方对你表示同情的时候

问题："我想同时应对这么多问题一定很辛苦吧？"

答案："哦，我觉得这并不是主要问题。要知道，我们都得各尽其职。"

建议：不要因受对方引导而盲目同意对方的观点。

18. 当对方提出一个二选一的问题的时候

问题："你有没有做这件事情？"

答案："是的，我做了（或者不，我没做），让我解释一下我为什么……"

建议：不要逃避问题，那样会让人感觉你有些不安。

19. 当对方是在进行单方面提问的时候（当受众已经很明显地看出了这一点之后）

答案："你这个问题背后的假设很有趣（或显然，你对这件事情有着自己的看法）"

建议：这是在告诉提问者以及受众你已经认识到了对方的用意。注意语调，一定不要让人感觉你充满防御心理。

20. 当对方采用一种玩世不恭的口气进行提问的时候

问题："好了，你不是真的那么认真吧？"

答案："如果你不介意的话，坦白讲，我觉得你的口气有些玩世不恭。为什么会这样呢？"

建议：不要让人感觉你是在咄咄逼人或充满防御心理。

21. 当对方"淡化"当前正在谈论的话题的时候

答案："如果你愿意的话，你可以淡化这件事情（停顿）……但很多人都不会同意你的这种方法……（或我不知道这件事情有什么好笑的……）"

建议：语调要保持友好、理性，不要让人感觉你充满了防御心理。

22. 当对方是在陈述观点，而非提出问题的时候

答案："在发表完这段评论之后，你有什么具体的问题吗？"

23. 当对方打断你的时候

当你第一次被打断的时候，不要介意。等着对方讲完，然后你再继续讲。

答案："我想继续谈完刚才的话题，因为这非常重要……"

建议：你越早告诉对方你不会轻易被打断，对方在接下来的谈话中打断你的可能性就越小。不要去跟打断你的人抢着讲话。

24. 当对方提出一个无关问题的时候

问题："你怎么看待自己的破产？"

答案："那可是一段痛苦的经历，我们抽时间另谈吧——那跟我们现在讨论的话题并没有什么关系……"

（或是的，怎么啦？）（微笑）

建议：迫使对方调整话题。

25. 当对方提出的问题有些跑题的时候

答案："我想我们有些跑题了。还是让我们接着谈谈刚才的话题吧……"

26. 当对方向你进行机关枪式的提问的时候

在这种情况下，对方会一连串地提出很多关于各个方面的问题。

答案："我们好像谈论得太多了（暂停）……让我首先集中谈论一下你刚才讲过的一个方面吧。"

27. 当对方保持沉默的时候

在你已经给出答案之后，若对方保持沉默。

你也保持沉默。

如果是在进行电视采访，你可以轻轻地点点头，看着采访者，做出一副期待的表情。

28. 当对方给出错误信息的时候

答案："我想首先纠正一下你刚才说的事情……"

29. 当对方在"鸡蛋里挑骨头"的时候

答案："我想我们是在'鸡蛋里挑骨头'……"

建议：确保该问题并不会引起严重后果或者并非那么重要。

30. 当对方提出一些不客气的问题的时候

问题："你是一个残忍的家伙吗？"

答案："别绕弯子了。你为什么不直接一点呢？（微笑）"

或："不，你为什么会问这个问题呢？"

建议：你的回答一定要简短。不要让人感觉你"受到了冒犯"。

31. 当对方提出一些恶意或粗鲁的问题的时候

问题："这难道不是再次证明你是在向公众撒谎吗？"

答案："事实上，这个问题恰恰说明是你，而不是我，可能会出问题。"

或："我非常尊重你，可我不尊重这个问题。"

32. 当对方是在进行"钓鱼式"提问的时候（这些问题似乎并没有明确的目的性）

答案："不好意思，我想问一下您提这些问题有什么意义？"

33. 当对方提出"你能向我们保证……"的时候

答案："我不能那样保证，但我可以保证我会尽力……"

34. 当对方提出"你能保证……"的时候

答案："不，但我可以保证我会尽力去……"

35. 当对方突然采访你的时候

答案："一会我要参加一个重要会议，不能回答这个问题。如果大家感兴趣，明天我将举行招待会，回答大家提出的任何问题。"

或："对不起诸位，我由于有重要的事情需要办理，今天不能回答你们的提问。"

如何应对不同形式的媒体采访

身为企业领导，只有在充分了解了媒体各种采访形式之后，才能够从容地面对，才能够充分地发挥自己的语言优势。下面就介绍几种常见的采访形式以供参考。

1. 面对面采访

如果要进行一场面对面采访的话，你通常会提前很长时间得到通知，这样你就会有很多时间来进行准备。在进行实际采访的时候，你沟通的方式通常要比你讲话的内容更加重要。

下面给出一些提示：

不要打断——比如说对方的电话等。

找一个方便的采访地点。

采访时通常会录音，所以如果你不相信该记者或者你要谈论的是一个比较复杂的话题，建议你问清对方自己是否也可进行相应的记录。

印刷媒体的采访通常更有深度，所以一定要做好充分准备。

广播采访的目的是从你这里得到一些"录音片段"和"现场情况"——其中通常会包含一些来自周围环境的声音，比如说电话铃声或者是你的工作场所经常会出现的一些声音。事先检查办公室的工作环境（比如说墙上的海报等）；在接受采访时注意你的面部表情以及肢体语言等，以免不小心流露出一些负面信息。

尽量采用非正式的风格——让采访者和你自己都感到轻松。

注意那些"随口说出的"言论——无论是在采访之前、采访当中，还

是在采访结束之后——它们很可能会成为引用的对象（尤其是当你放松警惕的时候）。

2. 电话采访

通常情况下，对方会对采访进行录音。如果你不确定的话，建议你事先询问清楚。

把电话放到距离你嘴巴一英寸的地方。

一定要在声音中表现出你的力量和自信；对关键词要进行强调；发音清晰，语速要放慢。

上身保持直立。

不要因为沉默而感到压力。

在开始回答问题之前，稍微停顿一下，整理好你的思路。

语调要欢快、充满热情。

面部表情要生动。它会使你的语调充满热情。

重复你的信息。

在结尾的时候进行总结。

永远不要发脾气。

不要发出"呃"的声音——尤其是在接受广播电台采访的时候。

3. 在录音棚内举行的直播采访

保持令人愉快的语调，同时要注意跟采访者保持目光接触。

面部表情要丰富，或者是通过微笑使你的语调充满热情。

发音清晰。

降低语速，语调要富有变化。

回答问题一定要简短（最多不超过30秒）。

想象你在进行一场"充满活力的对话"。尽量使你的语调和节奏跟采访者保持一致，除非对方开始变得令人讨厌（在这种情况下，你的语调要跟对方形成鲜明对比）。

想象有一位听众正在家里或在车上听你讲话——试图在心理上跟这位听众建立联系。

4. 跟其他嘉宾进行连线

不要让其他嘉宾影响了你的原定计划。

不断在他们所说的内容和你所传达的信息之间建立联系。

在表达不同意见的时候，语气要坚定，但态度要礼貌。

谈话时不要夹杂私人情绪。

表现出一定的幽默感（但不要咄咄逼人，也不要去讽刺挖苦别人）。

直接回答主持人提出的问题，但说话的时候大部分时间要冲着其他嘉宾。

5. 热线广播节目

事先要了解媒体形式是怎样的，了解热心听众是否可以跟嘉宾进行长时间互动，主持人是否会在第一个问题之后就开始介入等内容。

你的目标是说服听众，而不是打来电话的热心听众。

尽量跟热心听众建立关系。称呼对方的姓名，在回答问题之前先确认对方的问题，比如说，"你提出了一个非常重要的问题……"

如果你发现对方并不能接受你的观点，礼貌地表示"尊重对方的权利"，然后接听下一个电话。

一定要对热心听众表示尊重——即便对方可能并不值得你这样做。你会在其他听众心目当中建立好感。

通常情况下，你可以直接跟热心听众进行对话，无需通过主持人。

当你不希望跟对方进行争论的时候，你可以转向主持人，"约翰，我想玛丽提出了非常有趣的一点……"

准备好一些其他谈话内容，因为听众可能要过一段时间才打来电话。

6. 在摄影棚里进行电视采访

提前赶到摄影棚，熟悉环境，让自己变得放松。

通常情况下，你首先会被带到化妆间（提前检查对方是否会提供化妆服务）。

化完妆后，你会被带到等候间或直接带到现场。保持安静，服从现场指导人员的安排。

在这段时间里，你可以喝些水——不要喝咖啡，同时你也可以进行深呼吸练习。

如果你有任何要求的话，直接告诉现场指导，他会把你的要求转达给控制室。

了解哪个镜头距离你最近——如果你需要直接向观众讲话或者是要展示一些东西的话。

在开始之前，询问采访者第一个问题是什么，这样你就不会惊慌失措了。

7. 当摄像机红灯亮起的时候

尽量在你的面部表情和语调当中表现出你的热情和活力。

不要去想自己在面对成千上万（或成百上千万）名观众，那样只会让你心理上压力更大。

把这次采访想象成你正在跟一位观众进行一次有趣的谈话。

你可能一直都在镜头上，所以一定要注意自己的行为和表情。

尽量跟采访者保持较多的目光接触。

尽量不要去看你在监控器里的样子，那样只会分散你的注意力。

保持沉着、冷静、镇定，语调中要流露出理性和公正。

8. 远程采访（现场直播或录播）

在进行远程采访的时候，往往是记者在一个地点，而你（有时是好几位嘉宾）在另外一个距离很远的地方冲着电视摄像镜头讲话。

直接看镜头，不要去看电视监控器，也不要东张西望。

把摄像机镜头想象成采访者的眼睛。尽量采用一种低沉、动人的语调。

一直看着镜头——即便是在其他嘉宾或者是主持人讲话的时候。

如果有其他嘉宾的话，你可以直接跟他们进行交流——不要通过采访者。

在讲话的时候，感觉好像跟主持人在一个房间里——不要大声喊叫。

面部表情要生动，展现你动人的风采。

尽量使用一种放松、非正式的"对话性"语调。

确保耳塞被紧紧地固定在你的耳朵上。如果它掉出来的话，立刻平静地将其放回原位，然后继续接受采访。

不要在有人提问或其他嘉宾讲话的时候看着镜头之外的地方。

如果没有听到问题，礼貌地请采访者重复一遍。

最后，如果是录播的形式，当你看到屏幕上的提问者是制片人（而非实际采访你的那位记者）的时候，请不要感到意外。

9. 现场热线电视节目

有主持人（可能是在录音棚里，也可能是通过卫星进行的远程采访）以及热心观众参与的采访，它很容易使你和你所谈论的话题成为大众的焦点。接受这种采访确实有些冒险，所以必需要慎重对待。

基本原则：

这种采访实际上是一系列谈话，而不是一次"质问"，所以在接受采访的时候，你一定要：有趣、简洁、让人感觉容易相处，并且带有一些自嘲式的幽默。

如果你跟主持人处于同一间录音棚，一定要在对方提问的时候直

接看着他。在接听热线电话或回应热心听众的时候，目光要转向摄像机镜头。

如果是在接受一次通过卫星进行的远程采访，你可以在主持人或热心观众讲话以及你在回答问题的时候看着摄像机镜头。

尽量记住热心听众的姓名和地点，在回答问题的时候一定要首先回应对方的问题，然后再进行具体的解答。答案的长度不应当超过30秒钟。

10. 电视采访——面对面（录播）

留出大约15分钟时间给工作人员布置场地，最后再留出15分钟时间收拾一切。如果工作很忙，建议你不要在办公室接受采访。

选择一个比较适合电视节目工作人员及设备的地方。不要让他们把你安排到一个生硬、"官僚味很浓"的地方（比如说办公桌后面）。

提前准备好一些有趣的视觉工具（比如说海报、表格等）或者是背景来提高采访的视觉效果。

在接受采访之前，一定要把那些你不想在镜头上出现的物品、文件、海报等收起来。

对整个采访过程进行录音（或录像），这样你就可以保留一份自己的记录（事先要征得对方同意）。

采访者通常会需要一到两段可以使用的"录音片段"，所以你一定要做好准备。

放松。准备好进行"表演"，比如说接听一个电话或者是走进办公室等，以制造"现场感"。

采访结束之后，你通常会被要求"点点头"，假装是在跟记者进行谈话（为了满足后期剪辑工作的需要）。这时候麦克风仍然在你身上，所以千万不要说一些会让自己后悔的话。采访结束之后，你或其他人应该留在录音棚里看着采访者"重新提问"（在这个过程当中，镜头会被转向采访者，他将会把所有的问题全部重复一遍）。注意采访者重复提问时的语调和用词应该跟实际采访时相同（这种情况通常出现在新闻杂志节目或时间较长的"专题新闻"当中）。

在面对新闻杂志记者或在录音棚接受采访时，在一两个最重要的答案中提到采访者的姓名，从而可以增加对方播出该段对话的可能性，比如说，"好吧，比尔，这是一个我们正高度重视的问题……"

因为对方要首先经过剪辑，所以你不一定要（也不应该）使用那些消极的词汇或给出问题的框架。只要用自己的话直接回答问题就好了。

11. 突击采访——一名或多名记者

可能是"伏击风格"，如在大厅里，或在楼梯上，也可能是在一场演讲或新闻发布会的后台进行的一对一的采访。

回答问题时一定要简短（5~20秒）。

让谈话沿着自己预定的轨道进行，尽量重复你的主要信息，从而增加被播出的几率。

不要指代以前的答案（不要说"正像我前面谈到的那样"）。

如果采访你的是一群记者的话，不要在回答问题时提到任何一位记者的姓名——如果是那样的话，其他的广播记者将无法使用你这段讲话。

不要给你的答案编号。

不要回答所有的细节问题或问题的所有方面。只回答重要的问题或问题的一个方面，然后把话题转移到你的信息轨道上。

在对方提问时若有所思地低下头去（好像你在听对方提问），这样你可以控制自己的语速。对方提问结束的时候，你可以停顿一下，然后抬起头，直接面向提出问题的那位记者说出你的答案。这样你可以在"录音片段"开始之前给自己一些时间去思考。

放慢语速。不要在还没想清楚的情况下说出答案。时常通过简短的停顿

来强调重点词，同时给你一些时间去思考。

无论对方的问题多么尖锐，都要保持低调和冷静。

不要让突击采访持续的时间过长——最长不应超过10分钟。一旦你说完自己想说的话，立刻跟对方表示抱歉，然后礼貌而坚定地离开。

如果记者不停地向你提出问题，你可以重复自己的核心信息（这些信息通常比较简短、空泛，比如说"我们的目标是确保……"）或向记者保证你"在得到更多信息之后"会答复他们，然后离开。

12. 记者招待会

关于如何准备一场新闻发布会，请参见"事件规划"部分。

主持人——可以是你的公共事务部分负责人，也可以是你的媒体秘书来制定记者招待会的基本规则。

要求记者在提问之前首先进行自我介绍。

要求每个记者只能提出一个问题。

设定时间界限——大约为30分钟。

发言人——或者是新闻人物——做开场陈述：

开场陈述通常为5~10分钟，目的在于向记者传达核心信息。记得在为记者准备的媒体包里放上一份开场陈述的打印稿。

使用视觉工具来说明此次事件，你所关心的问题以及你所要传达的核心信息。

结束：主持人可以通过倒计问题，比如用"还有最后三个问题……""最后两个问题……""最后一个问题"的方式来结束此次会议。

不要让会议的时间持续过长——最多不超过30分钟。

在会议即将结束的时候，告诉记者后续采访、下次记者招待会或吹风会的时间安排。

13. 适用于电视的视觉辅助工具

视觉工具通常在电视采访以及记者招待会的时候使用，其目的在于强调你的信息，或者澄清那些关键性信息。比如说：

35毫米长的图片（事先跟制片人征求一下适当的尺寸）；

将视觉工具保存在软盘或光盘上；

将说明资料制作成视频形式（事先询问电视台是否有任何格式上的要求）；

照片，使用一些彩色图表卡片，卡片长与宽的比例通常为4：3；

海报大小的图表；

地图/模型/实际物品；

产品展示。

14. 如何在摄像机前展示视觉辅助工具

如果是在录音棚里的话，建议你事先告诉制片人你准备使用一些视觉工具。然后跟导演商量好使用这些工具的具体方式。一定要做好事先的沟通。

如果是在记者招待会上，建议你把视觉工具放在一个架子上，或者你也可以使用投影仪，这样可以方便摄影记者进行拍摄。

除非你马上就要用到这些视觉工具，否则不要让其他人看到；在使用视觉工具之前给导演几秒钟时间进行准备，这样摄影师才能转到适当的位置进行拍摄。

把视觉工具清晰地呈现在摄像机镜头前。要放稳，稍微向前倾斜一点，这样可以避免反光。注意不要让视觉工具挡住你的脸。

在讲话的时候要冲着记者或采访者，而不是你的视觉工具。

讲完之后，慢慢地放下手中的视觉工具，这样可以留给摄影师足够的时间做准备。

图表要简单；观众（和记者）不可能在很短的时间里轻松地理解并吸收太多的细节性信息。

如果是在进行现场直播或者是录播，而且如果你准备的视频资料、幻灯片或照片出现在电视监控器上的话，在讲话的时候一定要冲着摄像机镜头，要让你的讲话跟你所展示的视觉工具保持一致。

附 领导忌语50句

告别"领导忌语",提高领导素质,优化领导环境,改进领导作风,做一名真正合格的"人民公仆"。

1. 你们这些人,什么事也办不成!

2. 我就是一言堂,你想一言堂还没人听呢!

3. 我是支持你的,其他领导那里你再做做工作。

4. 谁同意的,你去找谁!

5. 你不要老是给领导添麻烦!

6. 你怎么老是给领导挑毛病?

7. 你是我选调的,我当然要给你说话。

8. 我说行就行,我说不行就不行!

9. 我是领导,你就得听我的!

10. 是我说了算,还是你说了算?

11. 领导好当,你来当嘛!

12. 你早该提拔了,我多次给你说了话!

13. 难道你比领导还高明?你行你来当领导嘛!

14. 你眼里还有我这个领导吗？

15. 你提什么意见？我就是这种态度！

16. 商量什么，我一把手有权决定这件事！

17. 群众有意见又能把我怎么样？

18. 要不是我为你说话，这件事是办不成的。

19. 这次提升你，××不同意，我做了很多工作。

20. 我说一不二，谁不听谁走人！

21. 这个问题是上一任领导造成的，我不管！

22. 嚷什么？没看我正忙着呢！

23. 领导也是人嘛，群众能搞的事领导为什么不能搞？

24. 不能搞平均主义，当领导的就不能有点特殊吗？

25. 只要我在这里，你就休想出头！

26. 我不行，你当啊！

27. 你找我，我找谁呀！

28. 这事我不管，你爱找谁找谁！

29. 研究什么？就按我说的办！

30. 瞧我们单位都是些什么人！

31. 到这个破地方当头儿，真是倒霉！

32. 不就是吃点喝点吗，有什么大不了的！

33. 这么点小事都办不好，真没用！

34. 我就这态度，你去告吧！

35. 不愿干可以走嘛，人多着哩！

36. 我把话搁到这儿，咱们走着瞧！

37. 你们告我我不怕，换个地方还是当我的官，有什么了不起！

38. 你别不知天高地厚，治不了你我就换个姓！

39. 有我在，不会叫你吃亏！

40. 我就这样，你有能耐把我罢免了！

41. 这事我说过了，不能办就是不能办，谁说能办你找谁去！

42. 你敢和我顶嘴？不想干说一声！

43. 刚才，×××已经说得很全面了，我再补充几点……

44. 今天开会我没准备，随便说两句。

45. 问什么？叫你怎么干你就怎么干！

46. 才来两趟就急了，别人跑十趟八趟还没办成呢！

47. 急什么，就你的事重要？

48. 我没工夫听你叨叨！

49. 我不同意，看他能办成？

50. 你再有本事，我就是不用你，看你能怎么样！

读者反馈卡

尊敬的读者：

    十分感谢您购买本书以及对本公司的大力支持。为能继续提供更符合您要求的优质图书，烦请您抽出点滴时间填写以下调查表并寄回，您的建议与意见将是我们不断前进的动力。我们会定期从有效回执中抽取幸运读者，寄送公司最新出版图书或其它精美礼品。

北京兴盛乐书刊发行有限责任公司

通讯地址：北京市朝阳区小营路 10 号阳明广场南楼 14A
邮政编码：100101
读者 QQ 群：292306095（兴盛乐书友会）
电子邮件：xslzbs@163.com
公司微博：@ 兴盛乐文化
公司网址：www.xslbook.net

1. 您了解本书是通过：
   □书店　□网络　□报刊宣传　□朋友推荐
2. 您购得本书的渠道是：
   □新华书店　□网上书城　□民营书店　□超市　□报刊亭
   □其他＿＿＿＿＿＿
3. 您决定购买本书是因为：
   □书名吸引　□内容吸引　□喜欢作者　□偶然购买
   □朋友推荐　□其他＿＿＿＿＿＿

4. 您觉得本书的优点有：

　　□文笔好　□内容好　□封面漂亮　□排版舒服　□价格合理
　　□手感好　□其他＿＿＿＿＿

5. 您会向他人推荐或者谈论这本书吗？

　　□会　□不会　□偶尔会　□看看再决定　□其他＿＿＿＿＿

6. 了解本书之后，您会关注或购买公司其他图书吗？

　　□会　□不会　□偶尔会　□看看再决定　□其他＿＿＿＿＿

7. 您决定购买一本书的因素包括：

　　□内容　□封面　□书名　□朋友推荐　□媒体推荐　□作者
　　□其他＿＿＿＿＿

8. 您比较喜欢的阅读类型有：

　　□人文历史类　□财经类　□管理类　□励志类　□小说类
　　□纪实文学类　□传记类　□散文、随笔类　□女性、生活类
　　□亲子、育儿类　□科普类　□其他＿＿＿＿＿

9. 您觉得本书有何不足之处，您有何修改意见或建议？

_____

_____

10. 有没有您想读但市面上却没有的书？

_____

_____

您的姓名＿＿＿＿＿　性别＿＿＿＿＿　年龄＿＿＿＿＿　职业＿＿＿＿＿

邮政地址＿＿＿＿＿＿＿＿＿＿＿＿＿＿＿＿＿＿＿＿＿＿＿＿＿

邮政编码＿＿＿＿＿　手机＿＿＿＿＿＿＿＿＿＿＿＿＿＿＿＿＿

E-MAIL＿＿＿＿＿＿＿＿＿＿＿＿＿＿＿＿＿＿＿＿＿＿＿＿＿

QQ＿＿＿＿＿＿＿　微博＿＿＿＿＿＿＿＿＿＿＿＿＿＿＿＿＿